本书出版获中央高校基本科研业务费以及上海外国语大学学术著作出版资助

我国社会主要矛盾演变的基本特点与经验启示

门小军　著

五洲传播出版社

图书在版编目（CIP）数据

我国社会主要矛盾演变的基本特点与经验启示 / 门小军著. —北京：五洲传播出版社，2022.4

ISBN 978-7-5085-4820-3

I.①我… II. ①门… III. ①社会主义社会－矛盾－研究－中国 IV. ①D66

中国版本图书馆CIP数据核字(2022)第069517号

我国社会主要矛盾演变的基本特点与经验启示

著　　者／门小军
责任编辑／黄金敏
设计制作／北京原色印象文化艺术中心
出版发行／五洲传播出版社
地　　址／北京市海淀区北三环中路 31 号生产力大楼 B 座 6 层
邮　　编／ 100088
发行电话／ 010-82005927, 010-82007837
网　　址／ http://www.cicc.org.cn　http://www.thatsbooks.com
印　　刷／北京房山腾龙印刷厂
版　　次／ 2022 年 4 月第 1 版第 1 次印刷
开　　本／ 787x1092mm　1/16
印　　张／ 17.5
字　　数／ 230 千字
定　　价／ 68.00 元

目　录

第一章
马克思主义矛盾观

马克思主义是由马克思和恩格斯创立，并随时代演变被后继者不断发展的科学理论体系。马克思主义有关矛盾的基本属性与特征、社会基本矛盾、社会历史发展的动力、“两个必然”与“两个决不会”的阐释，为我们党在不同历史时期正确认识和判断我国社会主要矛盾提供了认识论基础。

第一节　矛盾的基本属性和特征

马克思主义唯物辩证法揭示了事物发展变化的三个一般规律，即对立统一规律、量变质变规律和否定之否定规律。三个一般规律中，对立统一规律是根本规律。它揭示了世界万物普遍联系的根本内容和发展变化的内在动力，旨在回答事物为什么会发展的根本问题，同时也提供了人们认识和改造世界的根本方法，亦即矛盾分析方法。

一、矛盾的同一性和斗争性

矛盾是反映事物内部与事物之间对立统一关系的哲学概念，对立和统一是矛盾的两个基本属性，矛盾的对立属性被称为斗争性，矛盾的统一属性则被称为同一性。

矛盾的同一性指的是矛盾着的对立面之间相互依存和相互贯通的性质和趋势，其含义主要有两个方面。一方面，矛盾着的对立面互为存在前提，同处一个统一体中，且相互依存。另一方面，矛盾着的对立面相互贯通，在特定条件下可以互相转化。矛盾的斗争性指的是矛盾着的对立面之间相互排斥和相互分离的性质与趋势。鉴于矛盾的性质不同，矛盾的斗争形式表现也不同，通常有对抗性矛盾和非对抗性矛盾两种基本形式之分。

矛盾的同一性和斗争性相互联系、相辅相成。没有同一性就没有斗争性，反之亦然，同一性通过斗争性来体现，斗争性又寓于同一性之中。矛盾的同一性是相对的、有条件的，而矛盾的斗争性则是绝对的、无条件的。矛盾的两种基本属性相辅相成、相互促进，构成事物的矛盾运动。矛盾的两种基本属性对于事物发展具有重要推动作用。矛盾同一性的作用主要有三个表现。其一，同一性是事物存在与发展的前提，矛盾的对立面互为发展条件，发展是在矛盾统一体中的发展。其二，同一性会促使矛盾的对立面互相汲取有利于自己的因素，在相互作用中实现共同发展。其三，同一性预示了事物转化的可能性和发展趋势。也就是说，事物之所以能够转化或发展，主要是因为矛盾的对立面之间具有内在的相互贯通关系。矛盾斗争性的作用主要体现在两个方面。一方面，矛盾对立面的斗争引发双方力量的对比变化，造成双方力量发展的不平衡态势，客观上为对立面的转化和事物质变创造了必要条件。另一方面，矛盾对立面的斗争构成了一种矛盾统一体转变为另一种矛盾统一体的决定性力量。矛盾对立面的相互排斥和相互分离，推动旧的矛盾统一体的破裂和新的矛盾统一体的产生。

在事物发展过程中，矛盾的两种基本属性相关联系、相互作用是常态。然而，在不同条件下，二者的地位会呈现出不同。在特定的条件下，矛盾的斗争性会居于主要方面，而在其他特定的条件下，矛盾的同一性又会居于主要方面。矛盾两种基本属性的辩证统一关系表明，在分析和处理问题时，需要将两者结合起来，在同一性中洞察斗争性，在斗争性中审视同一性。

二、矛盾的普遍性和特殊性

矛盾的普遍性指的是矛盾存在于一切事物及一切事物发展过程的始终，旧的矛盾得到解决，新的矛盾又将产生，事物始终处于矛盾运动之中。正所谓，矛盾无处不在，矛盾无时不有。矛盾的特殊性指的是任何一个具体事物的矛盾、每一个矛盾的诸方面在不同发展阶段各有其特点，是事物性质的决定性因素。唯有具体分析事物矛盾的特殊性，才能明晰事物的本质和发展规律，并据此采用正确的方法与措施，以解决矛盾，推动事物的发展。

事物由多种矛盾构成，有主要矛盾和次要矛盾之分。主要矛盾是矛盾体系中居于支配地位，并对事物发展起到决定性作用的矛盾。次要矛盾是矛盾体系中居于从属地位，且对事物发展起到次要作用的矛盾。相应地，在每一对矛盾中，居于支配地位、起到主导作用的一方，是矛盾的主要方面；居于被支配地位且未起到主导作用的一方，是矛盾的次要方面。事物的性质取决于主要矛盾的主要方面。

在实际工作中，辩证处理主要矛盾和次要矛盾、矛盾的主要方面和次要方面的关系，要秉持“两点论”与“重点论”的统一。“两点论”指的是，在分析具体事物的矛盾时，既要看到矛盾双方的对立，又要看到矛盾双方的统一；又要看到矛盾体系中存在的主要矛盾和矛盾的主要方面，亦要看到次要矛盾和矛盾的次要方面。“重点论”指的是要着重把握主要矛盾和矛盾的主要方面，将之作为解决问题的出发点和关键点。“两点论”和“重点论”之间的辩证统一关系要求我们在看问题时，不仅要全面看，而且还要看主流、大势。

矛盾的普遍性和特殊性，即矛盾的共性和个性存在辩证统一关系。矛盾的共性是绝对的、无条件的，矛盾的个性是相对的、有条件的。任何事物的矛盾皆是共性和个性的有机统一，共性和个性是关于事物矛盾问题的精髓。同时，矛盾的共性和个性之间的辩证统一关系，不仅是客观事物固有的辩证法，而且还是科学的认识方法：人的认识的一般过程就是由认识个别到认识一般，再由认识一般到认识个别。

第二节　社会基本矛盾

矛盾是推动事物发展的动力，这一基本原理也适用于社会领域。社会生活中存在多种多样地位和作用各不相同的矛盾。就地位和作用而言，存在社会基本矛盾和非基本矛盾之分。社会基本矛盾贯穿社会发展过程始终，规定着社会发展过程的基本性质和基本趋势，且对社会历史发展起到根本性的推动作用。社会基本矛盾问题由马克思首先提出并作论述。1859年，马克思在《〈政治经济学批判〉序言》中认为："人们在自己生活的社会生产中发生一定的、必然的、不以他们的意志为转移的关系，即同他们的物质生产力的一定发展阶段相适合的生产关系。这些生产关系的总和构成社会的经济结构，即有法律的和政治的上层建筑竖立其上并有一定的社会意识形式与之相适应的现实基础。"[①]"社会的物质生产力发展到一定阶段，便同它们一直在其中运动的现存生产关系或财产关系（这只是生产关系的法律用语）发生矛盾。于是这些关系便由生产力的发展形式变成生产力的桎梏。那时社会革命的时代就到来了。随着经济基础的变更，全部庞大的上层建筑也或慢或快地发生变革。"[②]这些论述表明，生产力与生产关系、经济基础与上层建筑之间的矛盾，乃是人类社会的基本矛盾，它们之间运动的规律便是人类社会发展的基本规律。这两对矛盾贯穿人类社会发展始终，规定着社会发展过程中诸种社会形态和社会制度的基本性质，同时也影响着社会其他矛盾的存在与发展，决定着社会历史的一般进程，

① 《马克思恩格斯选集》第2卷，北京：人民出版社，2012年版，第2页。

② 《马克思恩格斯选集》第2卷，北京：人民出版社，2012年版，第2—3页。

对社会向前发展起到根本性的推动作用。需要指出的是，“恩格斯和列宁对此也有过论述。但由于历史时代的限制，在这一理论上没有重大的发展。”[①]

一、生产力与生产关系的矛盾

人类若要生存繁衍，获得自身的彻底解放和全面发展，必须首先解决衣食住行等物质生活资料有和无、多和少的问题。马克思指出，人类第一个历史活动就是物质生活资料生产，作为人类在生产实践中形成的改造和影响自然并使其符合社会需要的物质力量，生产力是人类社会存续、发展的物质基础。生产力的基本要素包括三个。一是劳动资料，亦称劳动手段，是指人们在劳动过程中使用的物质资料或物质条件，其中最为重要的是生产工具。人们应对社会与自然矛盾的实际能力主要取决于生产工具的质量和数量，它是区分社会经济时代的客观依据。正所谓：“各种经济时代的区别，不在于生产什么，而在于怎样生产，用什么劳动资料生产。”[②]二是劳动对象。一切自然物质都是可能的劳动对象，它是现实生产的必要前提。劳动对象不同，通常会影响劳动产品的质量和数量。随着生产发展和科学技术进步，劳动对象的范围日益扩大，并愈加显现出其重要作用。三是劳动者。劳动者是拥有一定生产经验、劳动技能与知识，并可以针对劳动对象使用一定劳动资料，从事生产实践活动的人。劳动者是生产力中最为活跃的因素，一般有体力劳动者和脑力劳动者之分。在生产力中，科学技术是重要因素。在生产过程中，科学技术同劳动资料、劳动对象、

① 巍铭：《马克思主义关于社会基本矛盾理论发展考略》，《理论学刊》1989年第4期。

② 《马克思恩格斯选集》第2卷，北京：人民出版社，2012年版，第172页。

劳动者等因素相互作用转化为实际生产能力。科学技术上的发明创造，特别是突破性的发明创造，会带动劳动资料、劳动对象、劳动者素质的深度变革。科学技术被应用于生产组织管理，可以大幅度提升管理效率。在现代，科学技术更新换代日益加快，对生产发展的促进作用趋向增强，越发成为生产力发展的决定性因素。由此可以说，科学技术已经成为先进生产力的集中体现和主要标志，乃是第一生产力。

生产力与生产关系联系紧密。生产关系是指人们在物质生产过程中形成且不以人的意志为转移的经济关系。马克思强调："为了进行生产，人们相互之间便发生一定的联系和关系；只有在这些社会联系和社会关系的范围内，才会有他们对自然界的影响，才会有生产。"[①]生产关系是社会诸方面关系中最基本的关系，其他社会关系，如政治关系、家庭关系，等等，都受到生产关系的支配和制约。在生产关系的三个构成要素——生产资料所有制、人与人的关系、产品分配关系中，生产资料所有制最为基本，它是人们进行物质资料生产的基础，生产、分配、交换与消费关系皆受其影响。很显然，生产关系的其他方面对生产资料所有制亦具有影响和制约作用，当它们适应生产资料所有制性质的要求时，将对生产资料所有制起到巩固和发展作用，反之，则会起到削弱和瓦解作用。作为生产中人与人之间的关系，生产关系虽不是物，"可是这些关系总是同物结合着，并且作为物出现"[②]。根据生产资料所有制的性质，生产关系分为两类，一是以生产资料公有制为基础的生产关系，另一种是以生产资料私有制为基础的生产关系。这两类生产关系通常并存，伴随生产力的进一步发展，前者必将取代后者。

① 《马克思恩格斯选集》第1卷，北京：人民出版社，2012年版，第340页。
② 《马克思恩格斯选集》第2卷，北京：人民出版社，2012年版，第15页。

生产力和生产关系是社会生产不可或缺、不可分割的两个方面，前者是生产的物质内容，后者是生产的社会形式，两者有机统一构成社会的生产方式。

首先，生产力决定生产关系，它居于支配地位并起到决定作用。一则，生产力的发展决定生产关系的性质。什么样的生产力决定什么样的生产关系。马克思指出："手推磨产生的是封建主的社会，蒸汽磨产生的是工业资本家的社会。"[①]二则，生产力的发展变化决定生产关系的发展变化。生产力的发展必然导致原有的生产关系由新变旧，走向反面。"为了不致失掉文明的果实，人们在他们的交往方式不再适合于既得的生产力时，就不得不改变他们继承下来的一切社会形式。"[②]这时就需要变革旧的生产关系，建立新的生产关系。

其次，生产关系对生产力具有能动的反作用。生产关系若是适应生产力发展客观要求，就对生产力发展起到促进作用，反之则会阻碍生产力的发展。当新的生产关系总体上基本符合生产力发展时，并不否认生产关系的某些方面或环节不再适合生产力。当旧的生产关系总体上不适合生产力发展的要求，并不否认生产关系的某些方面或环节的自我调整能力。

生产力与生产关系之间的互动过程，突出表现为二者的矛盾运动。此种矛盾中最为核心、本质、内在的联系，就是生产关系一定要适应生产力发展的状况。生产力和生产关系之间的矛盾运动循环往复，促进了社会生产发展，并进而推动全社会逐步走向高级阶段。生产关系一定要适应生产力的规律乃是社会形态演进的普遍规律。二者之间的

---

① 《马克思恩格斯选集》第1卷，北京：人民出版社，2012年版，第222页。

② 《马克思恩格斯选集》第4卷，北京：人民出版社，2012年版，第409页。

矛盾运动规律理论意义和现实意义兼具。一则，从人类思想史上彻底否定了单纯以道德作为评判历史功过、是非标准的认识，首次从科学意义上确立了生产力发展是社会进步的最高标准，并将二者的矛盾运动规律作为判断时代变革的客观依据。马克思强调，判断一个变革时代，“必须从物质生活的矛盾中，从社会生产力和生产关系之间的现存冲突中去解释”[①]。由此可见，马克思主义正确阐述了社会形态的演进过程和历史必然性问题，正确评价了历史和现实社会中的事件、人物，及诸种社会集团的理论、政策和主张，这为正确认识历史和现实社会提供了基本观点和方法。二则，成为马克思主义政党制定路线、方针、政策的重要依据。马克思主义政党，必须牢记物质生产是社会生活的基础，生产力是推动社会进步的最活跃和最革命因素，自觉将解放和发展生产力作为社会主义建设时期的根本任务。

二、经济基础与上层建筑的矛盾

如同一座大厦，马克思将社会关系分为经济基础和上层建筑，二者之间的矛盾运动构成人类社会发展的一个基本规律。

经济基础指的是受社会一定发展阶段所支配、所决定的生产关系的总和。一则，社会的一定发展阶段通常存有多种生产关系，但决定社会性质的是其中占据支配地位的生产关系。二则，经济基础与经济体制具有内在关联。后者是前者的具体实现形式，是社会基本经济制度的具体组织形式和管理形式。后者与生产力发展的关系更为具体、更为直接。经济体制是否适合，对于基本经济制度，亦即生产关系的

① 《马克思恩格斯选集》第2卷，北京：人民出版社，2012年版，第3页。

自我完善与生产力的发展具有极为重要的作用。

上层建筑指的是建立在一定经济基础之上的意识形态，及与之相适应的制度、组织和设施，一般包括观念上层建筑和政治上层建筑两部分。前者即意识形态，是统治阶级意志的体现，包括政治法律思想、道德、艺术、宗教、哲学，等等，后者即政治上层建筑，指政治法律制度、政治组织和政治设施，具体包括国家政治制度、立法司法制度、行政制度、国家政权机关、政党、军队、警察、法庭、监狱，等等。它一旦形成，就变为一种现实的力量，影响并制约人们的思想观点。

相较于观念上层建筑，政治上层建筑居于主导地位，其核心是国家政权。国家的产生是由于“这个社会陷入了不可解决的自我矛盾，分裂为不可调和的对立面而又无力摆脱这些对立面。而为了使这些对立面，这些经济利益互相冲突的阶级，不致在无谓的斗争中把自己和社会消灭，就需要有一种表面上凌驾于社会之上的力量，这种力量应当缓和冲突，把冲突保持在‘秩序’的范围以内；这种从社会中产生但又自居于社会之上并且日益同社会相异化的力量，就是国家”[①]。由此观之，国家是阶级矛盾不可调和的产物，其实质是一个阶级统治另一个阶级的工具。国家是具有政治统治和社会管理两大职能的组织力量，前种职能亦即阶级统治，是根本职能和主要职能，但“政治统治到处都是以执行某种社会职能为基础，而且政治统治只有在它执行了它的这种社会职能时才能持续下去”[②]。伴随阶级的消亡，国家才会将“迄今所夺去的一切力量，归还给社会肌体”[③]。国家的消亡建立在国家与社会完全统一之日，是一个长期的历史过程。

① 《马克思恩格斯选集》第4卷，北京：人民出版社，2012年版，第187页。

② 《马克思恩格斯选集》第3卷，北京：人民出版社，2012年版，第559—560页。

③ 《马克思恩格斯选集》第3卷，北京：人民出版社，2012年版，第101页。

根据国家的性质及国家政权的组织形式，马克思将国家区分为国体和政体两个方面。国体指的是社会各阶级在国家中的地位，呈现统治阶级和被统治阶段之间的地位关系。政体是统治阶级实现其阶级统治的具体组织形式，亦即政权构成形式。国体和政体的关系是，国体决定政体，政体服务于国体，并确保国家的性质稳固。国体与政体之间的关系比较复杂，同一国体的国家，政体形式可能不同；不同国体的国家，政体形式可能相同。如列宁所言："民主是国家形式，是国家形态的一种。"①

经济基础决定上层建筑，上层建筑又反作用于经济基础，二者辩证统一、相互影响、相互作用。

第一，经济基础决定上层建筑。前者是后者产生、存在与发展的物质基础，后者是前者得以奠定其统治地位，并获得巩固和发展不可或缺的政治和思想条件。所有上层建筑的产生、存在与发展，都可直接或间接在社会的经济结构中找到说明。经济基础的性质决定上层建筑的性质，经济基础的根本性变革必然引发上层建筑的根本性变革，并进而决定上层建筑的变革方向。

第二，上层建筑对经济基础存在反作用。这主要表现为，上层建筑服务于经济基础的形成和巩固，维护经济基础在社会中的统治地位。统治阶级通常依靠自己在政治和思想层面的统治地位，利用国家政权和意识形态的力量，力图把经济关系控制在"秩序"的范围之中。上层建筑发挥反作用，结果可能有两种：当它为适合生产力发展而为经济基础服务时，就是推动社会发展的进步力量，反之，就会成为阻碍社会发展的消极力量。

---

① 《列宁选集》第3卷，北京：人民出版社，2012年版，第201页。

第三，经济基础与上层建筑的相互作用构成二者之间的矛盾运动。此种矛盾运动在实际运行中呈现出极为复杂的态势。一则，在经济基础与上层建筑呈现同一性质时，上层建筑中的不完善部分，或是没有反映经济基础要求的部分，会和经济基础产生矛盾。二则，在经济基础与上层建筑呈现不同性质时，矛盾表现更为复杂，占据统治地位的经济基础与旧上层建筑的残余以及未来上层建筑的萌芽之间的矛盾、新旧上层建筑之间的矛盾、新旧经济基础之间的矛盾，等等，都有可能出现。三则，当一种新的社会形态处于上升发展阶段时，上层建筑一般是适应经济基础的；当一种社会形态处于没落时期时，上层建筑一般与经济基础的变革要求不相适应，二者之间的矛盾会呈现出对抗性和全局性特征。

第四，经济基础与上层建筑之间的内在关联预示了上层建筑一定要适应经济基础的客观规律。此处的“一定要适应”是指，经济基础状况最终决定上层建筑的发展方向，是调整抑或变革，上层建筑的反作用也限定在经济基础的性质和客观要求范围之内。

第三节　社会历史发展的动力

马克思主义唯物史观反对将社会历史发展的动力归结为人的思想动机或精神力量，而是透过历史的表象，探寻发现了社会历史深处的“动力的动力”[①]，认为社会基本矛盾乃是推动历史发展的根本动力，根源于社会基本矛盾的阶级斗争、社会革命、社会改革与科学技术，等等，在社会历史发展中各自发挥不同的作用。

一、社会基本矛盾的作用

作为根本动力，社会基本矛盾推动历史发展的作用主要体现在以下三个方面。第一，作为社会基本矛盾中最基本动力因素的生产力，是人类社会发展与进步的终极决定性力量。生产力是社会存在与发展的物质基础，它通过决定生产关系的性质，从而决定了其他社会关系的基本矛盾，决定了世界发展的历史过程。“17 世纪和 18 世纪从事制造蒸汽机的人们也没有料到，他们所制作的工具，比其他任何东西都更能使全世界的社会状态发生革命”[②]。伴随生产力水平的提升，人类活动范围愈加扩大，各国各民族交往愈加增多，人类历史也渐渐从封闭的各民族的历史转变为世界历史。

生产力既是社会进步的根本内容，亦是衡量社会进步的根本尺度。人类社会的存在和发展奠基于生产力与生产关系的矛盾运动。人类社会的物质生产，在现实中体现为两层关系，一是体现为生产力中人与

① 《马克思恩格斯选集》第4卷，北京：人民出版社，2012年版，第255页。
② 《马克思恩格斯选集》第3卷，北京：人民出版社，2012年版，第999页。

自然的关系，二是体现为生产关系中人与人的关系。这两层关系如同社会历史的经纬线，成为社会发展过程中的最基本矛盾。生产力发展状况不仅是社会物质文明发展的主要内容，亦是影响和制约政治文明、精神文明、社会文明和生态文明发展的基本物质条件。唯有实现生产力的发展，人民群众的物质生活和精神生活需要才能够最终得到满足。

第二，社会基本矛盾决定了社会中其他矛盾的存在和发展。在两对基本矛盾中，生产力与生产关系的矛盾是更为基本的矛盾，它决定着另一对基本矛盾的产生与发展。如上所述，当旧的生产关系变为生产力发展的障碍时，生产力就必然要求调整或变革生产关系，变化后的生产关系和经济基础，又会进一步同旧的上层建筑产生矛盾，要求调整或变革旧的上层建筑。社会基本矛盾的发展和变化，又会带动其他社会矛盾的发展和变化。正所谓，“一切历史冲突都根源于生产力和交往形式之间的矛盾”[①]。当然，经济基础与上层建筑的矛盾也具有反作用，会对生产力与生产关系的矛盾形成影响和制约。原因在于，生产力与生产关系的矛盾的最终解决，仍有赖于经济基础与上层建筑的矛盾的解决。生产关系和经济基础的发展和变化，既取决于生产力的发展，还深受社会意识形态和政治法律制度亦即观念上层建筑和政治上层建筑的发展和变化的影响。当上层建筑适合于新的经济基础时，就会对经济和社会进步产生推动作用；当上层建筑不适合新的经济基础时，只有先解决经济基础与上层建筑的矛盾，而后才能解决生产力和生产关系的矛盾，最后解放生产力和发展生产力。

第三，社会基本矛盾表现形式不一，解决方式也不同，这从根本上影响或促进了社会形态的发展和变化。在阶级社会中，社会基本矛

① 《马克思恩格斯选集》第1卷，北京：人民出版社，2012年版，第196页。

盾通常以阶级矛盾的形式呈现出来，或体现为不同社会集团之间的利益矛盾和利益冲突。社会基本矛盾的尖锐化，会造成阶级矛盾的尖锐化，此种利益矛盾累积到一定程度，就会引发阶级斗争和社会革命，从而推动一定社会形态的变迁或更替。在同一社会形态的发展中，社会基本矛盾常常可以通过改革来解决矛盾。任何一次成功的改革，对于社会基本矛盾某一方面或某种程度的解决，都具有巨大的积极意义。

二、社会主要矛盾的作用

马克思主义矛盾学说，既关注社会基本矛盾，也关注社会主要矛盾。两者并非同一个概念，亦非同一层次的矛盾。一般而言，作为社会一切社会矛盾根源的社会基本矛盾，规定并制约着社会主要矛盾的存在与发展，社会主要矛盾则是社会基本矛盾的具体表现。

社会基本矛盾对社会发展过程基本性质和基本趋势的决定性作用，在社会生活中，常常需要通过具体的社会矛盾呈现出来，这样社会主要矛盾的变化就会导致社会发展呈现出显著的阶段性特征。在分析和判断具体的社会现实时，人们往往从经济、政治、文化等角度分析社会矛盾，这些具体领域中存在的矛盾通常就是社会基本矛盾在社会各领域的折射或表现。比如，经济发展的问题、政治发展的问题、文化发展的问题、社会发展的问题、生态发展的问题，等等，都存在各种各样具体的矛盾，它们都受到社会基本矛盾的制约，同时亦是社会基本矛盾在社会各具体领域的表现。

在社会发展过程的矛盾系统中，诸种矛盾的地位和作用不同，呈现不平衡状况，存在主要矛盾和非主要矛盾之分。社会主要矛盾是居于支配地位且在社会发展中一定阶段上发挥主导作用的矛盾。社会主要矛盾的存在与发展，规定和影响着社会非主要矛盾的存在与发展。

两者相互作用，在一定条件下可以相互转化。

社会主要矛盾并非一成不变，在一定条件下，它会发生转化。这有两个方面的表现。其一，社会主要矛盾双方的内容发生一定变化。其二，社会矛盾的地位发生巨大变化，原本的主要矛盾变为非主要矛盾，而原本的某个非主要矛盾变为主要矛盾。社会主要矛盾发生变化的过程，同时也是它所规定或影响的社会发展过程发生变化的过程，这主要表现为社会发展过程显现出新的阶段性特点。毛泽东对半殖民地半封建社会的旧中国社会主要矛盾变化发展的三种情形的分析就是典型例证。

正确分析和判断社会主要矛盾，是无产阶级政党确定某一阶段工作重心或主要任务的认识前提。对此，恩格斯强调："为了达到伟大的目标和团结，为此所必需的千百万大军应当时刻牢记主要的东西，不因那些无谓的吹毛求疵而迷失方向。"①毛泽东也指出："对于矛盾的各种不平衡情况的研究，对于主要的矛盾和非主要的矛盾、主要的矛盾方面和非主要的矛盾方面的研究，成为革命政党正确地决定其政治上和军事上的战略战术方针的重要方法之一，是一切共产党人都应当注意的。"②抓主要矛盾，是我们党在长期革命、建设、改革中形成的基本经验。我们党善于抓主要矛盾，以此带动其他矛盾的解决，从而推动事业发展、人民幸福和社会进步。

三、阶级斗争的作用

阶级既是一个经济范畴，亦是一个历史范畴。1919 年，列宁在《伟

① 《马克思恩格斯全集》第38卷，北京：人民出版社，1972年版，第270页。
② 《毛泽东选集》第一卷，北京：人民出版社，1991年版，第326—327页。

大的创举》中定义了阶级："所谓阶级，就是这样一些大的集团，这些集团在历史上一定的社会生产体系中所处的地位不同，同生产资料的关系（这种关系大部分是在法律上明文规定了的）不同，在社会劳动组织中所起的作用不同，因而取得归自己支配的那份社会财富的方式和多寡也不同。所谓阶级，就是这样一些集团，由于它们在一定社会经济结构中所处的地位不同，其中一个集团能够占有另一个集团的劳动。"①

阶级斗争是阶级社会中物质利益根本对立和冲突的对抗阶级之间的斗争，它是阶级社会必然存在的现象，并贯穿于阶级社会的全部发展历史。阶级斗争是社会基本矛盾在阶级社会中的体现。原因在于，社会发展的经济动因与阶级斗争紧密相关。恩格斯强调，"用'历史唯物主义'这个名词来表达一种关于历史过程的观点……这种观点认为，一切重要历史事件的终极原因和伟大动力是社会的经济发展，是生产方式和交换方式的改变，是由此产生的社会之划分为不同的阶级，是这些阶级彼此之间的斗争"②。这表明，阶级斗争是阶级社会发展的直接动力。应该承认，阶级斗争在近代以前社会历史发展中的作用还比较隐蔽，及至近代欧洲各国为瓦解封建制度而造成的汹涌澎湃的革命浪潮中，阶级斗争的作用开始得到愈加明显的呈现。基佐、米涅、梯叶里、梯也尔等法国历史学家，在总结法国大革命之后的历史事件时已经指出，阶级斗争乃是理解中世纪以来法国历史的钥匙。19 世纪初的英国，土地贵族和资产阶级为争夺统治权的斗争，成为英国全部政治斗争和冲突的焦点。在 1830 年后的英国和法国，工人阶级已然被视为是争夺统治权的第三个阶级。对此，恩格斯曾指出，"这三大阶

① 《列宁选集》第4卷，北京：人民出版社，2012年版，第11页。

② 《马克思恩格斯选集》第3卷，北京：人民出版社，2012年版，第760页。

级的斗争和它们的利益冲突是现代历史的动力，至少是这两个最先进国家的现代历史的动力”[①]。

社会形态的变迁和更替是阶级斗争对社会发展起到推动作用的最突出表现。当社会基本矛盾呈现尖锐化态势时，维护旧的生产关系的阶级，必然与代表生产力发展要求的新兴先进阶级形成尖锐的利益对抗。此时，新兴先进阶级唯有通过革命斗争，才能推翻旧有的统治阶级，才能建立新的社会形态。阶级斗争的推动作用还有一个体现，即在同一社会形态的量变过程中，被统治阶级可以通过阶级斗争，对统治阶级形成不同程度的打击，迫使他们作出让步，调整或变革某些经济关系和政策，从而使社会矛盾在一定程度上得到缓解或解决。

由此观之，阶级斗争是阶级社会发展的直接动力。然而，阶级斗争及其作用的发挥也受到特定社会历史条件的制约，必须依据不同时代生产发展的具体状况和社会基本矛盾的状况来综合判断，不能脱离实际，片面扩大或否认阶级斗争的作用。历史上，奴隶反对奴隶主阶级的斗争、农民反对地主阶级的斗争、资产阶级反对地主阶级的斗争，都曾不同程度打击并动摇剥削阶级的统治，推动了生产力的发展和社会的进步。然而，由于奴隶阶级和农民阶级并不代表新的生产方式，且缺乏科学理论指导和严密组织锻炼，这些阶级斗争最终都归于失败，沦为剥削阶级改朝换代的工具。唯一不同的是无产阶级所开展的阶级斗争，无产阶级不同于历史上的任何一个阶级，它代表着新的生产方式。无产阶级反对资产阶级的斗争，目标是实现社会主义和共产主义，解放全人类。正因为如此，其历史进步作用是其他类型的阶级斗争都所不可相较的。

---

① 《马克思恩格斯选集》第4卷，北京：人民出版社，2012年版，第256页。

社会基本矛盾和阶级矛盾的尖锐化必然导致社会革命。社会革命一般指的是社会形态的变革，亦即旧的社会形态为新的社会形态所取代。在《〈政治经济学批判〉序言》中，马克思对社会革命曾作过精辟阐释。马克思指出，生产力与生产关系、经济基础与上层建筑的矛盾发展，会造成经济基础的变化，进而导致上层建筑发生变革，迎来“社会革命”的时代。社会革命不仅是社会基本矛盾运动的结果，还是推动社会发展尤其是社会形态更替的重要动力源泉，其实质是革命阶级推翻旧有剥削阶级的统治，用新的社会制度取代旧的社会制度，最终目的是解放生产力，推动社会进一步发展。历史上可称得上是社会革命的有，推翻奴隶制的地主阶级革命、推翻封建主义制度的资产阶级革命、推翻资本主义制度的无产阶级革命。

革命是“社会进步和政治进步的强大推动力”①，是“历史的火车头”②。社会革命对社会发展的推动作用有三个表现。其一，社会革命是社会形态更替的决定性手段。当旧的生产关系严重阻碍生产力发展，且旧的上层建筑极力维护旧经济基础时，唯有通过社会革命方能摧毁社会进步的障碍。其二，社会革命能够调动人民群众创造历史的积极性。社会革命往往能够代表最广大人民群众的根本利益，因此能够充分调动他们的革命热情和聪明才干。列宁就指出：“革命是被压迫者和被剥削者的盛大节日。人民群众在任何时候都不能像在革命时期这样以新社会制度的积极创造者的身份出现。”③此外，社会革命还能够极大教育和锻炼最广大人民群众，积极投身革命运动和新社会建设。其三，无产阶级革命能够为社会全面进步和人的全面发展创造条件。马克思

① 《马克思恩格斯选集》第1卷，北京：人民出版社，2012年版，第595页。
② 《马克思恩格斯选集》第1卷，北京：人民出版社，2012年版，第527页。
③ 《列宁选集》第1卷，北京：人民出版社，2012年版，第616页。

强调："只有在伟大的社会革命支配了资产阶级时代的成果，支配了世界市场和现代生产力，并且使这一切都服从于最先进的民族的共同监督的时候，人类的进步才会不再像可怕的异教神怪那样，只有用被杀害者的头颅做酒杯才能喝下甜美的酒浆。"①

唯有分析阶级斗争，才能真正理解阶级社会的发展。"没有对抗就没有进步。这是文明直到今天所遵循的规律。"②阶级分析方法亦是无产阶级政党分析现实制定路线、方针、政策的重要依据。通过阶级分析方法，可以透过复杂阶级社会现象，洞察阶级社会的本质和规律。列宁就此指出："马克思主义提供了一条指导性的线索，使我们能在这种看来扑朔迷离、一团混乱的状态中发现规律性。这条线索就是阶级斗争的理论。"③当然，在分析、判断和处理阶级矛盾时，一定要严格区分阶级矛盾与非阶级矛盾，正确对待对抗阶级之间的矛盾和非对抗阶级之间的矛盾，否则就会发生认知偏离，对社会发展造成不利局面。

四、改革的作用

社会基本矛盾运动的结果，既表现为社会革命，还表现为制度内部的自我调整和完善，即改革。改革是同一种社会形态发展过程中发生的量变和部分质变，是推动社会发展的重要动力之一。

改革对于社会发展的推动作用在于，它是解决社会基本矛盾、推动生产力发展和社会进步的有效路径。在特定社会形态总的量变过程中，当社会基本矛盾有一定发展但在程度上又未到引发社会革命的程

① 《马克思恩格斯选集》第1卷，北京：人民出版社，2012年版，第862—863页。
② 《马克思恩格斯全集》第4卷，北京：人民出版社，1958年版，第104页。
③ 《列宁选集》第2卷，北京：人民出版社，2012年版，第426页。

度时，通过改革来调整与生产力不相适应的生产关系，以及与经济基础不相适应的上层建筑，就显得极为有必要。社会革命与改革的区别在于，前者针对现存的社会基本制度问题，将生产力从已不能容纳它的旧的生产关系中解放出来，改革则针对社会基本制度的具体体现或表现形式，以不改变社会基本制度为前提，调整或完善生产关系与上层建筑的某些方面或环节，从而推动生产力发展和社会进步。改革在范围和程度上存在不同，有的改革是局部性和浅层次的，有的则是全局性和深层次的。后一种改革对特定社会的生产关系与上层建筑会产生巨大的触动和调整，所以能够广泛而深刻地影响社会生活，甚至能够影响到社会的发展方向。在这个意义上，改革的作用和意义不亚于“社会革命”。我国的改革便是如此，就性质而言，它是社会主义基本制度的自我完善和发展，就广泛性和深刻性而言，对我国社会生活的积极作用和意义不可谓不大。

改革是社会主义社会发展的直接动力，开放本质上也是改革。对此，邓小平明确指出：“对外开放具有重要意义，任何一个国家要发展，孤立起来，闭关自守是不可能的，不加强国际交往，不引进发达国家的先进经验、先进科学技术和资金，是不可能的。”[①]实践证明，改革开放是决定当代中国前途命运的关键一招。习近平指出：“为了实现中华民族伟大复兴，中国共产党团结带领中国人民，解放思想、锐意进取，创造了改革开放和社会主义现代化建设的伟大成就。我们实现新中国成立以来党的历史上具有深远意义的伟大转折，确立党在社会主义初级阶段的基本路线，坚定不移推进改革开放，战胜来自各方面的风险挑战，开创、坚持、捍卫、发展中国特色社会主义，实现了从

① 《邓小平文选》第三卷，北京：人民出版社，1993年版，第117页。

高度集中的计划经济体制到充满活力的社会主义市场经济体制、从封闭半封闭到全方位开放的历史性转变，实现了从生产力相对落后的状况到经济总量跃居世界第二的历史性突破，实现了人民生活从温饱不足到总体小康、奔向全面小康的历史性跨越，为实现中华民族伟大复兴提供了充满新的活力的体制保证和快速发展的物质条件。”①

五、科学技术的作用

科学技术是先进生产力的重要标志，是推动社会进步的重要力量。关于科学技术在社会发展中的作用，马克思曾给予高度评价，认为科学技术是“伟大的历史杠杆”，是“最明显的字面意义而言的革命力量”②。此种历史杠杆作用和革命力量通过现代科技革命得到集中体现。

现代科技革命使科学技术成为第一生产力，从根本上变革了人与自然的关系、人与人的关系以及人类社会自身，广泛而深刻地推动着社会不断进步。18 世纪 60 年代至 19 世纪 40 年代，以蒸汽机的发明为主要标志所兴起的科技革命，促使西欧主要国家相继完成了第一次工业革命，资本主义生产得以迅速扩展到机器大工业，从而为资本主义生产方式的确立建立了物质基础。20 世纪 20 年代初，以电力的广泛应用为主要表现的科技革命，促使电力取代蒸汽机作为新的动力，极大推动了社会生产力的发展。20 世纪中后期显现的以信息技术、新材料、新能源等高科技为主要标志的科技革命，推动人类进入互联网、智能化和数字化时代，工业形态经济开始逐步向信息社会和知识经济时代转进。

① 习近平：《在庆祝中国共产党成立100周年大会上的讲话》，《求是》2021年第14期。

② 《马克思恩格斯全集》第25卷，北京：人民出版社，2001年版，第592页。

现代科技革命极大程度上引发生产方式、生活方式甚至思维方式的深刻变化，以及社会的巨大进步。

首先，深刻影响了生产方式。一则，变革了社会生产力的构成要素。现代科技发展提高了生产自动化程度，改变了脑力劳动与体力劳动的权重，劳动力结构日益趋向智能化发展。二则，变革了人们的劳动形式。智能机器人越来越多替代人的部分脑力劳动，人们的劳动方式日益由机械自动化转向智能自动化、由局部自动化转向大系统管理和控制自动化。三则，变革了社会经济结构，尤其是变革了产业结构。现代科技革命不仅推动传统产业转向现代化，还大大改善了第三产业的发展环境，第三产业在经济结构中的比重不断提升。产业结构的变化必然造成就业结构的变化，第三产业劳动者数量迅猛增加，科技人员和管理人员比例大幅增长。此外，现代科技革命还推动扩大生产规模，带来生产分工和协作的广泛发展，进而提高了生产的社会化程度，最终又引发了生产关系的变革。

其次，深刻影响了生活方式。现代科技革命推动人类社会进入信息化时代，人们只有不断更新和充实自身，才能适应时代发展的要求。学习愈加成为生活中的常态。现代信息技术极大提升了信息的处理、存储和传递效能，极大便利了人们的学习和工作。现代科技革命大大提高了劳动生产率，可供人们自由支配的闲暇时间日趋增多、活动愈加丰富，人的自由而全面的发展愈加具备现实的可能性。

最后，深刻影响了思维方式。这集中表现为，新的科学理论和技术手段通过深度影响思维主体、思维客体和思维工具，促成了思维方式的变革。在日新月异的现代科技革命条件下，人们越来越多使用新的知识理论结构、新的理论工具，以及现代化技术手段，研究新现象、新领域、新课题，社会前进的步伐越来越快。有鉴于此，邓小平概括出“科学技术是第一生产力”[①]的新论断，并据此提出“我们要实现现代化，关键是科学技术要能上去”[②]“我们要以世界先进的科学技术成果作为我们发展的起点”[③]“中国必须发展自己的高科技，在世界高科技领域占有一席之地”[④]等战略思想。

---

① 《邓小平文选》第三卷，北京：人民出版社，1993年，第274页。

② 《邓小平文选》第二卷，北京：人民出版社，1994年，第40页。

③ 《邓小平文选》第二卷，北京：人民出版社，1994年，第129页。

④ 《邓小平文选》第三卷，北京：人民出版社，1993年，第279页。

第四节　资本主义必然灭亡、社会主义必然胜利

依据社会基本矛盾理论，马克思提出了资本主义必然灭亡、社会主义必然胜利的“两个必然”重大判断。

一、“两个必然”的提出

在资本主义条件下，科学技术的进步和社会生产力的发展，促使资本主义生产社会化程度的提高。然而，在资本家和劳动者之间的生产关系中，社会化的生产力却异化为资本的生产力，成为资本家高效榨取剩余劳动、占有剩余价值、实现价值增值的能力。这样，原本应当由劳动者共同使用、共同所有、已经社会化了的生产资料却被少数资本家私人占有；本应依照社会需要进行管理、调节和控制的生产过程却由追求最大化利润和私人利益的少数资本家来进行管理；原本应当由劳动者共同占有、满足社会需要的社会化产品却被少数资本家占有并支配。这就形成了生产社会化与生产资料资本主义私人占有的矛盾，亦即资本主义的基本矛盾。这是生产力与生产关系的基本矛盾在资本主义社会的具体体现。

资本主义发展程度越高，资本主义基本矛盾的尖锐化程度就越深。资本主义基本矛盾具有两种具体形式，一是“个别工厂中的社会化组织和整个生产中的社会无政府状态相矛盾”[①]。此种表现形式下，生产

① 《马克思恩格斯选集》第3卷，北京：人民出版社，2012年版，第816页。

无限扩大趋势与劳动人民有支付能力的需求相对缩小的矛盾是如影随形的矛盾。对此，马克思精辟指出："一切现实的危机的最终原因始终是：群众贫穷和群众的消费受到限制，而与此相对立，资本主义生产却竭力发展生产力，好像只有社会的绝对的消费能力才是生产力发展的界限。"①此种具体形式意味着，资本主义发展到一定程度或一定阶段，就会周期性爆发以生产过剩为主要表现的经济危机，其根本原因便在于资本主义的基本矛盾。

二是资本积累、扩大再生产与相对人口过剩日益增加之间的矛盾。在矛盾运动中，作为资本主义掘墓人的无产阶级队伍日渐觉醒并不断壮大，这就造成"曾经仿佛用法术创造了如此庞大的生产资料和交换手段的现代资产阶级社会，现在像一个魔法师一样不能再支配自己用法术呼唤出来的魔鬼了"②，最终，"资本的垄断成了与这种垄断一起并在这种垄断之下繁盛起来的生产方式的桎梏。生产资料的集中和劳动的社会化，达到了同它们的资本主义外壳不能相容的地位。这个外壳就要炸毁了。资本主义私有制的丧钟就要响了。剥夺者就要被剥夺了"③。

这里，资本主义必然灭亡、社会主义必然胜利即"两个必然"的结论就呼之欲出了。马克思恩格斯有关"两个必然"的思想，早在《共产党宣言》发表之前就已形成，但系统的明确论述则是在《共产党宣言》里。《共产党宣言》从历史唯物主义的基本原理出发，正确、辩证评价了资产阶级的历史作用，揭示了资本主义的基本矛盾，科学论证了"两个必然"在全世界取得胜利的规律和趋势。《共产党宣言》强调，伴

① 《马克思恩格斯选集》第2卷，北京：人民出版社，2012年版，第586页。
② 《马克思恩格斯选集》第2卷，北京：人民出版社，2012年版，第406页。
③ 《马克思恩格斯选集》第2卷，北京：人民出版社，2012年版，第299页。

随资本主义生产方式的普遍确立，生产社会化与生产资料资本主义私人占有的矛盾趋于增强，无产阶级和资产阶级之间斗争也趋于尖锐化。作为人类历史上最伟大、最具革命性的无产阶级，承担着埋葬资本主义、实现共产主义的历史使命。马克思恩格斯在《共产党宣言》中申明："资产阶级的灭亡和无产阶级的胜利是同样不可避免的。"①

需要指出的是，《共产党宣言》中使用的表述是"两个不可避免"，而非"两个必然"。两种表述在形式上存在区别，但在意义上并没有什么大的不同。事实上，马克思恩格斯在《共产党宣言》1882年俄文版序言中就明确使用了"必然"一词："《共产党宣言》的任务，是宣告现代资产阶级所有制必然灭亡。"②列宁也曾指出："资本主义社会必然要转变为社会主义社会这个结论，马克思完全是从现代社会的经济的运动规律得出的。"③由此可见，在马克思主义经典作家的视野中，"必然"和"不可避免"含义相同。

"两个必然"论断，是对资本主义基本矛盾进行分析得出的结论。除此之外，剩余价值学说还从经济学层面为理解"两个必然"奠定了坚实的理论基础。《共产党宣言》发表后，马克思几乎穷尽全力研究资本主义生产方式，其理论思维和理论观察集中体现于有"工人阶级的圣经"之称的《资本论》中。在这部不朽巨著中，马克思阐明了劳动价值论，以及剩余价值的来源、本质和运动规律，揭露了资本家剥削工人的秘密。

此后，马克思恩格斯的理论研究不断趋向深入，"两个必然"的理论内涵得到强化。《政治经济学批判》序言中，马克思提出了"两

① 《马克思恩格斯选集》第1卷，北京：人民出版社，2012年版，第413页。

② 《马克思恩格斯选集》第1卷，北京：人民出版社，2012年版，第379页。

③ 《列宁选集》第2卷，北京：人民出版社，2012年版，第439页。

个决不会”：“无论哪一个社会形态，在它所能容纳的全部生产力发挥出来以前，是决不会灭亡的；而新的更高的生产关系，在它的物质存在条件在旧社会的胎胞里成熟以前，是决不会出现的。”[①]这样，“两个必然”和“两个决不会”相互补充、相互完善，形成辩证统一关系。前者强调的是资本主义灭亡和社会主义胜利的客观必然性，后者强调的是资本主义灭亡和社会主义胜利的实践和条件；前者是从生产关系视角揭示资本主义必然灭亡的客观规律，后者则是从生产力视角明晰了资本主义灭亡的客观前提；前者呈现的是资本主义的历史性、暂时性和灭亡的必然性，后者呈现的是，生产力的发展才是人类社会存在与发展的终极决定性因素。“两个决不会”提出后，“两个必然”的论断更加趋于完整、全面、科学。

二、“两个必然”的深化

伴随俄国等东方民族人民革命浪潮的涌现，马克思恩格斯又进一步深化了对“两个必然”的研究，“两个必然”的理论外延得到进一步扩展。在《共产党宣言》中，“两个必然”论断所指向的分析对象是欧洲典型的资本主义社会，但当人们把视野从西欧社会转向东方社会时，情况就大为不同了。东方社会普遍未经历过西欧式典型的资本主义发展阶段，无产阶级革命是否还能够开展就成为一个急迫的理论问题。新形势、新问题，要求马克思对“两个必然”作出新的研究和新的论断。在对东方社会生产方式和俄国土地公有制进行深入考察研究后，马克思在给《祖国纪事》杂志编辑部和写给查苏里奇的复信中，以及有关古代社会史的笔记中，明确告诫，不能简单套用西欧的模式

① 《马克思恩格斯选集》第2卷，北京：人民出版社，2012年版，第3页。

来分析东方社会和世界历史，强调《资本论》的最终目的，不是不顾具体情况和客观条件，论证全世界一切国家和民族都将纳入资本主义发展轨道，相反，如果条件允许，俄国的农村公社便“可以不通过资本主义制度的卡夫丁峡谷，而占有资本主义制度所创造的一切积极的成果”①。东方社会的特殊情况和俄国革命形势的发展迫切要求马克思回答一个十分紧迫的实践问题：如果俄国革命胜利之后依然要先走西欧各国的资本主义道路，就不仅会辜负广大人民群众的革命牺牲和革命热情，也会葬送社会主义的大好形势。通过深入分析和反复思考，马克思恩格斯最终指出：“假如俄国革命将成为西方无产阶级革命的信号而双方相互补充的话，那么现今的俄国土地公有制便能成为共产主义发展的起点。”②马克思恩格斯晚年的理论论断，坚持和发展了“两个必然”思想，不但消除了人们对“两个必然”可能存在的误解，更为东方社会各国探索跨越资本主义制度的“卡夫丁峡谷”、走符合自己国情的社会主义道路奠定了理论根基。

《共产党宣言》发表之后，“两个必然”论断不时面临理论上的质疑和实践上的考验。有观点认为，20 世纪的资本主义虽经历了第一次世界大战、大萧条、第二次世界大战等一系列重大挫折，但并未如马克思恩格斯所设想的那样归于崩溃或灭亡，反而维持了长时期的“黄金发展”，因此“两个必然”论断要么是错误的，要么已经过时了。进而言之，马克思恩格斯有关资本主义基本矛盾的阐释是错误的，或也是过时了。对此，党的十八大以来，习近平在论述坚持和发展中国特色社会主义、发展和繁荣哲学社会科学时，已经提及了资本主义基本矛盾问题，并给出了明确回应。2013 年 1 月 5 日，习近平在新进中

① 《马克思恩格斯选集》第3卷，北京：人民出版社，2012年版，第837页。

② 《马克思恩格斯选集》第1卷，北京：人民出版社，2012年版，第379页。

央委员会的委员、候补委员学习贯彻党的十八大精神研讨班上发表讲话指出："事实一再告诉我们，马克思、恩格斯关于资本主义社会基本矛盾的分析没有过时，关于资本主义必然灭亡、社会主义必然胜利的历史唯物主义观点也没有过时。"[①]习近平的讲话表明，马克思主义有关资本主义社会基本矛盾的分析和判断具有科学基础，资本主义基本矛盾决定了，西方发达国家一定会因为其内在的不可克服的基本矛盾而逐步走向衰落。

2016 年 5 月 17 日，习近平在哲学社会科学工作座谈会上发表讲话再次指出："有人说，马克思主义政治经济学过时了，《资本论》过时了。这个说法是武断的。远的不说，就从国际金融危机看，许多西方国家经济持续低迷、两极分化加剧、社会矛盾加深，说明资本主义固有的生产社会化和生产资料私人占有之间的矛盾依然存在，但表现形式、存在特点有所不同。国际金融危机发生后，不少西方学者也在重新研究马克思主义政治经济学、研究《资本论》，借以反思资本主义的弊端。法国学者托马斯 · 皮凯蒂撰写的《21 世纪资本论》就在国际学术界引发了广泛讨论。该书用翔实的数据证明，美国等西方国家的不平等程度已经达到或超过了历史最高水平，认为不加制约的资本主义加剧了财富不平等现象，而且将继续恶化下去。作者的分析主要是从分配领域进行的，没有过多涉及更根本的所有制问题，但使用的方法、得出的结论值得深思。"[②]习近平的讲话再次强调，资本主义社会基本矛盾的表现形式和存在特点会发生变化，但万变不离其宗，其性质并未改变，也不会变化，"两个必然"仍是客观规律和趋势。

① 《十八大以来重要文献选编》(上)，北京：中央文献出版社，2014年版，第117页。

② 习近平：《在哲学社会科学工作座谈会上的讲话》，《人民日报》2016年5月19日。

第二章
我国社会主要矛盾的演变历程

自建党以来，我们党经历了新民主主义革命时期、社会主义革命和建设时期、改革开放和社会主义现代化建设新时期、新时代中国特色社会主义四个历史时期，对于社会主要矛盾形成了四次重大判断。

第一节　新民主主义革命时期

“1840 年鸦片战争以后，西方列强在中华大地上恣意妄为，封建统治者孱弱无能，中国逐步成为半殖民地半封建社会，国家蒙辱、人民蒙难、文明蒙尘，中国人民和中华民族遭受了前所未有的劫难。”[①]半殖民地半封建的社会性质决定了，新民主主义革命时期的社会主要矛盾是帝国主义和中华民族的矛盾、封建主义和人民大众的矛盾。毛泽东对新民主主义革命时期社会主要矛盾的厘清作出了巨大的理论贡献。

一、近代中国社会基本国情

认清近代中国基本国情，是认识近代中国一切社会问题和革命问题的最基本的依据，是解决近代中国一切社会问题和革命问题的前提。不了解近代中国的基本国情，就难以正确判断近代中国的社会性质和社会主要矛盾，便难以提出符合中国实际的革命理论，以正确地领导中国革命。

1. 半殖民地半封建社会的形成

中华民族 5000 多年历史，创造了辉煌、灿烂的中华文明。1840 年，鸦片战争爆发后，西方列强的入侵愈加频繁，封建统治阶层的腐败愈加深重，中国逐步沦为半殖民地半封建社会。

一方面，帝国主义的入侵，在客观上，也在一定程度上，造成了封建社会以自给自足为主要特征的自然经济的快速解体，为中国资本

① 习近平：《在纪念辛亥革命110周年大会上的讲话》，《人民日报》2021年10月10日。

主义的发展创造了必要且有利的条件，但并未使中国成为一个纯粹而典型的资本主义国家。主要原因在于，封建制度的根基，即地主阶级对农民的剥削依旧存在，连同买办资本和高利贷资本的剥削，在近代中国社会经济生活中占据显著优势。同时，中国民族资本主义虽经历某些发展，在社会政治、文化生活中也起到了较大作用，但尚未成为中国社会经济的主要形式，呈现出鲜明的发展先天不足特征。加之遭受外国资本、官僚资本和封建旧势力的多重逼迫，中国民族资本主义始终没有成为中国社会经济的主要形式，更没有在整个社会经济中占据主导地位。“以孙中山先生为代表的革命党人发动了震惊世界的辛亥革命，推翻了清朝政府，结束了在中国延续几千年的君主专制制度”，“极大促进了中华民族的思想解放，传播了民主共和的理念，打开了中国进步潮流的闸门，撼动了反动统治秩序的根基”，但“没有改变旧中国半殖民地半封建的社会性质和中国人民的悲惨境遇，没有完成实现民族独立、人民解放的历史任务”①，没有建立起真正的资产阶级政权，取而代之的先是地主阶级和军阀官僚的统治，后是地主阶级和大资产阶级结盟的专政，整个社会显现出典型的半封建性特征。

另一方面，帝国主义列强施加军事、政治、经济和文化的多重入侵，造成了近代中国社会的半殖民地化。事实上，近代中国面临诸多帝国主义列强的直接统治或间接统治，长期处于不统一状态，加之幅员辽阔、土地广大，中国经济、政治和文化发展呈现出极端的不平衡性。帝国主义和封建主义的双重压迫，造成中国人民特别是广大农民日益贫困化以致大量破产，经济上饥寒交迫，政治上毫无权利可言。

在半殖民地半封建的近代中国，社会矛盾复杂多样，其中，占据支配地位的主要矛盾是帝国主义和中华民族的矛盾、封建主义和人民

---

① 习近平：《在纪念辛亥革命110周年大会上的讲话》，《人民日报》2021年10月10日。

大众的矛盾，前者又是各种社会矛盾中最主要的矛盾。半殖民地半封建社会的基本国情和社会性质，决定了近代中国革命的根本任务是推翻帝国主义和封建主义的联合统治，即“反帝反封建”，彻底打碎反动腐朽的政治上层建筑，革除阻碍生产力发展的生产关系。

2. 反帝反封建的努力和尝试

中国共产党成立之前，围绕反帝反封建，“我们的先人以不屈不挠的斗争反对内外压迫者，从来没有停止过”[①]“在救亡图存的道路上一次次抗争、一次次求索，展现了不畏强暴、自强不息的顽强意志”[②]。

首先是农民阶级的“起义”——太平天国运动。从 1851 年开始到 1864 年结束，太平天国运动存续 14 年。期间，洪秀全带领广大农民阶级建立旨在推翻清王朝的政权，极大打击和动摇了清王朝的专制统治。然而，由于农民阶级与生俱来的小农意识的局限性，政治和军事斗争能力与经验的匮乏，以及政权内部的恶性权力争斗，太平天国运动最终在中外反动势力的联合绞杀下归于失败。太平天国运动的失败昭示，农民阶级作为近代中国数量众多、基数庞大的政治力量，无法担当“反帝反封建”的历史重任。

然后是封建地主阶级的“改良”——洋务运动。在以洪秀全为代表的农民阶级“起义”失败之后走上历史舞台的，是受近代西方物质文明思想和成果影响的地主阶级，这以曾国藩、张之洞、左宗棠等人为代表，属于封建地主阶级中的开明人士。他们构成了封建地主阶级中的洋务派，他们“睁开眼睛看世界”，信奉“师夷长技以制夷”，重视器物、

① 《毛泽东文集》第五卷，北京：人民出版社，1996年版，第344页。

② 习近平：《在纪念辛亥革命110周年大会上的讲话》，《人民日报》2021年10月10日。

技术、管理等层面的革新，亲身参与并引领了一场轰轰烈烈的洋务运动。由于洋务派坚持“中学为体，西学为用”，丝毫不触及封建制度本身，因此他们所引领的洋务运动实质只是一场改良运动而非改革运动。从1861年开始，到1895年中日甲午战争，洋务运动前后持续35年时间，取得的成就不可谓不大，为近代中国建设了一批最早的造船厂、军械厂和纺织厂等，奠定了近代中国军事工业和民用工业的基础和雏形。然而，1895年中日甲午战争中北洋海军的整体覆灭，宣告了洋务运动的失败。这又昭示着，封建地主阶级开明人士亦无法担当“反帝反封建”的历史重任。

接着是封建知识分子的“维新”——戊戌变法。在洋务运动失败之后登上历史舞台的是封建地主阶级中的维新派知识分子，以康有为、梁启超和谭嗣同为代表人物。他们洞察力敏锐、民族危亡意识强烈，能够从洋务运动的失败中汲取经验教训，认为仅仅依靠器物、技术和管理层面的革新，无法避免帝国主义列强的欺凌和摆布，制度层面的改变和改革乃是当务之急。有鉴于此，他们依附光绪皇帝，借以推动维新变法。由于变法运动是在农历戊戌年推行，因此被称为戊戌变法。变法不可避免触及以慈禧太后为代表的地主阶级顽固派的利益，并招致反对，变法运动仅仅持续一百多天便夭折。戊戌变法运动的失败昭示着，封建地主阶级中维新派知识分子，难以担当“反帝反封建”的历史重任。

再接着是新兴资产阶级的“革命”——辛亥革命。这以孙中山、黄兴为典型代表人物。戊戌变法运动的失败启示他们，不从根本上动摇封建统治的和平维新变法注定要失败，唯有革命，才能推翻清王朝的封建统治。“孙中山先生大声疾呼‘亟拯斯民于水火，切扶大厦之将倾’，高扬反对封建专制统治的斗争旗帜，提出民族、民权、民生的三民主义政治纲领，率先发出‘振兴中华’的呐喊。在孙中山先生领导和影响下，大批革命党人和无数爱国志士集聚在振兴中华旗帜之下，广泛传播革命思想，积极兴起进步浪潮，连续发动武装起义，推动了革命大势的形成。1911 年 10 月 10 日，武昌城头枪声一响，拉开了中国完全意义上的近代民族民主革命的序幕。”[①]辛亥革命终结了自秦朝以来两千余年的封建专制，并造成革命思潮的兴盛，取得了反封建的初步胜利。然而，以孙中山为代表的革命派，在辛亥革命成功后由于各种原因未能保住胜利果实，而被袁世凯所窃取。袁世凯推行假共和，并进而复辟帝制。这些历史事实昭示着，资产阶级革命派亦难担当“反帝反封建”的历史重任。

半殖民地半封建社会，既有别于封建社会主义，亦有别于资本主义社会，蕴含着特殊的时代特征和革命诉求。历经农民阶级的“起义”、封建地主阶级开明人士的“改良”、封建知识分子的“维新”和新兴资产阶级的“革命”，1840 年以来直至 1921 年 7 月中国共产党成立，四种政治力量的“反帝反封建”努力和尝试都归于失败，近代中国社会的基本国情和社会主要矛盾未有根本缓解。

二、新民主主义革命时期的社会主要矛盾

以 1919 年五四运动为分界线，中国民主革命的性质由旧民主主义革命转变为新民主主义革命。新民主主义革命时期，中国社会的性质依旧为半殖民地半封建社会，这就决定了当时的社会主要矛盾仍然是帝国主义同中华民族的矛盾、封建主义同人民大众的矛盾。在新民主主义革命时期不同的发展阶段，社会主要矛盾的突出表现也会呈现出不同。

① 习近平:《在纪念辛亥革命110周年大会上的讲话》,《人民日报》2021年10月10日。

1. 新民主主义革命的时代特征

近代中国半殖民地半封建的社会性质和基本国情，决定了中国革命的性质是资产阶级民主革命，但此种民主革命又有别于一般的资产阶级民主革命，具有鲜明的时代特征，即从旧民主主义革命转向新民主主义革命。

俄国十月革命的胜利，乃是中国旧民主主义革命转变为新民主主义革命的时代背景。从鸦片战争爆发到辛亥革命期间，农民阶级、封建阶级开明人士、维新派知识分子和新兴资产阶级，依次开展的"反帝反封建"的斗争，皆属于旧民主主义革命的范畴。俄国十月革命的胜利，从根本上改变了世界历史的走向，开辟了世界无产阶级社会主义革命的新纪元，标志着人类历史迈入了由资本主义转向社会主义的进程。十月革命既激发了西方资本主义国家无产阶级的意识觉醒，还建立了一条涵盖东西方的反对世界帝国主义的无产阶级革命战线，促使中国的资产阶级民主革命，从性质原本为旧民主主义革命的范畴，属于旧的世界资产阶级民主革命的组成部分，转变为新民主主义革命的范畴，属于新的世界无产阶级社会主义革命的重要组成部分。

爆发于 1919 年民族危难之际的五四运动，以先进青年知识分子为先锋，以广大人民群众为参与主体，开启了彻底反帝反封建的伟大革命运动。这场运动既是一场中国人民为拯救民族危亡而掀起的伟大社会革命运动，又是一场传播新思想、新文化、新知识的伟大思想启蒙运动和新文化运动，它以磅礴之力向世人昭示了中华民族和中国人民实现民族解放和民族复兴的志向和信心。在十月革命的深刻影响下，以五四运动为标志，中国无产阶级开始以独立政治力量的角色登上历史舞台，逐步跃升为中国革命的领导力量。中国进入新民主主义革命时期。1921 年 7 月，以马克思主义为指导思想的中国共产党成立后，高举革命旗帜，自觉担当近代以来反帝反封建的历史重任，逐步走向历史舞台的中心。正如习近平总书记在庆祝中国共产党成立95周年大会和100周年大会讲话中所指出的，“中国产生了共产党，这是开天辟地的大事变，深刻改变了近代以后中华民族发展的方向和进程，深刻改变了中国人民和中华民族的前途和命运，深刻改变了世界发展的趋势和格局。”[①]中国共产党领导的新民主主义革命，不同于历史上欧美各国的资产阶级民主革命，前者是要建立各革命阶级在无产阶级领导之下的联合专政，建立各革命阶级联合专政的民主共和国，后者则是要建立资产阶级的共和国，建立资产阶级专政。前者亦不同于一般意义上的社会主义革命，革命对象只是帝国主义、封建主义和官僚资本主义，而不包括一定时期内参加反帝反封建斗争的民族资产阶级。总之，中国共产党领导的中国革命，已不是旧范畴的民主主义革命，而是新范畴的新民主主义革命。

2. 新民主主义革命时期的社会主要矛盾

中国共产党一大确立了党的名称和纲领。一大将推翻资产阶级、消灭资本主义私有制作为纲领，将近代中国社会的主要矛盾归结为无产阶级和资产阶级之间的矛盾。这一情形表明，新生的中国共产党尚未意识到近代中国的基本国情和客观实际，只是简单、机械照搬马克思主义的基本原理。这一情形在二大发生根本改观。中国共产党从列宁在《中国的民主主义和民粹主义》《社会主义革命和民族自决权（提纲）》《帝国主义是资本主义的最高阶段》等著述中论及中国时提出的“半封建”“半殖民地”两个概念出发，解析近代中国的半殖民地半封建

① 习近平：《在庆祝中国共产党成立100周年大会上的讲话》，《求是》2021年第14期。

社会性质和阶级关系，第一次明确提出了反帝反封建的民主革命纲领。1937 年 5 月，毛泽东在党的全国代表会议上指出，“帝国主义和中国之间的矛盾，封建制度和人民大众之间的矛盾”，是中国社会很久以来“两种剧烈的基本的矛盾”[①]。经过不断探索积累，1939 年 12 月，毛泽东在《中国革命和中国共产党》中明确提出，“帝国主义和中华民族的矛盾，封建主义和人民大众的矛盾”[②]，构成近代中国社会的主要矛盾，而前者又是各种矛盾中最主要的矛盾。

中国共产党在正确判断新民主主义革命时期的社会主要矛盾时，亦对社会主要矛盾在不同发展阶段的突出表现有清晰认知，并据此制定了不同历史时期的革命纲领和政策策略。具体来讲，从 1921 年中国共产党成立，到 1949 年新中国成立，中国革命主要经历了四个发展阶段。

1921 年 7 月—1927 年 8 月，中国共产党成立初期。这一时期，北洋军阀政府对内巧取豪夺，对外投降卖国。中国共产党认识到，当时的社会主要矛盾突出表现为人民大众与地主军阀及其背后的支持力量帝国主义之间的矛盾。1922 年 6 月 15 日，中共中央发表《中国共产党对于时局的主张》指出，无产阶级当前“最切要的工作”，是“联络民主派共同对封建式的军阀革命，以达到军阀覆灭能够建设民主政治为止”[③]。在此基础之上，1922 年召开的二大提出了颇具革命性的纲领：“消除内乱，打倒军阀，建设国内和平”“推翻国际帝国主义的压迫，达到中华民族的完全独立”。以上可见，在成立初期，中国共产党已明确把反帝反封建作为革命的对象和目标，体现了对当时社

① 《毛泽东选集》第一卷，北京：人民出版社，1991年版，第252页。

② 《毛泽东选集》第二卷，北京：人民出版社，1991年版，第631页。

③ 《中共中央文件选集》第一册，北京：中共中央党校出版社，1989 年版，第45页。

会主要矛盾的深刻认知。正是基于这一正确认知，中国共产党与国民党展开第一次合作，发动轰轰烈烈的国民大革命，进行北伐战争并取得胜利，剪除了旧军阀的军事力量和政治影响力。

1927 年 8 月—1937 年 7 月，土地革命战争时期。这一时期，中国共产党深刻分析大革命失败的原因，清晰认识到人民大众与国民党新军阀之间的矛盾已转变为社会主要矛盾。1927 年，以蒋介石为代表的新军阀公开背叛革命，发动“四一二”反革命政变后，大肆屠杀共产党人，建立了代表大地主大资产阶级利益的南京国民政府。这一时期，国民党新军阀对内压迫和剥削人民，对外依附于美英帝国主义，并未改变封建主义和帝国主义在中国的统治地位，因此中国社会性质也未发生根本改变。基于此种认识，在八七会议上，中国共产党制定确立武装反抗国民党反动派的方针，开辟了“农村包围城市、武装夺取政权”的新民主主义革命新道路。

1937 年 7 月—1945 年 8 月，抗日战争时期。自 1937 年卢沟桥事变始，日本帝国主义开始发动全面侵华战争，中日民族矛盾上升为社会主要矛盾，中国共产党准确把握这一现实状况，及时将团结全民族力量打败日本帝国主义的全面入侵作为这一时期的中心任务。毛泽东在《矛盾论》《关于农村调查》等著述中明确指出，国内阶级矛盾暂时降至次要地位，中日民族矛盾上升为社会主要矛盾。有鉴于此，中国共产党以民族大义为重，发表抗日通电，号召国共两党展开第二次合作，号召全国各族人民团结起来，构建最为广泛的抗日民族统一战线。正是因为党正确判断社会主要矛盾发生转变，把抗击日本帝国主义全面入侵作为中心任务，才取得了抗战的最终胜利。

1945 年 8 月—1949 年 9 月，解放战争时期。抗日战争取得全面胜利后，蒋介石军事集团发动全面内战，背离全国人民要求和平民主的要求和呼声，坚持对内独裁，坚持消灭中国共产党。面对此种情势，以毛泽东为代表的中国共产党人，早在 1945 年 8 月就有预料："从整个形势看来，抗日战争的阶段过去了，新的情况和任务是国内斗争。"[①] 1946 年 6 月，全面内战爆发印证了这一判断。此情此景，中国共产通过建立最为广泛的革命统一战线，团结各方和平、进步力量，开展三年波澜壮阔的军事斗争，推翻了国民党反动派的独裁统治，从根本上动摇了"三座大山"的统治根基：废除旧中国同帝国主义列强签订的一切不平等条约，帝国主义势力被彻底赶出中国国境；在解放区开展大规模土地改革运动，废除地主阶级的土地所有权和封建剥削的土地制度，铲除了封建主义和地主阶级赖以存在的经济基础；大力反对官僚资本主义，根除四大家族对经济命脉的控制和操纵。新中国的成立标志着，中国共产党彻底解决了近代中国社会的主要矛盾，取得了新民主主义革命的伟大胜利。

这里需要指出的是，因为抗日战争时期和解放战争时期，以蒋宋孔陈"四大家族"为代表的官僚资本主义急剧扩张，且反人民性特征明显，所以中国共产党在这两个历史时期的主要任务又加入了反对官僚资本主义的内容。1948 年 4 月 1 日，毛泽东在晋绥干部会议上完整提出了中国共产党在新民主主义革命历史阶段的总路线和总政策，即："无产阶级领导的，人民大众的，反对帝国主义、封建主义和官僚资本主义的革命"[②]。这样，新民主革命时期，中国共产党的主要任务就变为反对帝国主义、封建主义和官僚资本主义"三座大山"，不再仅仅是前两个时期的反帝反封建。

近代中国的社会性质和主要矛盾的廓清有两个理论意义。首先，

---

① 《毛泽东选集》第四卷，北京：人民出版社，1991 年版，第1130页。

② 《毛泽东选集》第四卷，北京：人民出版社，1991 年版，第1316—1317页。

决定了中国革命的性质是“新式的资产阶级民主主义的革命”[①]，革命的主要依靠力量包括工人阶级、农民阶级、小资产阶级和民族资产阶级，摒弃了党的一大将“推翻资本家阶级的政权”“消灭资本家私有制”[②]作为民主革命纲领，“不同其他党派建立任何关系”[③]的不成熟看法，从而将民族资产阶级由革命的对象转变为“人民大众的一部分”——“但不是人民大众的主体，也不是决定革命性质的力量”，确立了在政治上“争取他们”、在经济上“保护他们”[④]的长期政策方针。其次，决定了近代中国中华民族所面临的两大历史任务，一是“推翻帝国主义和封建主义的统治，实现民族独立和人民的解放”，二是“彻底改变国家贫穷落后的面貌，实现国家繁荣富强和人民共同富裕”，“这两大任务中，前者是后者的必要前提”[⑤]。这也是中国共产党人“为中国人民谋幸福，为中华民族谋复兴”之初心和使命提出的历史依据。

三、新民主主义革命理论

在厘清近代中国社会的性质和社会主要矛盾基础之上，适应新民主主义革命实践的需要，在总结中国革命经验教训的基础上，以毛泽东为代表的中国共产党人逐步形成了新民主主义革命理论，确立了新民主主义革命的总路线、基本纲领和道路。

---

① 《毛泽东选集》第二卷，北京：人民出版社，1991年版，第671页。

② 中央档案馆编：《中共中央文件选集》第一册，北京：中共中央党校出版社，1989年版，第3页。

③ 中央档案馆编：《中共中央文件选集》第一册，北京：中共中央党校出版社，1989年版，第8页。

④ 参见《毛泽东选集》第四卷，北京：人民出版社，1991年版，第1288—1289页。

⑤ 中共中央党史研究室：《中国共产党历史》第一卷（1921—1949）（上册），北京：中共党史出版社，2011年版，第10—11页。

1. 新民主主义革命的总路线

新民主主义革命的总路线是我们党在新民主主义革命时期一切工作的根本指导路线。1939 年 12 月，在《中国革命和中国共产党》一文中，毛泽东首次提出“新民主主义革命”的命题。1948 年 4 月 1 日，毛泽东在山西兴县蔡家崖村晋绥干部会议上发表讲话，总结土地改革工作和整党工作经验，完整提出了新民主主义革命时期总路线的内容，即“无产阶级领导的，人民大众的，反对帝国主义、反对封建主义和反对官僚资本主义的革命”[①]。总路线指明了中国革命的对象、动力、领导力量和性质。

（1）新民主主义革命的对象

“谁是我们的敌人？谁是我们的朋友？这个问题是革命的首要问题。中国过去一切革命斗争成效甚少，其基本原因就是因为不能团结真正的朋友，以攻击真正的敌人。”[②]近代中国的社会性质和主要矛盾决定，中国革命的主要敌人是帝国主义、封建主义和官僚资本主义。帝国主义是中国革命的首要对象。近代中国所遭受的民族压迫都来自帝国主义。帝国主义通过一系列侵略战争，给中国人民带来了无尽的战乱与灾难，直接改变了中国社会的性质，成为近代中国贫困落后和所有战乱、灾难的总根源，成为中国社会发展进步的最大障碍。打倒帝国主义是中国走向独立和富强的前提和基础。封建主义是帝国主义赖以统治中国和封建军阀推行专制统治的社会根源。地主阶级是在政治、经济、文化诸方面都阻碍中国社会发展进步而没有丝毫积极进步作用的阶级，是中国经济和政治现代化的最大障碍。消除封建主义，主要是指在经济上消灭封建生产资料地主所有制和地主阶

① 《毛泽东选集》第四卷，北京：人民出版社，1991年版，第1287页。

② 《毛泽东选集》第一卷，北京：人民出版社，1991年版，第3页。

级，在政治上排除封建皇权和军阀的专制统治，以解放生产力，为中国的经济和政治现代化创造必要的前提条件。官僚资本主义是依附帝国主义和封建主义，利用国家权力发展起来的买办的封建的国家垄断资本主义，它残酷剥削广大劳动人民，巧取豪夺民族工商业，极大束缚了近代中国社会生产力的发展。

整体而言，新民主主义革命的对象就是帝国主义、封建主义和官僚资本主义这三座大山。三座大山中，中国革命主要是打击前“两个敌人，就是对外推翻帝国主义压迫的民族革命和对外推翻封建地主压迫的民主革命，而最主要的任务是推翻帝国主义的民族革命”[①]。

（2）新民主主义革命的动力

无产阶级、农民阶级、城市小资产阶级和民族资产阶级是新民主主义革命的动力。无产阶级是中国革命的最基本动力。无产阶级伴随外国资本主义的在华经营企业和中国民族工业的产生而产生，是新的社会生产力的代表，是最进步的阶级，是中国革命的领导力量。农民阶级是中国革命的主力军。他们深受帝国主义、封建主义和官僚资本主义的剥削和压迫，强烈要求反帝反封建。农民阶级中的贫雇农是无产阶级最可靠的同盟军，中农是可靠的同盟军。包括知识分子、小商人、手工业者和自由职业者在内的城市小资产阶级，同样深受三座大山的剥削和压迫，是无产阶级的可靠同盟者。民族资产阶级革命性和动摇性兼具，既不是中国革命的主要力量，更不是中国革命的领导力量，只能是中国革命动力之一。

（3）新民主主义革命的领导力量

中国革命的领导权是掌握在无产阶级手中，还是资产阶级手中，是

---

① 《毛泽东选集》第二卷，北京：人民出版社，1991年版，第637页。

区分新旧民主主义革命的根本标志。由于民族资产阶级对帝国主义和封建主义有依赖性，且先天带有软弱性和妥协性，所以不愿意也不能彻底开展反帝反封建斗争，无产阶级及其政党则因其革命的彻底性，而自然承担起领导中国革命的历史重任。“革命的领导阶级是工人阶级。如果离开了这种根本的革命力量，离开了工人阶级的领导，要完成反帝反封建的民主革命是不可能的”[①]。中国无产阶级自身的特点和优点非常突出，一是对革命的态度较之于其他阶级更为坚决、更为彻底；二是分布集中，利于组织和团结，利于革命思想的传播和革命力量的形成；三是与农民存在天然联系，易于形成亲密的工农联盟。由于这些特点和优点，中国无产阶级自其登上历史舞台伊始，“就在本阶级的革命政党——中国共产党领导之下，成为中国社会里比较最有觉悟的阶级”[②]。

（4）新民主主义革命的性质和前途

近代中国的社会性质和社会主要矛盾，决定了中国革命的性质是资产阶级民主主义革命，而非无产阶级社会主义革命。由于中国革命的对象主要是帝国主义和封建主义，因而资产阶级也是参加革命斗争的。然而，中国革命已不是一般的资产阶级的民主主义革命，而是新的民主主义革命。新民主主义革命的前途是社会主义而不是资本主义，但在性质上却不同于社会主义革命。前者旨在建立无产阶级领导的各革命阶级的联合专政，而非无产阶级专政。后者则旨在消灭资本主义剥削制度、改造小生产的私有制，是无产阶级革命的性质。新民主主义革命与社会主义革命性质虽不同，但又相互联系、紧密衔接，中间不允许横插一个资产阶级专政阶段。毛泽东曾把两者比喻为文章的上篇和下篇，认为“两篇文章，上篇与下篇，只有上篇做好，下篇才能

---

① 《毛泽东选集》第二卷，北京：人民出版社，1991年版，第559页。

② 《毛泽东选集》第二卷，北京：人民出版社，1991年版，第644页。

做好。坚决地领导民主革命，是争取社会主义胜利的条件。”[①]换言之，“民主主义革命是社会主义革命的必要准备，社会主义革命是民主主义革命的必然趋势。”[②]

2. 新民主主义的基本纲领

政党纲领是反映党的性质的重要标志和旗帜。1940 年 1 月 9 日，毛泽东在陕甘宁边区文化协会第一次代表大会上，发表题为“新民主主义的政治与新民主主义的文化”的讲演。讲演内容后载于 1940 年 2 月 15 日延安出版的《中国文化》创刊号。2 月 20 日延安出版的《解放》第 98、99 期合刊登载该文时，将题目调整为《新民主主义论》。该文系统论述了新民主主义的政治、经济和文化。1945 年 4 月 24 日，毛泽东在党的七大作政治报告《论联合政府》，进一步阐明了新民主主义的政治、经济和文化纲领。

（1）新民主主义的政治纲领

新民主主义的政治纲领是，打倒帝国主义和封建主义的统治，建立无产阶级领导的、以工农联盟为基础的、各革命阶级联合专政的新民主主义共和国，它既不同于欧美式的资产阶级专政的共和国，也不同于苏联式的无产阶级专政的社会主义共和国。毛泽东认为：“全世界多种多样的国家体制中，按其政权的阶级性质来划分，基本地不外乎这三种：（甲）资产阶级专政的共和国；（乙）无产阶级专政的共和国；（丙）几个革命阶级联合专政的共和国。”[③]资产阶级共和国方案已被历史证明在中国行不通，中国社会的性质又决定中国革命要分两步走，

① 《毛泽东选集》第一卷，北京：人民出版社，1991年版，第276页。
② 《毛泽东选集》第二卷，北京：人民出版社，1991年版，第651页。
③ 《毛泽东选集》第二卷，北京：人民出版社，1991年版，第675页。

第一步是建立新民主主义共和国，第二步是建立无产阶级专政共和国。与新民主主义共和国的国体相适应，此时的政体是实行民主集中制的人民代表大会制度。

（2）新民主主义的经济纲领

新民主主义的经济纲领是，分别没收封建地主阶级的土地、官僚资产阶级的垄断资本归农民、归国家所有，同时，保护民族工商业。一则，在半殖民地半封建社会的中国，土地制度极不合理，要解放农村生产力，就必须废除封建地主土地所有制，根除封建剥削关系，实现“耕者有其田”。二则，没收官僚资产阶级的垄断资本，并非因为它是资本主义，而是因为它同帝国主义、地主阶级和旧式富农具有密切联系，本质上是一种买办的封建的国家垄断资本主义。通过没收官僚资产阶级的垄断资本，建立具有社会主义性质的国营经济，乃是向社会主义过渡的坚实经济基础。三则，保护民族工商业是由中国落后的社会生产力状况和新民主主义革命的性质所决定的。民族资本主义经济，对发展现代技术、发展社会生产力具有积极推动作用，有益于社会向前发展。同时，新民主主义革命不是一般地消灭资本主义和资产阶级，而是保护和发展民族资本主义和民族资产阶级，但前提是不损害国计民生，不操纵国计民生。

（3）新民主主义的文化纲领

新民主主义的文化纲领是，建立无产阶级领导的人民大众的反帝反封建的文化，亦即民族的科学的大众的文化。一则，新民主主义文化的内容是反对帝国主义压迫，捍卫中华民族的尊严和独立，形式上强调鲜明的民族风格和民族特点，要有中国作风和中国气派。二则，新民主主义文化崇尚科学，反对一切封建思想和迷信思想，强调实事求是、客观真理以及理论与实践的一致性，对于传统文化，强调“取之精华、弃之糟粕”。三则，新民主主义文化崇尚人民大众的文化，强调文化工作者既要用革命文化教育和武装人民大众，又要以人民群众的实践作为创造源泉，坚持为人民大众服务。

3. 新民主主义革命道路

近代中国的社会性质和主要矛盾决定了，中国革命道路必然不同于俄国十月革命的道路。我们党成立初期，将工作重心放在城市，开展工人运动，扩大党的阶级基础。1927 年大革命失败后，党的工作重心逐步转向农村。特别是秋收起义失败以后，毛泽东率领队伍创建了井冈山革命根据地，开始将农村作为武装斗争的主攻方向。

（1）新民主主义革命道路的形成

毛泽东在领导农村革命根据地的斗争实践中，先后撰写《中国的红色政权为什么能够存在？》《井冈山的斗争》《星星之火，可以燎原》等重要文章，初步提出“工农武装割据”思想。长征到达陕北后，毛泽东依据近代中国的时代特点和基本国情，进一步论述了中国革命的长期性和不平衡性特点。1938 年 10 月，毛泽东在六届六中全会上作题为“论新阶段”的政治报告。毛泽东指出，“然而今天中国的城市乡村问题，与资本主义外国的城市乡村问题有性质上的区别。在资本主义国家，城市在实质上形式上都统制了乡村，城市之头一新，乡村之四肢就不能生存。……总之，在今天的半殖民地大国如中国，存在着许多优良条件，利于我们组织坚持的长期的广大的战争，去反对占领城市的敌人，用犬牙交错的战争，将城市包围起来，孤立城市，从长期战争中逐渐生产自己的力量，变化敌我形势，再配合之以世界的变动，就能把敌人驱逐出去而恢复城市。”[①] 11 月 6 日，毛泽东在

① 《建党以来重要文献选编（1921—1949）》第十五册，北京：中央文献出版社，2011年版，第599—600页。

全会上论述战争和战略问题时明确提出："共产党的任务，基本地不是经过长期合法斗争以进入起义和战争，也不是先占城市后取乡村，而是走相反的道路。"[①]

（2）新民主主义革命道路形成的必然性

中国革命必然走农村包围城市、武装夺取政权的道路是由近代中国的国情特点和革命特点所决定的。其一，在半殖民地半封建社会的近代中国，无产阶级不可能如资本主义国家那般，先在城市开展公开的合法斗争，而后组织武装起义夺取政权，只能组织军队，通过武装斗争，消灭反革命武装。毛泽东指出："中国的特点是：不是一个独立的民主的国家，而是一个半殖民地的半封建的国家；在内部没有民主制度，而受封建制度压迫；在外部没有民族独立，而受帝国主义压迫。因此，无议会可以利用，无组织工人举行罢工的合法权利。"[②]其二，近代中国社会，农民占全国人口绝大多数，是无产阶级最可靠的同盟军，中国无产阶级及其政党必须深入农村，从土地问题入手，充分发动农民，武装农民。

中国革命能够走农村包围城市、武装夺取政权的道路，亦是由近代中国的国情特点和革命特点所决定。具体来说，主要有以下五个方面的表现。其一，社会政治经济发展极端不平衡，国家四分五裂，军阀割据，存在统治上的薄弱环节，这为建立农村革命根据地提供了缝隙和可能。其二，广大农村遭受多重剥削和压迫，广大农民革命愿望强烈，革命的群众基础好。其三，全国革命形势趋于向前发展，为巩固农民革命根据地提供了客观条件。其四，相当力量红军的存在，是保卫农村革命根据地的坚强后盾。其五，党的有力领导和正确政策，

① 《毛泽东选集》第二卷，北京：人民出版社，1991年版，第542页。

② 《毛泽东选集》第二卷，北京：人民出版社，1991年版，第542页。

为巩固和发展农村革命根据地提供了重要的主观条件。

(3) 新民主主义革命道路的内容

走农村包围城市、武装夺取政权道路，最重要的是处理好土地革命、武装斗争和农村革命根据地建设之间的关系。土地革命是中国革命的主要内容；武装斗争是中国革命的主要形式，是开展土地革命和建设农村根据地的有力保证；农村革命根据地是中国革命的战略阵地，是开展土地革命和武装斗争的重要依托。

四、毛泽东的理论贡献

在新民主主义革命时期，毛泽东坚持马克思主义矛盾学说，结合近代中国革命的实际，最早提出“主要矛盾”的概念和内涵，阐明事物的性质由矛盾的主要方面决定，论述社会主要矛盾的转化规律，并依据转化规律着重分析了半殖民地半封建的近代中国社会主要矛盾发生变化的三个情形。

1. 界定“主要矛盾”的概念内涵

据湖南大学侯德泉老师考证，原苏联《辩证法唯物论教程》对“主要矛盾”有若干分析，但未将之作为一个明确的概念加以界定。1936年11月至1937年4月间，毛泽东阅读了《辩证法唯物论教程》。受其启发，1937年5月3日，毛泽东在中国共产党全国代表会议（即1937年5月2日至14日在延安召开的苏区党代表会议）上作题为“中国共产党在抗日时期的任务”的报告，最早使用了“主要的矛盾”一词。及至1937年8月，毛泽东在《矛盾论》对“主要矛盾”一词的内涵作出明确界定：“在复杂的事物的发展过程中，有许多的矛盾存在，其中必有一种是主要的矛盾，由于它的存在和发展规定或影响着其他矛盾的存在和发展。”[①]毛泽东强调，在特定条件下，主要矛盾只有“一种”，社会主要矛盾就是指在一定社会历史发展阶段中的主要矛盾。

在毛泽东的著述中，“主要矛盾”有时与“基本矛盾”“根本矛盾”通用，但涵义一致。比如，在《中国共产党在抗日时期的任务》报告中，毛泽东先是提及“中日矛盾成为主要的矛盾、国内矛盾降到次要和服从的地位”[②]，接着又说，红军进入陕北、中国共产党宣传和组织抗日民族统一战线、两广事变、西安事变，等等，“这些事变，统统都是围绕着中国和日本对立这一基本矛盾的”[③]。又如，毛泽东在《矛盾论》中分析矛盾的特殊性时，提及“事务发展过程的根本矛盾的性质”“被根本矛盾所规定或影响的许多大小矛盾”[④]。

由此可见，在毛泽东的视野中，“基本矛盾”“根本矛盾”与“主要矛盾”一样，皆有“规定”或“影响”其他矛盾的涵义，因此会在论述中出现交叉使用的现象。就概念内涵的区别而言，“主要矛盾是从各种横向并列矛盾中的非均衡性来认识其特殊性的，而基本矛盾、根本矛盾则是从各种矛盾相互联系的纵向层次来认识，也可指贯穿事物发展全过程的矛盾普遍性。主要矛盾与非主要矛盾、矛盾的主要方面与次要方面，作为事物矛盾的特殊性问题都反映了矛盾力量发展的非均衡性，前者揭示了矛盾非均衡的外部关系，后者则进一步揭示了矛盾非均衡的内部关系。社会主要矛盾的特殊性不仅在于它与其他矛盾相比较处于主导地位，而且在于它是人类社会基本矛盾（或根本矛盾）在不同时空集中、突出的表现。由于事物范围极其广大和发展过程的

① 《毛泽东选集》第一卷，北京：人民出版社，1991年版，第320页。
② 《毛泽东选集》第一卷，北京：人民出版社，1991年版，第252页。
③ 《毛泽东选集》第一卷，北京：人民出版社，1991年版，第254页。
④ 《毛泽东选集》第一卷，北京：人民出版社，1991年版，第314页。

无限性，矛盾的普遍性和特殊性是相对的，因此，主要矛盾与基本矛盾（或根本矛盾）的相通性和相异性要从具体的语境中去理解。”[①]

2. 阐明社会主要矛盾规定社会性质

毛泽东强调，事物的本质和主要矛盾，与矛盾的主要方面具有一致性，“事物的性质，主要地是由取得支配地位的矛盾的主要方面所规定的”[②]。毛泽东在阅读艾思奇所著《哲学选辑》时曾作批注指出：“决定基本性质的是那基本矛盾的基本方面，即占统治地位的方面”[③]。这里，“基本矛盾”与“主要矛盾”涵义相同，毛泽东在批注中对此也作过解释。

一国国情兼具自然属性和社会属性，基本国情则是指某个国家在特定历史发展阶段的本质特征，应该依据这一特定历史发展阶段的社会生产方式和社会属性来具体把握。毛泽东指出，“中国社会的性质，亦即中国的特殊的国情”[④]。毛泽东有关近代中国社会主要矛盾如何规定或影响半殖民地半封建社会性质的阐述，为正确认识国情提供了重要的方法论，即基本国情由特定历史发展阶段的社会主要矛盾的主要方面所规定或影响。

毛泽东强调，社会主要矛盾的主要方面和次要方面的力量不平衡是基本常态，两方面力量的此消彼长会造成两方面互易其位，并进一步造成事物性质的质变。具体到近代中国社会，主要矛盾中帝国主义和封建主义势力居于主要地位，由此决定了近代中国的基本国情和社会性质是半殖民地半封建社会性质。随着“三座大山”被推翻，新中

① 侯德泉：《毛泽东关于社会主要矛盾的思想方法及其当代启示》，《湖湘论坛》2017年第5期。

② 《毛泽东选集》第一卷，北京：人民出版社，1991年版，第322页。

③ 《毛泽东哲学批注集》，北京：中央文献出版社，1988年版，第375页。

④ 《毛泽东选集》第二卷，北京：人民出版社，1991年版，第646页。

国取代旧中国，原来的统治者归于湮灭，无产阶级领导的中国人民力量不断趋于强大，中国的社会性质就会发生质变。

3. 论述社会主要矛盾在过程中显现出阶段性

毛泽东在《矛盾论》中正确指出了社会主要矛盾的转化规律："事物发展过程的根本矛盾及为此根本矛盾所规定的过程的本质，非到过程完结之日，是不会消灭的；但是事物发展的长过程中的各个发展的阶段，情形又往往相互区别……因此，过程就显出阶段性来。如果人们不去注意事物发展过程中的阶段性，人们就不能适当地处理事物的矛盾。"[①]毛泽东还以资本主义从自由竞争到帝国主义的转变，辛亥革命后中国资产阶级民主革命从资产阶级领导到无产阶级领导的转变进行举例说明。这意味着，社会主要矛盾在社会历史发展阶段出现剧烈演进时会发生质变，而在某一社会历史发展阶段的不同历史时期则会出现量变或局部质变。

以此为思想方法，毛泽东着重分析了诸如中国之类的半殖民地半封建社会主要矛盾发生变化的三个情形。第一，当帝国主义列强全面入侵该国，两国之间的民族矛盾是主要矛盾。第二，当帝国主义列强用"比较温和"的方式而非战争武力的方式压迫该国时，国内阶级矛盾是主要矛盾。第三，当帝国主义列强和国内反动势力公开沆瀣一气，与人民大众为敌，阻碍革命形势的发展时，他们两者就成为人民大众的对立面，成为主要矛盾的一方面。

中国革命的历史进程是这一认识的鲜明体现。新民主主义革命阶段的社会主要矛盾整体上具有稳定性，而其主要方面则会因历史时期的不同而有所差异：在中国共产党成立初期（1921 年 7 月至 1927 年 8

---

① 《毛泽东选集》第一卷，北京：人民出版社，1991年版，第314页。

月），表现为人民大众与地主军阀及其背后的帝国主义之间的矛盾；在土地革命战争时期（1927 年 8 月至 1937 年 7 月），表现为人民大众与国民党新军阀之间的矛盾；在抗日战争时期（1937 年 7 月至 1945 年 8 月），表现为中日之间的民族矛盾；在解放战争时期（1945 年 8 月至 1949 年 9 月），表现为人民大众与国民党反动派之间的阶级矛盾。社会主要矛盾在某一历史发展阶段的不同历史时期会呈现出阶段性特征，这就要求在实际工作中必须找准主要矛盾，并锚定主要矛盾制定政策和策略。毛泽东论述社会主要矛盾的一个显著特点是，解析社会主要矛盾是为正确制定政策和策略服务，对相关概念内涵的阐述都对应着具体的路线、方针、政策。可以说，社会主要矛盾并非一般的哲学概念，而是政策和策略的一种表述方式。正如美国学者诺曼·莱文所言，“毛泽东的主要贡献就在于对辩证法的政治——革命策略的提炼”[①]。

① （美）诺曼·莱文：《辩证法内部对话》，张翼星译，昆明：云南人民出版社，1997年版，第401页。

第二节　社会主义革命和建设时期

从1949年新中国成立到1956年社会主义改造基本完成，是我国从新民主主义到社会主义的过渡时期，亦即社会主义革命时期。社会主义三大改造推进的过程，亦是社会主义政治制度和意识形态逐步确立的过程。社会主义三大改造完成后，我国进入全面建设社会主义时期。这一时期我国的社会主要矛盾，迥然不同于社会主义过渡时期。经过理论探讨，党的八大关于政治报告的决议明确了全面建设社会主义时期的社会主要矛盾。毛泽东对全面建设社会主义时期社会主要矛盾的转变作出了重大理论贡献，但在1957年后又出现了认知偏离，偏离了八大的正确判断。

一、社会主义过渡时期

社会主义过渡时期，我国社会性质是新民主主义社会，它不是一个独立的社会形态，而是由新民主主义转向社会主义的过渡性社会形态。这一时期分为两个阶段，第一个阶段，从1949年至1952年，是完成民主革命遗留问题时期；第二个阶段是向社会主义过渡时期，即社会主义改造时期。这两个阶段的社会主要矛盾不同，党和国家的中心任务也不同。

1. 民主革命遗留问题的解决

新中国成立后，面临内外交困、百废待兴的局面。对内，由于连年战争，社会积贫积弱，农业和工业极端落后，社会生产力水平低下；官僚资本主义和封建主义尚未根除，一些投机资本的操纵，还导致市场混乱；国民党残余势力和特务土匪的存在和破坏活动亦增加了社会的不稳定性。对外，以美国为首的帝国主义国家反对新生政权，企图将其扼杀在摇篮之中。面对这一基本形势，1950年4月，毛泽东指出："今天的斗争对象主要是帝国主义、封建主义及其走狗国民党反动派残余，而不是民族资产阶级。"[①]在1950年6月召开的党的七届三中全会上，毛泽东指出："我们当前总的方针是什么呢？就是肃清国民党残余、特务、土匪，推翻地主阶级，解放台湾、西藏，跟帝国主义斗争到底。"[②]同时，毛泽东继续指出，"民族资产阶级将来是要消灭的，但是现在要把他们团结在我们身边，不要把他们推开"，强调"我们绝不可能树敌太多，必须在一个方面有所让步，有所缓和，集中力量向另一方面进攻"[③]，此即为"不要四面出击"方针提出的依据。这里，中国共产党将新中国建立初期的社会主要矛盾确定为人民大众同帝国主义、官僚资本主义和封建主义及国民党残余势力之间的矛盾。这与新中国成立前夕的判断基本一致。1949年7月4日，在给斯大林的报告中，刘少奇写道，中国的人民民主专政与帝国主义、封建主义、官僚资本主义及国民党残余势力之间的矛盾和斗争，"在推翻国民党政权以后相当长的时期内仍然是存在，并且仍然是主要的矛盾和斗争"[④]。

依据这种认识和判断，我们党对内恢复国民经济并争取根本好转，没收官僚资本建立社会主义国营经济，废除封建土地制度实现"耕者有其田"，开展"三反""五反"运动，对外反对帝国主义的在华特权和军事威胁，努力开创内政外交工作新局面。这一时期，主要斗争对象"不是民族资产阶级"，"对于民族资产阶级是有斗争的，但必

① 《毛泽东文集》第六卷，北京：人民出版社，1999年版，第49页。

② 《毛泽东文集》第六卷，北京：人民出版社，1999年版，第74页。

③ 《毛泽东文集》第六卷，北京：人民出版社，1999年版，第75页。

④ 《建党以来重要文献选编（1921—1949）》第二十六册，北京：中央文献出版社，2011年版，第526页。

须团结它，是采取既团结又斗争的政策，以达团结他共同发展国家经济之目的”[①]。

（1）恢复国民经济并争取根本好转

新中国成立前夕，《中国人民政治协商会议共同纲领》规定，新中国要坚持“公私兼顾、劳资两利、城乡互助、内外交流”[②]的经济建设根本方针，这为新中国成立初期推动国民经济恢复提供了思想指导。新中国成立后，通过打击投机资本、稳定物价和统一财经工作等举措，开始经济转轨，不可避免遭遇一定的阵痛。1950 年 3 月，中央针对通货膨胀采取有力措施后，私营工商业生产经营活动出现严重困难。许多城市工厂开工不足，市场萧条，人心不安定，特别是民族资产阶级惶惶不可终日。中财委认真研究私营工商业发生困难的原因后，1950 年 6 月 6 日至 9 日，我们党召开七届三中全会提出，合理调整城市工商业，是争取财政经济状况基本好转的重要条件之一。党要在“公私两利、劳资两利”基本方针指导下，着力抓好三个环节，即调整公私关系、劳资关系和产销关系，重点是调整公私关系，即人民政府、国营经济与私人资本主义之间的关系；推行两条主要举措，一是加强对私营工业的加工订货，二是投放货币，收购农副土特产品，增强城市流动。城市工商业经过调整，成效显著。工业生产开始由萎缩转向增长，商业销售量迅速增加。民族资本家对城市工商业调整带来的市场兴旺和丰厚利润感到振奋。随之而来的 1951 年被上海资本家称为私营工商业发展的“黄金年”。

---

① 中共中央文献研究室编：《毛泽东年谱（一九四九——一九七六）》第一卷，北京：中央文献出版社，2013年版，第115页。

② 《建党以来重要文献选编（1921—1949）》第二十六册，北京：中央文献出版社，2011年版，第763页。

党的七届三中全会原计划用三到五年时间先恢复生产，然后进行大规模经济建设；并做好准备自1951年起缩减军费和国家机构行政开支，尽可能增加经济建设和文教事业支出。但没过多久，朝鲜战争爆发，中国不得不进行抗美援朝战争。这样，国家财政经济工作就需要作出相应调整。1950年11月中下旬，中财委召开第二次全国财政会议，讨论决定1951年财政工作的基本方针是“国防第一，稳定市场第二，其他第三”[①]。通过多种举措节俭支出，增加收入，1951年国家财政实现了收支平衡、略有节余，财政和经济工作取得明显成效。

1951年2月，在中共中央政治局扩大会议上，毛泽东基于朝鲜战局趋于稳定、国内各项工作进展顺利，着眼于国家中长期发展，提出“三年准备、十年计划经济建设”思想，认为中国人民有把握用三年时间完成经济恢复，有必要在各方面做准备，进行有计划的经济建设。5月7日和7月5日，受毛泽东委托，刘少奇先后向出席中国共产党第一次全国宣传工作会议的干部和马列学院第一班学员作报告，详细阐述了这一思想。遵照这一思想，国内城乡交流日益活跃，基本建设和地方工业建设提上议事日程，水利设施、铁路交通和纺织轻工等建设力度进一步增强。党不失时机地将“国防第一，稳定市场第二，其他第三”财经工作方针，转变为国防需要、稳定市场和经济建设三面兼顾，经济建设的地位日益提升。1952年6月，全国财经会议确定，“编制1952年财政预算要以建设为第一位，军事为第二位，行政为第三位”[②]。

经过努力，从1949年10月到1952年底，整个国民经济得到全面恢复和快速发展。1952年，工农业总产值810亿元，按可比价格计算，

---

① 《建国以来重要文献选编》第二册，北京：中央文献出版社，1992年版，第190页。

② 庞松：《中华人民共和国史（1949—1956）》，北京：人民出版社，2010年版，第180页。

比 1949 年增长 77.6%，平均年增速 20% 左右。国家财政收入得到根本好转，按可比价格计算，1952 年，国民收入较 1949 年增长 69.8%，财政收入较 1950 年增长 181.7%，且连续两年收大于支。新中国成立之初三年时间国民经济的增长，固然带有明显的战后恢复性质，但经济恢复速度之快、增长幅度之高亦举世瞩目。国民经济的全面快速恢复，为大规模经济建设创造了有利条件。

（2）没收官僚资本建立国营经济

迅速建立社会主义性质的国营经济，并使之在整个国民经济体系结构中占据主导地位，是中国从半殖民地半封建经济转向新民主主义经济的关键所在和重要步骤。社会主义国营经济的建立主要是在接管城市过程中通过没收官僚资本企业实现的。没收官僚资本归属国家所有，是建立社会主义国营经济的重要物质前提，亦是社会主义国营经济的主体部分，原解放区为数不多的公营经济也是其中一部分。依据官僚资本企业的经济属性，在总结东北、华北接管城市经验的基础上，中国共产党确定没收官僚资本企业的办法，它不同于对待旧政权，即不打碎原有的管理机构，先是完整接受，监督生产，然后逐步进行民主改革和生产改革，将官僚资本企业改造为社会主义性质的国营企业。

在正确的方针指导下，没收官僚资本企业的工作开展得有条不紊。在新解放的城市，一般情况下，两到三个月即可完成接收工作，并将原企业改造为全民所有的国营企业，绝大多数企业很短时间内就恢复了生产。没收归属国家所有的官僚资本企业，属于金融体系的，有原中央银行、中国银行、交通银行、中国农民银行及各省地方银行，数量总计 2400 多家；属于工矿体系的，有控制全国资源开发和重工业生产的国民党政府资源委员会，控制全国纺织业的中国纺织建设公司，连同兵工、军事后勤、政府系统的官办企业，职工总数计有 129 万人，其中，产业工人有 75 万。此外，交通运输、招商局体系所属企业和十多家垄断性的内外贸易公司，也转变为社会主义国营经济。1951 年初，根据政务院颁行的《企业中公股公产清理办法》等政策法规，政府又在全国范围内，对隐藏在私人资本主义企业中的官僚资本股份进行了清理。至此，没收官僚资本建立社会主义国营经济工作全部完成。

据 1953 年全国清产核资委员会统计数字显示，截至 1952 年，全国国营经济企业固定资产原值为 240.6 亿元，其中大部分为没收官僚资本企业的资产（不包括其土地价值在内），除去折旧后资产净值达到 167.1 亿元，占 69.45%。[①]由于官僚资本在新中国成立前就已经控制了全国的经济命脉，因此一经没收，归国家所有，国营经济便自然在国民经济体系中占据了主导地位。数据显示，1949 年，国营工业经济的固定资产，已占到全部工业固定资产的 80.7%，发电量、煤产量、生铁产量、钢产量、机器及机器零件生产量、面纱生产量分别占到 58%、68%、92%、97%、48%、49%。此外，全国铁路、大部分近代化交通运输产业、银行业务和对外贸易，皆成为社会主义国营经济的重要组成部分。

（3）彻底废除封建土地制度

封建土地制度乃是导致农民贫穷和农业生产落后的根源，彻底废除封建土地制度，建立农民的土地所有制，是新民主主义革命的基本纲领之一。新中国成立之时，全国三分之二的地区都还保留着封建土地制度。在覆盖 2.9 亿人口的华东、中南、西南、西北等新解放区和待解放区，封建土地制度的大量存在，严重束缚了农村生产力的发展。

换句话说，新民主主义革命虽然取得了基本胜利，但其经济纲领尚未完全实现。土地改革前，全国农村中，占农户总数不到 7% 的地主、

① 1955年2月21日，国务院发布《关于发行新的人民币和收回现行的人民币的命令》。自1955年3月1日起，中国人民银行发行新人民币，并以新币1元等于旧币1万元的折合比率回收旧人民币。这里所用人民币单位为新币。

富农，占有耕地总数的50%以上，与此同时，占全国农户57%以上的贫农和雇农，缺地少地，仅占有耕地总数的14%，地主人均占有耕地数量为贫雇农的20—30倍。因此，《中国政治协商会议共同纲领》规定："凡已经实行土地改革的地区，必须保护农民已得土地的所有权。凡尚未实行土地改革的地区，必须发动农民群众，建立农民团体，经过清除土匪恶霸、减租减息和分配土地等项步骤，实现耕者有其田。"[①]按照要求，在新解放区，人民政府首先发动农民开展反霸斗争，推翻地主阶级在农村的统治，而后建立以农民占优势的基层政权，为在新解放区开展土地改革准备必要的政治条件。

1950年6月14日至23日，全国政协一届二次会议讨论《中华人民共和国土地改革法（草案）》。刘少奇在会上代表中共中央作《关于土地改革问题的报告》。报告指出，封建土地制度极不合理，既是民族被侵略、被压迫的根源，亦是国家民主化、工业化和富强的主要障碍。此种情况如果不加以改变，中国革命的胜利果实就不能巩固，农村生产力就得不到解放，工业化就没有实现的可能。要改变此种情况，就必须废除封建土地所有制，建立农民的土地所有制，以解放农村生产力、发展农业生产，为新中国的工业化奠定基础和前提。会议对草案进行了审议，并作了若干修改和补充。6月28日，中央人民政府委员会第八次会议通过《土地改革法（草案）》。6月30日，毛泽东主席签署命令，正式颁布《中华人民共和国土地改革法》。同老解放区的土地改革相较，新法有许多改进和更新。一是由征收富农多余的土地和财产，变为保存富农经济。二是由没收地主在农村中的一切财产，变为只没收其土地、耕畜、农具、多余的粮食、多余的房屋等"五大财产"，

① 《建党以来重要文献选编（1921—1949）》第二十六册，北京：中央文献出版社，2011年版，第763页。

其他财产予以保留。三是区分出小土地出租者，凡革命军人、烈士家属、工人、职员、自由职业者、小贩及因从事其他职业或因缺乏劳动力而出租小量土地者，皆不以地主对待。四是保护中农（包括富裕中农在内）的土地及其他财产不受侵犯。

在法令明确后，自1950年冬季起，一场历史上空前规模的土地改革运动，在新解放区有领导、有步骤、分阶段展开。到1952年底，除一部分少数民族地区及台湾省外，广大新解放区的土地改革基本完成。加上老解放区，全国完成土地改革地区的农业人口占到全国农业人口的90%以上，共没收征收约7亿亩土地，并将之分配给约3亿无地少地农民，获得经济利益的农民约占农业人口的60%—70%[①]。封建土地所有制的彻底废除，使得我国农村土地占有关系发生了根本改变，占农村人口92.1%的贫农和中农，占有全部耕地的91.4%，原来占农村人口的7.9%的地主富农，仅占有全部耕地的8.6%。至此，在中国延续2000多年的封建土地所有制被彻底废除，中国共产党完成了“耕者有其田”的理想。

（4）开展“三反”“五反”运动

在抗美援助战争进行期间，国内工业和农业战线广泛开展爱国增产、节约运动，既保证前线物资供应之需，又满足国家工业化积累资金之需。增产节约运动的开展，暴露出各级党政机关内部存在严重的贪污、浪费现象和官僚主义问题。1951年11月，东北局向中央报告沈阳市部分贪污行为人员的事例，华北局亦向中央报告了河北省刘青山、张子善两人在任中共天津地委书记、天津行署专员期间堕落为大贪污犯的事例。中共中央认为事态严峻，随即作出《关于实行精兵简政、增产节约、反对贪污、反对浪费和反对官僚主义的决定》，向全党提

① 廖鲁言：《三年来土地改革的伟大胜利》，《人民日报》1952年9月28日。

出警告："一切从事国家工作、党务工作和人民团体工作的党员，利用职权实行贪污和实行浪费，都是严重的犯罪行为。"[①]中共中央决定，彻底揭露一切贪污事件，着重打击大贪污犯，对中小贪污犯则采取教育改造使其不再犯的方针。

1952 年元旦，毛泽东号召大张旗鼓、雷厉风行地开展大规模反对贪污、反对浪费、反对官僚主义斗争。1 月 4 日，中共中央下达限期发动"三反"运动的指示。1 月上旬，中央和地方各机关部门皆开展"三反"运动动员和部署。如此，一些典型的贪污案件被揭露出来并公之于众，对贪污分子造成了极大的震慑。一场群众性的"三反"运动很快在全国范围内形成高潮。"三反"运动于 1952 年 10 月结束。数据显示，全国县以上党政机关贪污 1000 元以上者共计 10.8 万人。其中，被判处死刑立即执行者 42 人，死刑缓期执行者 9 人，无期徒刑者 67 人，有期徒刑者 9942 人。"三反"运动既清除了党和国家干部队伍中的贪污腐败分子，还挽救了许多犯错误的同志，更教育了大多数的党员干部。

"三反"运动开展起来后，各地各部门清查出一批党员干部同不法资本家内外勾结侵吞国家财产的案例。整体而言，1950 年调整城市工商业后，从积极层面看，私营工商业得到了快速发展，从消极层面看，不法资本家用向国家工作人员行贿等手段获取暴利的现象表现突出。鉴于情况严重，中共中央决定在开展"三反"运动的同时，在工商业界开展反对行贿、反对偷税漏税、反对盗骗国家财产、反对偷工减料、反对盗窃国家经济情报的"五反"运动。全国性的"五反"运动亦于 1952 年 10 月结束。据对华北、东北、华东、西北、中南五大区 67 个城市和西南全区的统计，参加"五反"运动的私营工商户计有 999707 户，

① 中共中央文献研究室编：《毛泽东年谱（一九四九——一九七六）》第一卷，北京：中央文献出版社，2013年版，第427页。

其中，守法户、基本守法户、半守法半违法户、严重违法户、完全违法户分别有10%—15%、50%—60%、25%—30%、4%、1%；受刑事处分者1509人，占上述工商户总数的1.5‰，判处死刑立即执行者14人，死刑缓期执行者5人。“五反”运动有力打击了资本家的违法行为，在工商业界进行大范围的守法经营教育，是新中国成立初期确保国民经济快速恢复、回击资产阶级反限制斗争的一个重大胜利。

(5) 反对帝国主义的在华特权和军事威胁

一是废除帝国主义同旧中国签订的不平等条约，取消帝国主义在中国的特权，肃清帝国主义在中国的势力和影响。在解放战争后期，解放军进入大城市后即成立军管会，按照中央要求，既不承认原国民党政府同各国建立的外交关系，又要求一切在华外国人必须遵守解放区人民政府颁行的各项法令。这事实上否认了帝国主义在华的合法地位，取消了帝国主义在华的司法特权。新中国成立后，中国立即收回了帝国主义在中国拥有的海关管理权、驻军权和内河航行权。此三项权力对中国主权损害最大，是中国半殖民地社会性质的最突出表现。同时，积极采取措施处理外国人在华拥有的企业和房地产，以及外国政府、私人和团体在中国开办的文教、卫生、宗教等事业。七届二中全会明确，对外资企业应依据国籍、系统、行业等因素，具体情况具体对待，区分先后缓急予以适当解决。依据这一方针，各地对帝国主义在华资本和经营状况进行了摸底调查。对于外国政府、私人和团体在中国开设的宣传机构，在接管城市过程即开始清理。对于外国人经办或接受外国资助开设的文教、卫生、救济等机构和组织，仍允许他们继续存在，但必须遵守中国政府的法令。

二是进行抗美援朝战争。正当中国政府和人民为落实七届三中全会部署，为争取财政经济状况好转之时，朝鲜战争爆发。美国随即派兵进行武装干涉，派遣第七舰队入侵台湾海峡，组成所谓“联合国军”直逼中国东北边境，中国国家安全遭受严重威胁。毛泽东指出："现在美帝的侵略矛头直指我国的东北，假如它真的把朝鲜搞垮了，纵不过鸭绿江，我们的东北也时常在它的威胁中过日子，要进行和平建设也有困难。"[①]面对突发局势，经反复权衡，中共中央作出"抗美援朝、保家卫国"的战略决策。抗美援朝战争是新生中国政权与以美国为首的帝国主义国家互为对手，进行的一场大规模、长时间和全方位的军事和政治斗争，是中国人民反对帝国主义斗争的继续，亦是当时东西方两大阵营的一次严重对抗。自 1950 年 10 月出兵朝鲜，到 1953 年 7 月订立《朝鲜停战协定》，抗美援助战争历时 2 年 9 个月，中国人民志愿军付出巨大牺牲，通过发动五次战役，迅速扭转战局，并把"联合国军"从中朝边境推回到战争的起点——三八线，取得了伟大胜利。这场胜利极大提升了中国共产党在全国人民中的威信，极大提升了中国人民的民族自信心和民族自豪感，使一部分曾经对美帝国主义抱有恐惧和幻想的人们受到了深刻触动而觉悟起来。这场胜利"雄辩地证明，西方侵略者几百年来只要在东方一个海岸上架起几尊大炮就可霸占一个国家的时代是一去不复返了"[②]。在国际层面，抗美援朝战争的胜利，顶住了美国侵略扩展的势头，维护了亚洲和世界的和平，新中国的国际威望空前高涨。包括美、苏在内的世界各国都开始重新评估中国在亚洲和世界的地位和分量。同时，中国的东北边境安全得到巩固，国家的经济建设和社会改革获得了一个相对稳定的和平环境，中国人民高度的爱国主义和国际主义精神亦被瞬间激发，中国共产党的动员能力和组织能力得到极大提升，成为恢复国民经济、推动社会改革的重要动力。

---

① 中共中央文献研究室编：《毛泽东年谱（一九四九——一九七六）》第一卷，北京：中央文献出版社，2013年版，第230页。

② 《建国以来重要文献选编》第四册，北京：中央文献出版社，1993年版，第379页。

2. 社会主义过渡时期的社会主要矛盾

关于社会主义过渡时期的社会主要矛盾，新中国成立之前，我们党已经作过理论思考。及至新中国成立之初国民经济顺利恢复，国内经济关系发生重大变化，向社会主义过渡就摆上议事日程，相应地，这一时期我国社会主要矛盾也发生了重大变化。

（1）新中国成立前的理论准备

1937 年 8 月，毛泽东在《矛盾论》比较系统地论述了社会主要矛盾理论。1939 年 12 月，毛泽东在《中国革命和中国共产党》一文中深刻揭示了新民主主义革命时期的社会主要矛盾。及至 1948 年 9 月，解放战争即将转入战略决战，在此重要关头，中共中央召开政治局扩大会议，首次关注了新民主主义革命胜利后的社会主要矛盾问题。刘少奇首先提出，“在新民主主义经济中，基本矛盾就是资本主义（资本家和富农）与社会主义的矛盾。在反帝反封建的革命胜利以后，这就是新社会的主要矛盾”①。紧接着，毛泽东肯定了刘少奇的这一分析，在总结发言中指出，“资产阶级民主革命完成之后，中国内部的主要矛盾就是无产阶级和资产阶级的矛盾，外部就是同帝国主义的矛盾”②。1949 年 3 月，在解放战争胜利前夕，中国共产党召开七届二中全会，毛泽东在全会作报告，分析解放战争发展形势，明确进一步夺取全国革命胜利战略方针，提出了革命胜利后的工作重心，即必须由农村转移至城市，城市工作的中心任务是恢复生产建设，并据此确定了新中国成立之后党在政治、经济、外交等诸方面的基本政策。毛泽东在全会报告中明确指出：“中国革命在全国胜利，并且解决了土地问题以后，中国还存在着两种基本的矛盾。第一种是国内的，即工人阶级和资产

① 《刘少奇论新中国经济建设》，北京：中央文献出版社，1993年版，第4页。

② 《毛泽东文集》第五卷，北京：人民出版社，1996年版，第 145—146页。

阶级的矛盾。第二种是国外的，即中国和帝国主义国家的矛盾”[①]。如上文所提示，此处“基本矛盾”的概念内涵同“主要矛盾”。毛泽东的这一重要判断之后被写入七届二中全会决议，成为中国共产党对新民主主义革命胜利后中国社会主要矛盾的基本理论设想和基本政治共识。这一理论设想的产生前提和基础有三点。

首先，新民主主义革命取得完全胜利是历史前提。以毛泽东为代表的中国共产党人提出这一理论设想的前提条件是，民主革命任务的彻底完成，即革命在全国范围的胜利和土地问题的基本解决。彼时的实际情况，就军事层面看，解放战争还正在进行，尚未肃清国民党残余力量。就国民经济层面看，发展异常落后，处于百废待兴状态。现代工业仅占到10%左右的比例，民族资本主义遭受严重破坏，农业和手工业占到90%，新解放区土地改革任务十分艰巨。由于解放战争尚未结束，没收官僚资本的任务还未全面完成，国营经济只是初步建立，地位很不稳固，帝国主义对中国经济的影响仍在一定范围内存在。此外，帝国主义强加给中国的不平等条约，在中国设立的外交机构及附带的工作人员和社会文化产业问题尚未得到根本解决。

其次，马克思主义革命转变思想是理论依据。马克思认为，在资本主义和共产主义社会第一阶段之间，存在一个过渡时期，即革命转变时期，这一时期的主要任务是“一步一步地夺取资产阶级的全部资本，把一切生产工具集中在国家即组织成为统治阶级的无产阶级手里”[②]。革命转变时期的社会主要矛盾无疑是无产阶级与资产阶级之间的矛盾。在此认识基础之上，列宁论述了革命胜利之后直接向社会主义社会转

---

① 中共中央文献研究室编：《毛泽东年谱：一八九三——一九四九（下）》，北京：中央文献出版社，2013年版，第465页。

② 《马克思恩格斯选集》第1卷，北京：人民出版社，2012年版，第421页。

变的可能性，并进一步明确了社会转变时期的首要任务是“剥夺剥夺者”，创造高于资本主义发展水平的经济条件，并强调要“利用资本主义（特别是要把它纳入国家资本主义的轨道）作为小生产和社会主义之间的中间环节，作为提高生产力的手段、途径、方法和方式”[①]。中国共产党对革命胜利后社会主要矛盾的理论设想，奠基于马克思和列宁关于革命转变时期的理论认知。

再次，社会主义经济关系的建立是发展方向。解放战争后期，中国共产党已经勾勒了新中国成立之后的经济结构，将由国营经济、合作社经济、私人资本主义经济、个体经济和国家资本主义经济等五种形态组成，其中，每一经济形态的地位和作用存在显著差异。没收官僚资本和帝国主义在华资本之后建立起来的国营经济，理所当然要占据领导地位；占据相当比重的城乡资本主义既要合理利用，也要采取适当的限制性政策；大量分散的个体农业和手工业则需要采取积极但谨慎、逐步的态度，引导其向现代化和集体化方向发展。新民主主义革命胜利之后，对私人资本主义经济施加“限制和反限制，将是新民主主义国家内部阶级斗争的重要形式”[②]。这一时期，中国共产党已经预想到，资本主义与国营经济、合作社经济之间必然发生冲突和矛盾，无产阶级和资产阶级在国民经济发展趋向上的矛盾将直接决定新中国成立初期的社会性质。中国共产党正是在综合把握新民主主义国家内部经济关系基础之上，勾勒了革命胜利后中国社会主要矛盾的理论设想。

① 《列宁选集》第4卷，北京：人民出版社，2012年版，第510页。

② 《毛泽东选集》第四卷，北京：人民出版社，1991年版，第1432页。

需要指出的是，在新中国成立前，对后一时期的社会主要矛盾作出理论设想极为必要。毕竟，凡事预则立，不预则废。毛泽东、刘少奇等中国共产党人对中国革命胜利后社会主要矛盾的正确预判，对于新中国成立之初，在错综复杂的情势下，保持清醒头脑和战略定力，避免来自“左”或“右”两方面错误倾向的干扰，尤其是防备资产阶级思想侵蚀党的干部队伍，防备资产阶级可能的糖衣炮弹的攻击，具有极为重要的理论价值和现实意义。

（2）社会主义过渡时期的社会主要矛盾

在新中国成立初期，党的中心工作是扫除帝国主义和国民党残余势力，开展土地改革和没收官僚资本，巩固新生政权。至 1952 年底，这一中心工作已告完成。此时，中国经济内部关系发生了重大变化。其一，公私经济权重出现根本性变化。在全国工业（不包括手工业）总产值中，国营工业占比从 1949 年的 34.2% 上升至 1952 年的 52.8%，其中合作社经营、公私合营工业占 8.2%，私营工业占比则从 63.3% 下滑至 39%。在商品批发总额中，国营商业占比从 1950 年的 23.2% 上升至 1952 年的 60.5%，私营商业占比则从 76.1% 下滑至 36.3%。这标志着，社会主义国营经济在整个国民经济中的领导地位正在趋于增强，不仅控制了有关国计民生的重要行业和产业，而且在现代工业和批发商业中占据了优势地位。其二，相当部分私营工商业经过调整，通过加工订货、经销代销、公私合营等多种经济形式，被纳入国家资本主义轨道，不同程度上已经接受了国家的监督和管理。其三，全国范围内的土地改革基本完成之后，农业互助合作社运动在广大农村呈蓬勃发展之势，参加互助组的农户占到农户总数的 40%。这表明，在新中国成立初期的三年时间里，社会中的某些方面已经开始了社会主义改造的初步工作，社会主义因素不断增长。

与此同时，我国社会经济领域也出现并累积了一些新矛盾。其一，工业生产的恢复和新建设项目的不断开工，对商品粮和其他工业原料的产量提升提出了迫切要求，而土地改革后个体农民扩大再生产的能力极为有限，难以适应大规模工业化建设的要求。其二，进行有计划的经济建设，需要集中有限的资源、资金和技术力量到重点建设上来，而私人资本主义经济生产的主要目的则是扩大自由生产和自由贸易来壮大自己。国营经济和私人资本主义经济之间的矛盾和冲突就自然产生了。伴随形势的发展，我们党就需要将对国民经济进行系统改造的任务摆上议事日程。

在中国实现社会主义，是党的奋斗目标和历史。早在革命时期，党就对未来发展道路进行理论解析，认为在中国实现社会主义必须分两步走，第一步是完成反帝反封建的新民主主义革命，第二步是开展社会主义革命，前者是后者的必由之路。"关于完成新民主主义到社会主义的过渡的准备"，在全国解放前夕，毛泽东曾提出："我国在经济上完成民族独立，还要一二十年时间。我们要努力发展经济，由发展新民主主义经济过渡到社会主义。"[①]此时，中央的考量是，先经过10到15年的新民主主义经济建设，发展工业，壮大国营经济，而后再实行工业国有化和农业集体化。正如1950年6月毛泽东在全国政协一届二次会议上所指出的："我们的国家就是这样地稳步前进，经过战争，经过新民主主义的改革，而在将来，在国家经济事业和文化事业大为兴盛了以后，在各种条件具备了以后，在全国人民考虑成熟并在大家同意了以后，就可以从容地和妥善地走进社会主义的新时期。"[②]

由于国民经济恢复时，社会主义因素在经济和政治上的不断增长并居于领导地位，非社会主义因素日益受到限制并得到部分改造，新

---

① 《毛泽东文集》第五卷，北京：人民出版社，1996年版，第146页。

② 《毛泽东文集》第六卷，北京：人民出版社，1999年版，第80页。

民主主义建设时期，事实上已经成了从新民主主义转变到社会主义的过渡时期。对此，1953 年 9 月，在全国政协扩大的常委会上，周恩来明确指出："集中地说，我国新民主主义建设时期，就是逐步向社会主义过渡的时期，也就是社会主义经济成分在国民经济比重中逐步增长的时期。"①

根据形势的发展，1952 年 9 月 24 日，在中央书记处会议上，毛泽东初步提出了"中国怎样从现在逐步过渡到社会主义去"的大致设想。中央政治局会议对过渡到社会主义社会的方法、途径和步骤等问题，进行了正式讨论。1953 年 8 月，毛泽东第一次比较完整地提出了过渡时期总路线："从中华人民共和国成立，到社会主义改造基本完成，这是一个过渡时期。党在这个过渡时期的总路线和总任务，是要在一个相当长的时期内，基本上实现国家工业化和对农业、手工业、资本主义工商业的社会主义改造。"② 8 月 11 日，在全国财政会议上作结论时，周恩来传达了毛泽东对总路线的这个表述。

为满足学习和宣传需要，1953 年 12 月，中央宣传部起草《为动员一切力量把我国建设成为一个伟大的社会主义国家而斗争——关于党在过渡时期总路线的学习和宣传提纲》。在审阅修改学习和宣传提纲时，毛泽东进一步确定了过渡时期总路线的完整表述："从中华人民共和国成立，到社会主义改造基本完成，这是一个过渡时期。党在这个过渡时期的总路线和总任务，是要在一个相当长的时期内，逐步实现国家的社会主义工业化，并逐步实现国家对农业、对手工业和对资本主义工商业的社会主义改造。这条总路线是照耀我们各项工作的灯塔，

① 《周恩来统一战线文选》，北京：人民出版社，1984年版，第255页。

② 《建国以来重要文献选编》第四册，北京：中央文献出版社，1993年版，第348—349页。

各项工作离开它，就要犯右倾或‘左’倾的错误。”①

毛泽东将过渡时期的总路线的起点界定为新中国成立。对此，毛泽东在审阅修改学习和宣传提纲时，专门加写了一段话予以说明。毛泽东指出：“我们说标志着革命性质的转变、标志着新民主主义革命阶段的基本结束和社会主义革命阶段的开始的东西是政权的转变，是国民党反革命政权的灭亡和中华人民共和国的成立，并不是说社会主义改造这样一个伟大的任务，在人民共和国成立以后就可以立即在全国一切方面着手施行了。不是的，那时，我们还须在广大的农村中解决封建主义与民主主义即地主与农民之间的矛盾。那时在农村中的主要矛盾是封建主义和民主主义之间的矛盾，而不是资本主义与社会主义之间的矛盾，因此需要有两年至三年时间在农村实行土地改革。那时我们一方面在农村实行民主主义的土地改革，一方面在城市立即着手接收官僚资本主义企业使之变为社会主义的企业，建立社会主义的国家银行，同时在全国范围内着手建立社会主义的国营商业和合作社商业，并已在过去几年中对私人资本主义企业开始实行了国家资本主义的措施。所有这些显示着我国过渡时期头几年中的错综复杂的形象。”②

国民经济恢复时期国内经济关系的重大变化，以及国营经济和私人资本主义经济的矛盾的日益加剧，特别是“三反”“五反”运动中部分资本家“五毒”行为的揭露，促使我们党重新思考民族资产阶级的地位问题。1952 年 1 月，毛泽东在北京市委关于“三反”斗争的指示中强调，“一定要使一切与公家发生关系而有贪污、行贿、偷税、盗窃等犯法行为的私人工商业者，坦白或检举其一切犯法行为”，天津、

① 《建国以来重要文献选编》第四册，北京：中央文献出版社，1993年版，第700—701页。

② 《毛泽东文集》第六卷，北京：人民出版社，1999年版，第315页。

青岛等城市大力开展“三反”运动，是“给资产阶级三年以来在此问题上对于我党的猖狂进攻（这种进攻比战争还要危险和严重）以一个坚决的反攻，给以重大的打击”，要“将此项斗争当作一场大规模的阶级斗争看待”[①]。可以说，“三反”“五反”运动乃是新中国建立初期“阶级关系发生重大变化的历史转折点”[②]。事实上，反对资产阶级已经成为“三反”“五反”运动时期中央和各地的中心工作，彼时我国社会的主要矛盾已经开始向无产阶级和资产阶级、社会主义和资本主义道路之间的矛盾转变了。

及至 1952 年 6 月，毛泽东适时提出：“在打倒地主阶级和官僚资产阶级以后，中国内部的主要矛盾即是工人阶级与民族资产阶级的矛盾，故不应再将民族资产阶级称为中间阶级”[③]。这一提法得到中共中央其他领导人的回应和支持。6 月 19 日，在全国统战部长会议上，周恩来进一步指出：“把封建制度消灭以后，农村中的主要矛盾就变成广大农民与农村中的资本主义势力的矛盾。在城市中，国民党被打倒了，反革命被肃清了，帝国主义势力被赶走了，主要矛盾就变成无产阶级跟资产阶级这样一个矛盾了。”[④]这一判断是对 1948 年 9 月毛泽东、刘少奇在中共中央政治局扩大会议上的提法和 1949 年 3 月毛泽东在七届二中全会上的提法的延续。

这表明，我们党对新中国成立初期社会主要矛盾的认识发生了重大变化。从 1952 年 9 月开始酝酿逐步向社会主义过渡，到 1953 年 6

---

① 《毛泽东文集》第六卷，北京：人民出版社，1999年版，第192页。

② 吕健：《新中国成立以来党对社会主要矛盾的判断及其经验启示》，《中共山西省委党校学报》2018年第5期。

③ 中共中央文献研究室编：《毛泽东年谱（一九四九——一九七六）》第一卷，北京：中央文献出版社，2013年版，第560页。

④ 《周恩来选集》：下卷，北京：人民出版社，1984年版，第96页。

月初步完整提出过渡时期总路线，再到 12 月底印发《为动员一切力量把我国建设成为一个伟大的社会主义国家而斗争——关于党在过渡时期总路线的学习和宣传提纲》，重新启用七届二中全会关于革命胜利后我国社会主要矛盾的理论设想。

3. 社会主义三大改造的开展

社会主义过渡时期社会主要矛盾的确立，推动中共中央提前作出实行社会主义改造的决策。从 1953 年开始，社会主义三大改造的帷幕在中国大地迅速拉开，我们党创造性地开辟了一条适合中国特点的社会主义改造的道路。自 1953 年至 1955 年上半年，“我国对农业、手工业和资本主义工商业的改造工作，总体上是稳步前进和健康发展的”①。

（1）农业的社会主义改造

农民占人口的绝大多数是旧中国的一个突出特点。如何把四亿农民的个体所有制改造成集体所有制，是一个极为复杂的历史难题。1951 年 12 月，中共中央印发试行的《关于农业生产互助合作的决议（草案）》。1953 年 2 月，中共中央对草案作出个别修改后，作为正式决议下发给各中央局、分局并转各省、市委执行。该决议规定，在条件较为成熟的地区，要有领导、有重点地发展初级农业合作社。在决议下发之前，1952 年 11 月，中共中央还决定在中央、中央局、分局和省委建立农村工作部。毛泽东在会见中央农村工作部部长邓子恢时强调，农村工作部的任务是把四亿农民组织起来，逐步走向集体化。这是我们党在农村的基本任务。毛泽东此时也清楚意识到，这个任务很复杂，某种意义上可以讲，比工业化更为困难一些。

---

① 中共中央党史研究室：《中国共产党历史》第二卷（1949—1978）（上册），北京：中共党史出版社，2011年版，第220页。

以毛泽东为代表的中国共产党人，从实际出发，制定并施行了一整套适合中国农村特点的改造方针、政策和办法。其一，积极发动农民，组织起来走互助合作道路。土地改革完成后，获得土地的广大农民生产积极性空前高涨。这种积极性有两个表现，一是个体经济的积极性，二是互助合作的积极性。两种积极性促使我们党意识到，一定不能挫伤个体经济的积极性，同时要大力组织农民发展互助合作。我们党在土地改革完成后，不失时机组织农民走互助合作道路，得到农民的认同和支持。其二，以自愿互利、典型示范和国家帮助为基本原则，通过展示互助合作的优越性吸引农民走互助合作道路。农民既是私有者更是劳动者，对待他们绝不能采取剥夺的办法，只能通过引导、说服和教育，激发他们自愿走合作化道路。其三，准确判断农村的阶级和阶层状况，制定适当的阶级政策。土地改革后，获得土地等生产资料的贫农、雇农中，有半数迅速跃升为中农。依据中农在农村生产中的地位、生活状况及对社会主义的态度，毛泽东又将中农分为上中农和下中农。这样，贫农和下中农合计占到农村人口的60%—70%，成为我们党在农村的重要依靠力量，由此解决了如何依靠大多数农民在农村确立无产阶级优势的问题。在此基础之上，我们党制定了依靠贫下中农发展互助合作，由逐步限制到最后消灭富农的阶级政策。农业合作化由此拥有了坚实的阶级基础和群众基础。其四，坚持积极领导和稳步前进方针，循序渐进。我们党对农业的社会主义改造大致经历了互助组、初级社和高级社三个发展阶段。在第一个阶段，主要是发展互助组、试办初级社。互助组由几户或十几户农民在自愿基础上组成，土地牲畜等生产资料虽仍归农民个体所有，但在生产组织层面体现互帮互助，具有社会主义萌芽性质。在第二个阶段，主要是建立初级农业合作社。它以土地入股和统一经营为典型特征，推行集体劳动，劳动产品分配采取按劳分配和土地入股分红相结合。耕畜和大农具也给以一定报酬，具有半社会主义性质。中共中央认为，初级农业合作社是“向社会主义的过渡的形式又正是富有生命的有前途的形式”[①]。在第三个阶段，主要是发展高级社。高级社推行生产资料农民集体所有、按劳付酬，摒弃土地分红，具有完全的社会主义性质。至1956年底，我们党对农业的社会主义改造基本完成。加入农业生产合作社的社员总户数占到全国农户总数的96.3%，其中，初级社户数占8.5%，高级社户数占87.8%。

（2）个体手工业的社会主义改造

个体手工业历来在国民经济和社会生活中占有重要地位。1952年，据国家统计局初步统计，全国城乡手工业工人和手工独立劳动者计有1930余万人，产值由1949年的32.37亿元提升至73.12亿元，占工业总产值的20.6%。手工业对于支援农业生产、满足人民生活需要、补充大工业产品的不足等具有重要作用，但生产分散、条件落后，新技术推广积极性不足，销售上也存在困难，抵御经济风险能力弱。若是任其自然发展，少数人发财、多数人破产失业是必然。因此，有必要改造个体手工业，逐步引导个体手工业劳动者走社会主义集体化道路。

新中国成立后，党和政府在帮助恢复手工业、发展生产的同时，已开始探索手工业者走向集体化的途径。1950年7月，刘少奇和朱德参加中华全国合作工作者第一次代表会议。刘少奇指出，手工业合作应从生产过程最为困难的供销环节入手，主要是供给原料、推销成品，尽量不采取开设工厂的方式。朱德强调，不要急于改变所有制形式。此次会议明确，组织手工业生产合作社的目的是，联合起来，集中股金，建立自己的供销机构，借以推销产品、购买原料和其他生产资料，取消商人的中间剥削，提升产品的数量和质量。全国合作社联合总社在

① 《建国以来重要文献选编》第2册，北京：中央文献出版社，1992年版，第515页。

1951 年和 1952 年先后两次召开全国手工业生产工作会，初步明确了组织手工业合作社的方针、步骤和方法。经过重点试办，至 1953 年底，全国组织手工业合作社共计 4806 个，社员有 30 万人，合作社优越性初步显现。过渡时期总路线实施后，对手工业的社会主义改造迈入新的发展阶段。中共中央的思路是，同对个体农业的社会主义改造一样，个体手工业者也要走合作化道路，借以把手工业劳动者的个人所有制转变为集体所有制。具体方式是，通过说服、示范和国家援助，提高手工业劳动者的觉悟，使其自觉自愿组织到手工业合作社中。1953 年 11 月至 12 月，中华全国合作社联合总社第三次全国手工业生产合作会议召开。朱德在会议上作讲话，题为“把手工业者组织起来，走社会主义道路”。讲话指出，手工业合作社的组织须由低级到高级，不宜盲目强调集中，把小社并大社，不宜简单要求机械化，不宜规定一个死格式到处乱套，要兼顾手工业者的要求，采取不同组织形式，否则会妨碍或限制合作社发展。此次会议确定了对手工业进行社会主义改造的方针和政策。在指导方针上，积极领导，稳步前进；在组织形式上，手工业生产小组、手工业供销生产合作社、手工业生产合作社三种形式，循序渐进；在方法上，从供销环节入手，实施生产改造；在步骤上，由小到大，由低级到高级。12 月 8 日，刘少奇在听取全国合作社联合总社关于会议情况的汇报时，对发展手工业合作社讲了几点意见，成为稳步推进手工业社会主义改造工作的重要指针。

至于手工业合作化的具体组织形式，一是手工业生产小组，亦即手工业供销小组。供销小组由国营商业或供销合作社供给原料、包销产品。此种形式的目的不在于改变生产资料的私有制，而在于把个体手工业者组织起来，逐步脱离资本主义工商业的供销渠道，因而具有社会主义萌芽性质。二是手工业供销生产合作社。它由若干手工业生产小组合并组成，先是统一供销业务、分别核算，生产活动仍由个体手工业者分散独立完成，后来逐步将部分生产资料公有化，进行部分的集中生产，逐步增加社会主义因素，具有半社会主义性质。三是手工业生产合作社。此种组织形式下，手工业者的生产资料全部收归集体所有，实行统一经营；入社人员参加集体劳动，实行按劳分配。这是完全社会主义性质的集体经济组织。

据1955年上半年的数据统计，全国手工业社（组）共计4.98万个，较1954年底增加8100个，社（组）员计有143.9万人，较1954年底增加22.55万人。到1956年底，对手工业的社会主义改造基本完成。1956年，手工业合作社（组）产值达到76亿元，提前一年完成了“一五”计划指标；人均年产值达到1702元，较1955年提高33.5%；90%的新老社员收入比1955年有较大增长。

（3）对资本主义工商业的社会主义改造

对于资本主义工商业的社会主义改造，中共中央的方针是，在一定时期内，有步骤地把一切对国计民生有利同时又为国家所需的资本主义企业，改造为国家资本主义企业，并推动初级形式的国家资本主义向高级形式的国家资本主义发展。而后待条件成熟时，再逐步推动国家资本主义经济转变为社会主义经济。这一方针适合中国情况和中国特点。

第一，和平赎买，改造资本主义工商业。“剥夺剥夺者”，将资本家占有的生产资料转变为人民的财产，这是无产阶级掌握国家政权后的重要任务之一。依据马克思、恩格斯和列宁有关和平变革所有制的设想，我们党结合中国的实际情况，确定了对资本主义工商业采取和平赎买的方针，即国家有偿将私营企业改变为国营企业，将资本主义私有制变革为社会主义公有制。赎买的具体方式并非是由国家支付一笔巨额补偿款，而是允许资本家在一定年限内从企业经营所得中获取部分利润。采用和平赎买方式，益处多多。其一，有利于发挥私营工商业在国计民生领域的积极作用，推动国民经济发展。其二，有利于争取和团结民族资产阶级，团结各民主党派和各界爱国民主人士，发展和巩固统一战线。其三，有利于发挥大多数民族资产阶级的知识、才能、管理经验和技术专长，争取和团结他们及同他们密切相联系的知识分子参与社会主义建设。

能够采取和平赎买方针改造资本主义工商业的原因主要有三个。其一，民族资产阶级的两面性。在社会主义过渡时期，民族资产阶级既依赖剥削工人获取利润，又拥护宪法、愿意接受社会主义改造。民族资产阶级与工人阶级之间因剥削与被剥削关系而产生的对抗性矛盾，“如果处理得当，可以转变为非对抗性的矛盾，可以用和平的方法解决这个矛盾”[①]。其二，在新民主主义革命进程中，中国共产党与民族资产阶级长期保持统一战线关系，这为两个阶级之间的对抗性矛盾转变为非对抗性矛盾提供了前提条件。其三，人民民主专政的国家政权已经建立，社会主义国营经济已经强大起来并掌握了国家经济命脉，私人资本主义在政治和经济上对社会主义的依赖增强。加之国家对粮食和工业原料实施统购统销，以及资本主义企业中工人阶级对资本家的监督增强，已经造成私人资本主义只能接受社会主义改造的客观环境。

第二，采用国家资本主义过渡形式，由初级到高级。国家资本主义是指在国家直接控制和支配下发展的资本主义经济。社会主义改造过程中出现的国家资本主义，“是在人民政府管理之下的，用各种形式和国营社会主义经济联系着的，并受工人监督的资本主义经济。这种资本主义经济已经不是普通的资本主义经济，而是一种特殊的资本主义经济，即新式的国家资本主义经济。它主要不是为了资本家的利

① 《毛泽东文集》第七卷，北京：人民出版社，1999年版，第206页。

润而存在，而是为了供应人民和国家的需要而存在”，“这种新式国家资本主义经济是带着很大的社会主义性质的，是对工人和国家有利的”[①]。国家资本主义有初级和高级两种形式。初级形式国家资本主义下，国家对私营工商业实行委托加工、计划订货、统购包销和经销代销等，高级形式国家资本主义下，主要是实行公私合营方式，包括个别企业的公私合营和全行业的公私合营。

对资本主义工商业的社会主义改造，循序渐进，主要经历了三个步骤。一是实行初级形式的国家资本主义。企业利润按照国家所得税、企业公积金、工人福利费和资方红利四方面因素进行分配，即“四马分肥”。其中，资方红利大约占四分之一，这就限制了资本主义的剥削，工人在企业中的地位也随之发生变化，企业具有了社会主义的因素。二是实行个别企业的公私合营。国家向私营企业投资入股，企业生产资料归国家和资本家共同所有，企业利润分配仍是“四马分肥”。同时，国家委派公方代表进入私营企业内部，居于领导地位，依据国家建设需要，与资本家（私方代表）和工人共同管理、改造企业。此种形式下，资本家的剥削进一步得到限制，企业经营管理的目标是发展生产、满足人民需要和完成国家计划，具有半社会主义性质。三是推行全行业的公私合营。进入 1956 年，全行业公私合营进入了高潮。至年底，全国私营工业户数的 99% 和私营商业户数的 82%，被纳入公私合营或合作社的轨道。公私合营形式下，生产资料归国家所有，国家对公私合营企业进行清产核资、定股定息，并委派人员经营管理。全行业公私合营之后，企业生产关系发生了根本性变化，已然成为社会主义国营性质的企业。

---

① 《毛泽东文集》第六卷，北京：人民出版社，1999年版，第282页。

第三，改造企业与改造人并举，培养自食其力的社会主义劳动者。在对资本主义工商业进行社会主义改造的过程中，针对资方在职人员和资方代理人，国家采取“包下来”政策，坚持“量才使用，适当照顾”原则，实行政治上适当安排、工作上发挥作用、生活上妥善照顾的工作方针，采取改造阶级成分的方式达到从整体上消灭资产阶级的目的。改造企业和改造人并举，既规避了激烈的阶级对抗，减弱了改造阻力，还推动了生产力的发展和社会的进步。

至 1956 年底，全国原有的 8.8 万余户私营工业企业中，有 99% 完成了所有制的改造。在总户数中，除少数工业企业划归地方国营，或划归手工业和商业改造以外，其余均按行业合并组成 3.3 万多个公私合营工业企业。在商业层面，全国原有 240 万余户私营商业中，有 82.2% 完成了所有制改造。其中，除少数划归国营商业或供销社之外，其余均分别组成公私合营商业、合作商店或合作小组。

4. 社会主义改造的历史经验

对农业、手工业和资本主义工商业进行社会主义改造是解决社会主义过渡时期社会主要矛盾的中心工作。我们党在其中积累了珍贵的历史经验。

（1）在战略层面，坚持工业化建设与社会主义改造并举

毛泽东曾强调：“我们现在不但正在进行关于社会制度方面的由私有制到公有制的革命，而且正在进行技术方面的由手工业生产到大规模现代化机器生产的革命，而这两种革命是结合在一起的。”[①]社会主义改造本质是变革不适应大规模工业化建设的生产关系，为社会主义工业化建设的中心工作服务，引导个体农民、个体手工业者走向集

① 《毛泽东文集》第六卷，北京：人民出版社，1999年版，第432页。

体化，改造资本主义工商业，根本目的就是更好地发展生产力。有鉴于此，在社会主义三大改造中，采取的步骤和方式皆要兼顾工业化推进和经济发展的要求，并努力使之相适应，不容许破坏生产力。从时间上看，社会主义改造和社会主义工业化建设皆是在1953年全面推开，1956年社会主义改造基本完成时，“一五”计划的主要指标也都提前达成，至1957年，各项指标皆超额完成。经过“一五”时期的社会主义大规模建设，我国初步建立了以重工业为主要发展方向的工业化基础。现实证明，在深刻的社会变革中，工业化建设和社会主义改造并举，能够保证社会稳定，推动生产力发展，改善人民生活。

（2）在推进策略上，坚持积极引导、逐步过渡

党和政府对农业、手工业和资本主义工商业的改造，均采用区别对象、积极引导、逐步过渡的方式。在对农业的社会主义改造中，创造出互助组、初级社和高级社等符合农民特点和农村生产力状况的过渡形式，能够使农民在切身体验中感知互助组织的力量强大，认识到集体化有利于克服困难、抵御灾害、增加生产、改善生活、避免两极分化。在对手工业的社会主义改造中，创造出手工业生产小组、手工业供销生产合作社、手工业生产合作社三种形式，既保护和促进了手工业生产的发展，又为在手工业中推进技术改造提供了有利条件。在对资本主义工商业的社会主义改造中，创造出初级国家资本主义、个别企业的公私合营、全行业的公私合营等过渡形式，顺利实现了对资产阶级的和平赎买，规避了社会大变革时期可能发生的剧烈社会震荡和经济衰退。

（3）在推进方法上，坚持和平改造

无论是农民和手工业者的个体所有制，还是资本主义工商业的生产资料所有制，都属于私有制的性质。对它们进行社会主义改造，属于社会主义革命的性质。毛泽东指出：“我们进行社会主义革命所用

的方法是和平的方法。”[①]毛泽东还强调：“在我国的条件下，用和平的方法，即用说服教育的方法，不但可以改变个体的所有制为社会主义的集体所有制，而且可以改变资本主义所有制为社会主义所有制。”[②]坚持和平改造，既可保证社会主义三大改造的顺利推进，又可维护社会稳定，为大规模工业化建设奠定和平的国内发展环境。

二、全面建设社会主义时期的社会主要矛盾

社会主义改造完成之后，社会主义制度基本确立，我国进入全面建设社会主义时期。从 1956 年初，毛泽东开始探索适合中国国情的社会主义建设道路，至党的八大召开前夕，毛泽东等党的领导人虽未明确探讨全面建设社会主义时期的社会主要矛盾问题，但在一系列文章和讲话中，已经意识到这一时期的社会主要矛盾不同于三大改造时期，不再认为工人阶级与资产阶级的矛盾是社会的主要矛盾。直至起草八大政治报告的决议时，这一问题方得到重视。经过多次讨论、修改，党的八大关于政治报告的决议正式提出了全面建设社会主义时期的社会主要矛盾判断。

1. 社会主义制度的基本建立

1956 年，我国对农业、手工业和资本主义工商业的三大改造皆取得决定性胜利。农民、手工业者个体所有的私有制，转变为劳动群众集体所有的公有制，亿万农民和大多数其他个体劳动者转变为社会主义的集体劳动者。资本家所有的资本主义私有制也转变为国家所有即全民所有的公有制。实现全行业公私合营之后，资本家不再是原来私

① 《毛泽东文集》第七卷，北京：人民出版社，1999年版，第1页。

② 《毛泽东文集》第七卷，北京：人民出版社，1999年版，第2页。

人企业的所有者，而变成职员。国家对公私合营企业按照社会主义原则开展生产管理，与国营企业基本一样。原私人企业的工人不再是雇佣劳动者的身份，同国营企业的工人一样转变为企业的主人。中国工人阶级队伍空前壮大，觉悟程度和文化技术水平大大提升。社会主义公有制经济，包括全民所有制和劳动群众集体所有制两种形式，在国民经济体系中已经居于绝对统治地位。

各种经济成分在国民收入中的占比反映了此种绝对统治地位。1956 年同 1952 年相比，国营经济、合作社经济、公私合营经济分别由 19.1%、1.5%、0.7% 提升至 32.2%、53.4%、7.3%，个体经济和资本主义经济则分别从 71.8%、6.9% 下滑至 7.1%、0。社会主义性质的国营经济、合作社经济和基本上具备社会主义性质的公私合营经济在国民收入中合计占比已达 92.9%。在农村，96.3% 的农户加入农业生产合作社。社会主义三大改造的胜利完成，标志着社会主义经济制度在我国基本建立起来。

伴随着社会主义三大改造的进行，我国的人民民主政治建设也稳步向前推进。1954 年 9 月，第一届全国人民代表大会通过《中华人民共和国宪法》，人民代表大会制度这一根本政治制度在国家政治生活中正式施行，共产党领导的多党合作和政治协商制度、民族区域自治制度继续发展、逐步完善，构筑了社会主义基本政治制度体系。

在思想和文化层面，马克思列宁主义、毛泽东思想的指导地位进一步强化。在批判封建主义和资本主义腐朽思想的同时，党和政府注重继承和发扬中国传统文化中的精华部分，倡导用现代科学方法来发展优秀文化遗产，吸收国外一切有益的文化成果，文化建设工作逐步前行。越来越多社会成员崇尚社会主义意识、爱国主义、集体主义、为人民服务等共同价值观。在全国范围内，社会主义新兴社会关系和良好社会风气、社会道德规范正在形成。

社会主义经济制度和政治制度的确立，马克思列宁主义、毛泽东思想在意识形态领域指导地位的确立，以及由此带来的社会各方面的变化，表明社会主义制度已在我国经济、政治、思想和文化领域基本确立。由此，1956 年 9 月，党的八大确认，“社会主义的社会制度在我国已经基本上建立起来了”[①]。对此，习近平在党的十九大报告中指出，社会主义制度的确立是中国历史上最深刻最根本的社会变革，“为当代中国一切发展进步奠定了根本政治前提和制度基础，实现了中华民族由近代不断衰落到根本扭转命运、持续走向繁荣富强的伟大飞跃”[②]。

2. 全面建设社会主义时期社会主要矛盾的提出

事实上，毛泽东已较早意识到生产关系变革后我国社会主要矛盾的变化问题。1955 年 12 月，在社会主义改造高潮时期，毛泽东就指出，目前党和政府面临的问题，已经不是社会主义改造的问题，而是如何加快社会主义建设、推动各项事业发展的问题。随后，毛泽东在各种会议上提醒全党要在认识上注意到，社会主义革命主要任务已发生转变。随着认识加深，1956 年 1 月 14 日—20 日，关于知识分子问题会议召开，毛泽东在会上发表讲话指出，“现在我们在革什么命呢？现在是革技术的命，叫技术革命。要搞科学，要革愚蠢同无知的命，叫文化革命。”[③] 1 月 25 日，在最高国务会议上，毛泽东提出：“社会主义革命的目的是为了解放生产力。”[④] 8 月 22 日，在党的七届七中

① 《建国以来重要文献选编》第九册，北京：中央文献出版社，1994年版，第341页。

② 习近平：《决胜全面建成小康社会 夺取新时代中国特色社会主义伟大胜利——在中国共产党第十九次全国代表大会上的报告》，《人民日报》2017年10月28日。

③ 中共中央文献研究室编：《毛泽东年谱（一九四九——一九七六）》第二卷，北京：中央文献出版社，2013年版，第515页。

④ 《毛泽东文集》第七卷，北京：人民出版社，1999年版，第1页。

全会上，毛泽东强调八大的重点任务是建设。毛泽东说："这次大会的基本方针是：马克思列宁主义同中国的实际情况相结合，团结党内、国内、国际一切可以和应该团结的力量，为建设一个伟大的社会主义国家而奋斗。凡是不利于这样的方法（团结一切力量）、这样的目的（建设社会主义）的思想和方针，我们就要批评和反对。这是我们这次大会，也是我们党历来的旗帜。"[①] 8 月 30 日，在党的八大预备会议上，毛泽东再次强调："这次大会要解决什么问题，达到什么目的？总的说来，就是总结七大以来的经验，团结全党，团结国内外一切可以团结的力量，为建设伟大的社会主义中国而奋斗。"[②] 9 月 15 日，在党的八大开幕词中，毛泽东进一步将会议任务概括为"总结从七次大会以来的经验，团结全党，团结国内外一切可能团结的力量，为了建设一个伟大的社会主义的中国而奋斗。"[③]

为探索中国的社会主义建设道路，1956 年 4 月 25 日，毛泽东作了题为"论十大关系"的讲话。毛泽东基于矛盾论，将我国经济建设和政治建设中的一些重大问题归纳为"十大关系"，初步提出了"原则和苏联相同，但方法有所不同，有我们自己的一套内容"[④]的建设思路，这之后被确定为八大的指导方针。八大政治报告也依此重新予以起草。

需要明确的是，从 1955 年提出召开八大，到 1956 年 9 月筹备八大，不管是中央召开的各种会议，还是八大政治报告的起草文稿，都未突出社会主要矛盾这一重要的理论问题。毛泽东、周恩来、刘少奇等中央领导人亦未对社会主要矛盾这一重要理论问题有过细致认真的讨论。

① 石仲泉、沈正乐、杨先材、韩钢：《中共八大史》，北京：人民出版社，1998年版，第121页。

② 《毛泽东文集》第七卷，北京：人民出版社，1999年版，第86页。

③ 《毛泽东文集》第七卷，北京：人民出版社，1999年版，第114页。

④ 《毛泽东文集》第七卷，北京：人民出版社，1999年版，第369—370页。

这一期间起草的政治报告既未指出社会主要矛盾的变化，更遑论明确指出社会主要矛盾是什么了。直至起草关于政治报告的决议时，这一问题才得到关注和重视。八大已经召开后的9月17日，才着手起草关于政治报告的决议便是明证。关于政治报告的决议，9月19日拿出第一稿，23日完成第二稿。

此时，毛泽东极为重视决议起草工作。亲自主持八大政治报告决议的起草，并多次约见陈伯达、胡乔木谈论决议稿修改问题。在谈话中，毛泽东强调“要把矛盾突出一下，现在主要是先进与落后”[①]。按照这一要求。9月24日，决议写出了第三稿。第三稿最重要的变化是增加了关于社会主要矛盾的内容：“在基本上解决了无产阶级和资产阶级的矛盾以后，我们现在面对着的主要矛盾，是先进的国家制度和社会制度同落后的经济和文化之间的矛盾。我们今后的主要任务就是同我国各族人民群众在一起，解决这个新的矛盾，使我国从一个落后的农业国变为一个先进的社会主义工业国。”[②]这样，决议第三稿第一次论述了全面建设社会主义时期的主要矛盾问题。9月26日，决议第四稿出炉，增加了一句话：“无产阶级同资产阶级之间的矛盾已经基本上解决”[③]。同日，供各代表团讨论。在此基础之上，又起草了第五稿。第五稿中，修改较大的仍是关于社会主要矛盾的段落，新增加了有关社会主要矛盾判断产生的宏观历史背景的论述：“我们国内的主要矛盾，已经是人民对于建立先进的工业国的要求同落后的农业国的实际之间

---

① 石仲泉、沈正乐、杨先材、韩钢：《中共八大史》，北京：人民出版社，1998年版，第178页。

② 石仲泉、沈正乐、杨先材、韩钢：《中共八大史》，北京：人民出版社，1998年版，第179页。

③ 石仲泉、沈正乐、杨先材、韩钢：《中共八大史》，北京：人民出版社，1998年版，第179页。

的矛盾，就是人民对经济文化迅速发展的需要同当前经济文化不能满足人民需要的这种落后状况之间的矛盾。党和全国人民的主要任务，就是要集中力量来解决这个矛盾，把我国尽快地从落后的农业国变为先进的工业国。”[①]

9 月 27 日，八大全体会议一致通过的关于政治报告的决议微调指出：“我们国内的主要矛盾，已经是人民对于建立先进的工业国的要求同落后的农业国的现实之间的矛盾，已经是人民对于经济文化迅速发展的需要同当前经济文化不能满足人民需要的状况之间的矛盾。”[②]社会主义三大改造基本完成，社会主义制度基本建立，预示着我国社会主要矛盾的性质发生了根本性变化。与新民主主义革命时期、新中国成立初国民经济恢复时期和社会主义过渡时期相比，全面建设社会主义时期社会主要矛盾的转变乃是质变。这是因为，党的八大“标志着或者说划分了全面建设时代的开始与革命时代胜利结束的历史转向”[③]。整体而言，决议不仅仅是八大政治报告的浓缩，更是对报告内容的充实和丰富，特别是决议有关我国社会主要矛盾的论述，为社会主义建设指明了方向，成为八大正确路线的重要内容之一。

需要指出的是，党的八大“关于我国国内主要矛盾实质的提法，在理论上有不完全准确的地方，因为这个提法没有全面指出：社会主义的生产关系已经建立起来，它是和生产力的发展相适应的；同时它又很不完善，这些不完善的方面和生产力的发展又是相矛盾的。但是，

---

① 石仲泉、沈正乐、杨先材、韩钢：《中共八大史》，北京：人民出版社，1998年版，第181页。

② 《建国以来重要文献选编》第九册，北京：中央文献出版社，1994年版，第341页。

③ 王先明：《以“建设为中心”思想的形成与歧变——中共“八大”与新中国建设的全面展开》，《广东社会科学》2015年第1期。

上述提法的着眼点在于把我国生产力发展还很落后这一基本国情突出出来，强调在生产资料私有制的社会主义改造已经基本完成的情况下，国家的主要任务是在新的生产关系下‘保护和发展生产力’，全党要集中力量去发展生产力。这是八大最重要的理论贡献，也成为当时全党的共识。这个着眼点，历史证明是正确的”[①]。

3. 全面建设社会主义时期的工作方针

党的八大以对全面建设社会主义时期国内主要矛盾的分析为基础，着眼于建设，确立了经济、政治、思想文化和外交工作方针。

（1）经济建设方针

党的八大提出既反对保守又反对冒进、在综合平衡中稳步前进的经济建设方针。周恩来作关于发展国民经济第二个五年计划的建议的报告，初步总结了“一五”计划的实践和反冒进的经验，强调要合理规定国民经济发展速度，既积极又稳妥可靠地推进计划，确保国民经济能够比较均衡地发展。党的八大阐述了在综合平衡中稳步前进的经济建设方针。八大政治报告决议指出，对于凭借有利条件较快发展生产力的可能性估计不足，就会犯保守主义的错误；同时，也必须考虑到当前经济、财政和技术力量上面临的客观限制，设定合理的发展速度，否则就会犯冒进主义的错误。党要随时注意防止和纠正保守主义和冒进主义两种错误倾向。在此经济建设方针指导下，党的八大通过的关于“二五”计划建议的各项指标，都符合当时经济发展的客观实际。周恩来在报告中还指出，要在适当范围内更好地运用价值规律，以满足人民多样的生活需要，比如那些不必要由国家统购包销且产值不大、

① 中共中央党史研究室：《中国共产党历史》第二卷（1949—1978）（上册），北京：中共党史出版社，2011年版，第396 页。

品种繁多的工农业产品的生产领域。因此，在国家统一市场的前提下，有计划地组织一部分自由市场，实行产品的自产自销，对某些日用工业品，推行需要者自行选购，等等。陈云在大会发言中，提出“三个主体、三个补充”思想，即：在工商业经营方面，将国家经营和集体经营作为主体，一定数量的个体经营作为补充；在生产的计划性方面，将计划生产作为工农业生产的主题，国家计划许可范围内的自由生产作为补充；在社会主义的统一市场里，将国家市场作为主体，一定范围内国家领导的自由市场作为补充。周恩来和陈云的意见得到大会重视，被写入大会决议之中。这为从理论和实践上突破苏联模式、探索经济体制改革道路提供了思路。

（2）政治建设方针

党的八大主要明确了国家政治生活三个方面的方针任务。一是扩大国家的民主生活，反对官僚主义。刘少奇在政治报告中提出，要精简机构，明确职责，改进工作作风；要加强各级人大对政府工作的检查和批评，鼓励并支持人民群众对国家机关工作人员的监督和批评。二是强化与民主党派、无党派民主人士的合作共事关系。刘少奇在政治报告中强调了毛泽东提出的“长期共存、互相监督”方针，强调在社会主义改造基本完成后，民族资产阶级和上层小资产阶级将转变为社会主义劳动者的一部分，作为这部分劳动者代表的各民主党派，将与中国共产党一道长期存在。中国共产党要接受民主党派和无党派人士的监督和批评，并从中得到帮助。三是健全国家法制。刘少奇在政治报告中指出，“我们目前在国家工作中的迫切任务之一，是着手系统地制定比较完备的法律，健全我们国家的法制”[①]。在大会发言环节，

① 《建国以来重要文献选编》第九册，北京：中央文献出版社，1994年版，第92页。

董必武认为，当前加强人民民主法制工作的中心环节是“依法办事”，为此必须做到“有法可依”“有法必依”。董必武强调，要逐步完备法制，尽快制定刑法、民法、诉讼法、劳动法和土地使用法，尽快实施律师制度和公证制度。

（3）思想文化建设方针

党的八大关于政治报告的决议明确将“百花齐放、百家争鸣”作为繁荣科学和文化艺术工作的指导方针，强调“用行政的方法对于科学和艺术实行强制和专断，是错误的。对于封建主义和资本主义的思想，必须继续进行批判。但是，对于中国过去的和外国的一切有益的文化知识，必须加以继承和吸收，并且必须利用现代的科学文化来整理我国优秀的文化遗产，努力创造社会主义的民族的新文化。”[①]

党的八大还指出，文化教育事业在社会主义全面建设中占有重要地位。党和政府必须大力发展文化教育和卫生事业，尤其是科学事业、高等教育事业和中等教育事业；必须大力培养专门人才，推进科学研究，积极掌握世界各国的最新科学成就；必须大力建设科学院、高等学校、大企业的科学研究机关等，为完成科学技术发展十二年规划，尽快接近世界先进水平，创造必要的发展条件。

（4）外事工作方针

党的八大认为，世界局势出现和缓趋势，这有利于全面社会主义建设，为此必须努力争取世界持久和平。在坚持和平共处五项原则基础上，党的八大明确了我国的外事工作方针，即：继续巩固并加强与苏联及各人民民主国家的兄弟友谊；与赞成和平共处五项原则的亚非国家及其他国家建立和发展友好关系；与一切愿意同我国建立外交关系和经济文化

① 《建国以来重要文献选编》第九册，北京：中央文献出版社，1994年版，第348页。

关系的国家建立和发展正常的外交关系和经济文化关系；反对在国际事务中使用武力和武力威胁，支持世界各国人民的和平运动；反对殖民主义，支持亚非拉各国一切反对殖民主义的斗争；支持各国工人阶级和劳动人民的社会主义运动，强化国际主义团结；坚决反对大国主义。

与此同时，党的八大还提出要“打开国门”，引进国外先进科学技术和文化的政策。在审阅八大政治报告时，毛泽东强调：“为了和平与建设的利益，我们愿意和世界上一切国家，包括美国在内，建立友好关系。”[①]八大期间在会见波兰统一工人党代表团时，毛泽东重申，中国的经济文化还比较落后，开办学校，实现工业化，需要朋友，需要和平环境。“中国是世界和人类的组成部分，中国不能自私自利。中国是一张白纸，你们可以在这张白纸上写字，你们的科学和文化可以驰骋在这张纸上。在中国人民生活的这块土地上，各国人都有份。”[②]在会见法国共产党代表团时，毛泽东明确表达了从法国引进先进技术设备的意愿。刘少奇在八大政治报告中也申明，“铁幕不在我们这一边。我们的门是对一切人敞开的。”[③]

4. 毛泽东的理论贡献

八大政治报告决议关于全面建设社会主义时期我国社会主要矛盾的判断，是建立在社会主义三大改造基本完成、剥削阶级整体上已经基本消灭的现实前提之上，其关注点主要是人与自然之间的矛盾。然而，苏共二十大暴露出来的问题，以及 1956 年下半年国内一些地方爆发的

① 中共中央文献研究室编：《毛泽东年谱（一九四九——一九七六）》第二卷，北京：中央文献出版社，2013年版，第 611页。

② 《党的文献》编辑部编：《共和国重大决策和事件述实》，北京：人民出版社，2005年版，第118页。

③ 《建国以来重要文献选编》第九册，北京：中央文献出版社，1994年版，第103页。

工人罢工、学生罢课等事态表明，社会主义社会中人与人之间的矛盾依然在一定范围内、一定程度上存在。社会主义社会不存在矛盾的传统认知不攻自破。新情况、新现象促使毛泽东对社会主义社会的矛盾问题进行新的思考。毛泽东“第一次创造性地提出了社会主义社会基本矛盾”范畴，“精辟论述了社会主义社会基本矛盾的性质、特点及其运动规律，而且正确地找到了社会主义社会的主要矛盾以及解决这一矛盾的根本途径”[①]。

（1）明确社会主义社会依然存在矛盾

关于社会主义社会的矛盾问题，马克思、恩格斯和列宁等经典作家并未作过专题论述。在苏联的社会主义建设实践中，斯大林开始否认社会主义社会存在矛盾，而后又判断苏联社会主义社会存在严重的阶级矛盾，在实践中导致了大清洗的严重后果。

早在党的八大召开前，毛泽东就指出，所谓社会主义社会不存在矛盾只是一种天真烂漫的想法。1956 年 3 月 23 日，在中共中央书记处扩大会议专题研究苏共二十大秘密报告时，毛泽东认为：“社会主义社会，仍然存在着矛盾。否认存在矛盾就是否认唯物辩证法。矛盾无时不再，无处不在。斯大林的错误正证明了这一点。有矛盾就有斗争，只不过斗争的性质和形式不同于阶级社会而已。”[②] 4 月 5 日，《人民日报》刊发毛泽东主持起草的《关于无产阶级专政的历史经验》一文指出，社会主义社会的发展也遵循生产力和生产关系的基本矛盾，“一个矛盾将导致另一个矛盾，旧的矛盾解决了，新的矛盾又会产生”[③]。

① 刘曙光：《邓小平对社会主义社会主要矛盾和根本任务理论的贡献》，《湘潭大学社会科学学报》2003年第5期。

② 中共中央文献研究室编：《毛泽东年谱（一九四九——一九七六）》第二卷，北京：中央文献出版社，2013年版，第549页。

③ 《建国以来重要文献选编》第八册，北京：中央文献出版社，1994 年版，第232页。

8月中旬，在审阅修改八大政治报告稿时，毛泽东加写了一段话："资产阶级和小资产阶级的残余思想消灭以后，社会中的生产力与生产关系的矛盾，人们的主观和客观世界的矛盾，是永远存在的，这又是人们永远都有犯错误的可能性的原因"[①]。9月22日，八大会议期间，在会见意大利客人时，毛泽东又指出："苏联在阶级消灭以后，仍找对象，大批抓人杀人。客观形势已经发展了，社会已从这一个阶段过到另一个阶段，这时阶级斗争已经完结，人民已经用和平的方法来保护生产力，而不是通过阶级斗争来解放生产力的时候，但是在思想上却没有认识到这一点，还要继续进行阶级斗争。这就是错误的根源。"[②]

1957年2月27日，毛泽东在最高国务会议上作《如何处理人民内部的矛盾》（后改为《关于正确处理人民内部矛盾的问题》）报告时，系统阐述了社会主义社会的矛盾理论。毛泽东运用对立统一规律深刻分析指出，矛盾普遍存在，社会主义社会同样充满着矛盾，"基本的矛盾仍然是生产关系和生产力之间的矛盾，上层建筑和经济基础之间的矛盾"，但它同以往社会的基本矛盾"具有根本不同的性质和情况"[③]。以往社会的基本矛盾，生产关系和生产力之间存在一定程度的对抗和冲突，而社会主义社会的基本矛盾是生产关系和生产力、上层建筑和经济基础基本适应条件下的矛盾，是人民根本利益一致前提条件下的矛盾，它不具有对抗性。

（2）论述社会主义社会存在两类不同性质矛盾

1956年底，波匈事件爆发，毛泽东进一步对世界范围内的矛盾问

① 中共中央文献研究室编：《毛泽东年谱（一九四九——一九七六）》第二卷，北京：中央文献出版社，2013年版，第601页。

② 中共中央文献研究室编：《毛泽东年谱（一九四九——一九七六）》第二卷，北京：中央文献出版社，2013年版，第631页。

③ 《毛泽东文集》第七卷，北京：人民出版社，1999年版，第214页。

题进行深入探查，依然认为社会主义社会存在阶级矛盾，但不再是主要矛盾。此种认识集中体现在12月29日在《人民日报》刊发的《再论无产阶级专政的历史经验》一文中。文章认为，当前存在两种性质不同的矛盾，一是敌我之间的矛盾，事关敌对阶级之间的利害冲突，二是人民内部的矛盾，“它的发生不是由于阶级利害的根本冲突，而是由于正确意见和错误意见的矛盾，或者由于局部性质的利害矛盾”，第二种矛盾“可以而且应该从团结的愿望出发，经过批评或者斗争获得解决，从而在新的条件下得到新的团结”，一定不要“把人民内部的矛盾同敌我之间的矛盾等量齐观，或者相互混淆，更不应该把人民内部的矛盾放在敌我矛盾之上”[①]。

这里，关于正确处理人民内部矛盾的思想已是呼之欲出。在《关于正确处理人民内部矛盾的问题》报告中，毛泽东再次强调，当前社会存在两类性质完全不同的社会矛盾，即敌我矛盾和人民内部矛盾。敌我矛盾是人民同反抗社会主义革命、敌视和破坏社会主义建设的势力之间的矛盾，由于根本利益对立，因而是对抗性的矛盾。而人民内部矛盾，如工人阶级内部的矛盾、农民阶级内部的矛盾、知识分子内部的矛盾、工农两个阶级之间的矛盾、工人和农民同知识分子之间的矛盾、工人阶级和其他劳动者同民族资产阶级之间的矛盾、政府和人民群众之间的矛盾，等等，由于根本利益一致，因而是非对抗性的矛盾。报告中，毛泽东坚持了八大所谓阶级斗争不是主要矛盾的论断，认为“革命时期的大规模的疾风暴雨式的群众阶级斗争基本结束”[②]，正确处理人民内部矛盾乃是我国政治生活的主题。社会主义社会的矛

① 《建国以来重要文献选编》第九册，北京：中央文献出版社，1994年版，第562—563页。
② 《毛泽东文集》第七卷，北京：人民出版社，1999年版，第216页。

盾“不是对抗性的矛盾，它可以经过社会主义制度本身，不断地得到解决”[①]，当前，“工人阶级同民族资产阶级的矛盾属于人民内部矛盾”[②]。

毛泽东关于人民内部矛盾是我国政治生活的主题的认识，是对党的八大所确立的社会主要矛盾论断的深化与发展。党的八大对社会主要矛盾的论断主要关注人与自然之间的矛盾，正确处理人民内部矛盾则主要关注的是人与人之间的矛盾，很显然，后者从属于前者，是为前者服务的。对此，毛泽东还强调，正确处理人民内部矛盾的目的乃是“团结全国各族人民进行一场新的战争——向自然界开战，发展我们的经济，发展我们的文化，使全体人民比较顺利地走过目前的过渡时期，巩固我们的新制度，建设我们的新国家”[③]。这里的认知同八大“团结国内外一切可以团结力量，建设一个伟大的社会主义国家”的主题一脉相承。

(3) 提出用民主的方法解决人民内部矛盾

八大召开之后，面对社会上工人罢工、学生罢课及部分农民要求退社等问题，毛泽东否认这是阶级斗争性质的矛盾，主张应该用不同的解决办法。1956 年 11 月，在党的八届二中全会上，毛泽东指出，“世界充满着矛盾。民主革命解决了同帝国主义、封建主义、官僚资本主义这一套矛盾。现在，在所有制方面同民族资本主义和小生产的矛盾也基本上解决了，别的方面的矛盾又突出出来了，新的矛盾又发生了”[④]。对于国内出现的新问题新情况，“凡是人民内部的事情，

① 《毛泽东文集》第七卷，北京：人民出版社，1999年版，第213—214页。

② 《毛泽东文集》第七卷，北京：人民出版社，1999年版，第206页。

③ 《毛泽东文集》第七卷，北京：人民出版社，1999年版，第216页。

④ 中央文献研究室编：《毛泽东传》第4册，北京：中央文献出版社，2011年版，第1576页。

党内的事情，都要用整风的方法，用批评和自我批评的方法来解决，而不是用武力来解决”[①]。

整风的办法不仅可以适用到党内，还可以适用到社会层面。黄炎培的一封信坚定了毛泽东的这一想法。黄炎培在给毛泽东的信中，报告了中国民主建国会一届二中全会会员通过开展批评和自我批评，从而取得思想上一致的情形。12 月 4 日，毛泽东复信指出：“批评和自我批评这个方法竟在你们党内，在全国各地工商业者之间，在高级知识分子之间行通了，并且做得日益健全，真是好消息。社会总是充满着矛盾，即使社会主义和共产主义社会也是如此”。面对人民内部矛盾，“解决的方法，就是从团结出发，经过批评与自我批评，达到团结这样一种方法”。[②]

在《关于正确处理人民内部矛盾的问题》报告中，毛泽东详尽论述了正确处理不同性质社会矛盾的基本方法。毛泽东指出，敌我之间和人民内部矛盾这两类性质不同的矛盾，解决方法也大不相同，因为前者是分清敌我的问题，而后者是分清是非的问题。“我们历来就主张，在人民民主专政下面，解决敌我之间的和人民内部的这两类不同性质的矛盾，采用专政和民主这样两种不同的方法。”[③]专政方法是指运用人民民主专政的国家机器，对于那些抗拒社会主义改造、破坏社会主义建设的敌对分子和严重犯罪分子施加相应刑罚，剥夺他们的政治权利，强迫他们从事劳动，并在劳动改造中成为社会新人。民主的方法是指，讨论的方法、批评的方法、说服教育的方法。毛泽东强调：“凡

---

① 中共中央文献研究室编：《毛泽东年谱（一九四九——一九七六）》第三卷，北京：中央文献出版社，2013年版，第34页。

② 《毛泽东文集》第七卷，北京：人民出版社，1999年版，第164页。

③ 《毛泽东文集》第七卷，北京：人民出版社，1999年版，第211—212页。

属于思想性质的问题，凡属于人民内部的争论问题，只能用民主的方法来解决，只能用讨论的方法、批评的方法、说服教育的方法去解决，而不能用强制的、压服的方法去解决。”①

用民主的方法解决人民内部矛盾是总方针。针对人民内部矛盾的在实践中所表现出来的不同形式，毛泽东还具体问题具体分析，提出了具体方针或原则。对于政治思想层面的矛盾，采取“团结—批评—团结”方针，坚持说服教育和讨论的方法；对于物质利益、分配层面的矛盾，采取统筹兼顾、适当安排方针，国家、集体和个人三方面的利益都要兼顾；对于人民群众与政府机关层面的矛盾，务必坚持民主集中制原则，努力克服政府机关的官僚主义，同时加强对群众的思想教育；对于科学文化层面的矛盾，采取“百花齐放、百家争鸣”方针，借助自由讨论和科学实践、艺术实践来解决；对于共产党和民主党派层面的矛盾，采取在坚持社会主义道路和共产党领导前提下的“长期共存、互相监督”方针；对于民族之间的矛盾，采取民族平等、民族团结方针，着力反对大汉族主义，同时也要反对地方民族主义。这些具体方针是用民主方法解决人民内部矛盾总方针的具体化，为解决不同形式的人民内部矛盾提供了方向指导。

八大前后，毛泽东关于社会主义社会矛盾的论述，以独创性的内容丰富了马克思主义的矛盾学说，为正确处理社会主义社会中的敌我矛盾和人民内部矛盾，提供了基本的理论依据，亦为之后的社会主义改革起到了理论铺垫作用。

---

① 《毛泽东文集》第七卷，北京：人民出版社，1999年版，第209页。

第三节 改革开放和社会主义现代化建设新时期

“文化大革命”结束后，在真理标准大讨论和理论界反思党的八届三中全会以后有关社会主要矛盾判断的基础之上，以邓小平为代表的中国共产党人“科学回答并解决了‘主要矛盾不是什么、是什么及怎样解决’的基本问题，形成了对社会主要矛盾的科学认识”[①]，亦即：阶级斗争不是社会主要矛盾，落后的社会生产和人民群众的物质文化需求之间的矛盾才是改革开放新时期的社会主要矛盾，大力发展生产力是解决社会主要矛盾的根本途径。在确立并深化认识改革开放新时期社会主要矛盾的过程中，邓小平作出了巨大的理论贡献。

一、国内政治形势的重大变化

粉碎“四人帮”后，国内政治形势出现重大变化。一方面，党的十届三中全会、十一大、五届全国人大一次会议、全国政协五届一次会议相继召开，党和国家的政治生活逐步走入正轨。另一方面，真理标准大讨论走向深入，党的思想路线重新恢复，“两个凡是”遭受强大冲击，全党工作重心转移为社会主义现代化建设迈出决定性一步。

1. 国家政治生活的初步恢复

1977 年 8 月 12 日至 18 日，党的十一大在北京召开。十一大政治

① 田天亮：《透视改革开放初期党对社会主要矛盾认识的基本内涵、生成逻辑及价值成效》，《湖北社会科学》2018年第12期。

报告正式宣布，以粉碎“四人帮”为标志性事件，“文化大革命”宣告结束。党的十一大对十大通过的党章进行必要修改，增加了“在本世纪内，党要领导全国各族人民把我国建设成为农业、工业、国防和科学技术现代化的社会主义强国”[①]的表述。

此后，1978 年 2 月至 3 月，五届全国人大一次会议和全国政协五届一次会议召开，再次重申到 20 世纪末，实现农业、工业、国防和科学技术现代化的奋斗目标。五届全国人大一次会议还在新修订的宪法中就现代化建设目标作出明确规定。此外，1978 年 9 月至 10 月，共青团、工会和妇联的全国代表大会也相继召开，选举产生了新一届领导成员，并制定了新的工作章程。党的十一大和之后一系列会议的召开，标志着曾被“文化大革命”运动打乱的党和国家政治生活的正常秩序开始得到逐步恢复，走上了正常轨道。

2. 真理标准大讨论

邓小平等人特别强调，必须恢复并发扬党的实事求是传统，以准确、完整理解和评价毛泽东和毛泽东思想。受他们启发，一些领导干部和理论工作者开始就真理标准问题发表文章。1977 年 10 月 5 日，中共中央在《关于办好各级党校的决定》中强调，要提倡理论密切联系实际的学风。9 日，在中央党校开学典礼上，叶剑英作题为《坚持和发扬理论联系实际的学风》的讲话。人民日报社和光明日报社编辑部亦越发重视真理问题讨论的必要性。前者于 1978 年 3 月 26 日发表《标准只有一个》的评论文章，后者于 5 月 11 日发表了《实践是检验真理的唯一标准》的特约评论文章，新华社当天亦发了通稿。此后几天，《人

① 李忠杰：《领航——从一大到十九大》，北京：人民出版社，2017年版，第241页。

民日报》《解放军报》《解放日报》等多家中央及省级报纸转载。到5月底，全国先后有30多家报纸刊载了这篇文章。一场关于真理标准的大讨论就此在全国展开。

《实践是检验真理的唯一标准》一文，坚持并重申了马克思主义认识论的一个基本原理，即社会实践不仅是检验真理的标准，而且还是唯一标准。文章实际上是从思想层面批评“两个凡是”方针，内容触及盛行多年的思想僵化问题。由于文章观点鲜明且尖锐，所以立刻在党内外引发巨大关注，讨论在一定范围内遇到很大阻碍。面对这一情势，邓小平、叶剑英、陈云、李先念、胡耀邦、徐向前等一批老干部纷纷表态支持真理标准大讨论。他们在多种场合从多个角度反复强调要求，恢复毛泽东倡导的实事求是思想路线，推动真理标准大讨论从理论界扩展到党政军及社会各界。

从1978年7月底始，中央一些部门和各省、自治区、直辖市，以及各大军区、各军兵种、军委直属单位的主要负责人先后发表讲话或文章，公开支持真理标准大讨论，及实践是检验真理唯一标准的立场。各地宣传部门和党校亦纷纷举办讨论会或培训班，将真理标准大讨论推向深入。

1978年12月，党的十一届三中全会在北京召开。全会重新恢复了解放思想、实事求是的思想路线，“果断地停止使用‘以阶级斗争为纲’这个不适用于社会主义社会的口号”[①]，明确把全党工作重心转移到社会主义现代化建设上来，作出了实行改革开放的重大决策。

---

① 《邓小平文选》第二卷，北京：人民出版社，1994年版，第42页。

二、新时期社会主要矛盾的提出和认识深化

受真理标准大讨论的鼓舞，理论界率先反思党的八届三中全会以后，我们党关于社会主要矛盾的判断。同时，我们党深入总结新中国成立以来的经验和教训，重新恢复八大的正确判断，并在十一届六中全会提出了改革开放和社会主义现代化建设新时期的社会主要矛盾。此后，从党的十二大到十八大，我们党对改革开放和社会主义现代化建设新时期社会主要矛盾的认识不断趋于深化。

1. 新时期社会主要矛盾的提出

为贯彻落实十一届三中全会精神，并进一步推动党在指导思想上的拨乱反正，1979 年 1 月 18 日至 4 月 3 日，中共中央在北京召开了有 500 多名理论工作者参加的理论工作务虚会，会上提出并讨论了很多问题。3 月 30 日，邓小平发表重要讲话，“就几个比较迫切的问题”[①]，解答了理论工作者的疑惑。邓小平指出：“至于什么是目前时期的主要矛盾，也就是目前时期全党和全国人民所必须解决的主要问题或中心任务，由于三中全会决定把工作重点转移到社会主义现代化建设方面来，实际上已经解决。我们的生产力发展水平很低，远远不能满足人民和国家的需要，这就是我们目前时期的主要矛盾，解决这个主要矛盾就是我们的中心任务。”[②]结合党和国家面临的主要问题和中心任务，邓小平首次论述了社会主要矛盾问题，意味着，我们党对社会主要矛盾的认知重新走上正确轨道。以此次会议为标志，以经济建设为中心，将工作重心转移至社会主义现代化建设开始成为全党的发展共

① 《邓小平文选》第二卷，北京：人民出版社，1994年版，第181页。

② 《邓小平文选》第二卷，北京：人民出版社，1994年版，第182页。

识，中国由此进入改革开放新时期。

鉴于生产力的发展一直都是同生产关系和上层建筑的变革联系紧密，人民群众日益增长的物质文化需要得不到满足，既与生产力水平低下有关，亦与体制和管理方面的束缚有关，因此，1979 年 6 月，五届人大二次会议政府工作报告又强调指出："在本世纪内实现四个现代化，把我国目前很低的生产力水平迅速提高到现代化水平，为此而改革我国目前生产关系和上层建筑中那些妨碍实现现代化的部分，扫除一切不利于实现四个现代化的旧习惯势力，这就是我国现阶段所要解决的主要矛盾，也就是全国人民在现阶段的中心工作。……为了完成这个中心工作，必须坚持无产阶级专政，坚持阶级斗争。……但是，阶级斗争已经不是我国社会目前的主要矛盾，我们进行阶级斗争应该围绕着社会主义现代化建设这个中心工作并为这个中心工作服务。"① 报告再次强调了发展生产力和进行现代化建设的重要性。

1981 年 6 月，十一届六中全会深入总结新中国成立以来党的历史经验，充分肯定党和国家为探索适合中国国情的社会主义现代化建设道路所做的努力，重新恢复八大对社会主要矛盾的提法，并对改革开放新时期的社会主要矛盾在表述上作了进一步的提炼和精简。全会通过的《关于建国以来党的若干历史问题的决议》，将社会主要矛盾表述为"人民日益增长的物质文化需要同落后的社会生产之间的矛盾"②。提出这一论断的依据特别充分：1956 年基本完成社会主义改造后，我国进入全面建设社会主义时期，这一时期的主要任务只能是"集中力量发展社会生产力，实现国家工业化，逐步满足人民日益增长的物质和文化需要"；

---

① 李忠杰：《领航——从一大到十九大》，北京：人民出版社，2017年版，第389页。

② 《关于建国以来党的若干历史问题的决议（注释本）》，北京：人民出版社，1983年版，第63页。

阶级斗争虽仍在一定范围内存在，但已然不再是主要矛盾，人民民主专政的任务则转变为“在新的生产关系下面保护和发展生产力”[①]。《关于建国以来党的若干历史问题的决议》将该论断适用的时空场域界定为“社会主义改造基本完成以后”，在更高水平、更深层上“重新恢复和确认了八大的正确估计”[②]，要求今后“党的各项工作都必须服从和服务于经济建设这个中心”[③]。由于改变“落后的社会生产”，是一个大力发展生产并完善、改革生产关系和上层建筑的系统工程，因此，理论界一致认为该论断比1956年八大的表述更为准确，可谓是“经典论断”。

经典论断提出后，得到历次党的全国代表大会的确认和发展完善。1982年9月，在党的十二大开幕词中，邓小平首次提出“建设有中国特色社会主义”理论命题。十二大报告在阐述社会主要矛盾时确认了《关于建国以来党的若干历史问题的决议》的科学判断，认为“不断满足人民日益增长的物质文化需要是社会主义生产和建设的根本目的”[④]，并将之写入党章总纲。我们党把对有关社会主要矛盾的认识纳入到党的政治报告和党章之中，纳入到党的思想理论体系之中，体现了党对社会主要矛盾问题的高度重视。

党的十二大之后，邓小平特别强调，党和国家的各项工作都要助力于推进建设有中国特色社会主义，指出“我们搞的现代化，是中国式的现代化。我们建设的社会主义，是有中国特色的社会主义”[⑤]。在

---

① 《关于建国以来党的若干历史问题的决议（注释本）》，北京：人民出版社，1983年版，第19—20页。

② 《中共党史大事年表》，北京：人民出版社，1987年版，第421页。

③ 《关于建国以来党的若干历史问题的决议（注释本）》，北京：人民出版社，1983年版，第63页。

④ 《十二大以来重要文献选编》（上），北京：人民出版社，2011年版，第16页。

⑤ 《邓小平文选》第三卷，北京：人民出版社，1993年版，第29页。

这一认识指导下，全党进一步对社会主义发展阶段的重大理论问题进行了深入探索。1983 年至 1986 年，在接待外国领导人和国际友人时，邓小平多次指出，“社会主义是共产主义的第一阶段。落后国家建设社会主义……必须大力发展生产力，逐步消灭贫穷，不断提高人民的生活水平”[①]，“要实现共产主义，一定要完成社会主义阶段的任务。社会主义的任务很多，但根本一条就是发展生产力”[②]。这些讲话初步从社会发展阶段层面揭示了社会主义的根本任务是发展生产力，但还未有明确当前的发展阶段是什么。1987 年 8 月 29 日，在会见意大利共产党领导人时，邓小平明确提出，中国尚处在社会主义的初级阶段。这是对《关于建国以来党的若干历史问题的决议》中所谓“我们的社会主义制度还是处于初级的阶段”的观点的进一步展开和深入。

1987 年，党的十三大报告指出，社会主义初级阶段始于社会主义三大改造基本完成，终于社会主义现代化基本完成，并首次采用《关于建国以来党的若干历史问题的决议》的表述，认为这一发展阶段的社会主要矛盾是人民日益增长的物质文化生活需要同落后的社会生产之间的矛盾。十三大报告将社会主义发展阶段与社会主要矛盾有机统一起来，指明了这一社会主要矛盾适用范围的起点和终点，意味着我们党对社会发展阶段问题的认识更加趋于深入。十三大还从人口结构、工业水平、地区发展和科学教育文化发展等方面，总结了社会主义初级阶段的基本特征，分析了当时生产力、生产关系和上层建筑方面存在的问题，概括了党在社会主义初级阶段“一个中心、两个基本点”的基本路线，进而明确了建设有中国特色社会主义的行动纲领。

---

① 《邓小平文选》第三卷，北京：人民出版社，1993年版，第10页。

② 《邓小平文选》第三卷，北京：人民出版社，1993年版，第137页。

“党在改革开放初期对社会主要矛盾的重新认识及其成果，为开辟和拓展中国特色社会主义道路、形成和丰富中国特色社会主义理论、完善和发展中国特色社会主义制度，引领改革开放和社会主义现代化建设事业的健康发展奠定了重要的基础。”[①]

2. 新时期社会主要矛盾的认识深化

20 世纪 80 年代末 90 年代初，国际国内形势发生重大变化，1978 年以来确立的基本路线、方针和政策，以及对社会主要矛盾的正确判断遭遇严峻考验。当时，外部环境是世界社会主义进入低潮，一些西方国家威胁制裁我国；国内环境是资产阶级自由化思潮和根深蒂固的“左”倾错误思想并存，严重干扰了改革开放的继续推行。与 20 世纪 50 年代中期苏共二十大后国际国内形势的变化相较，此次考验挑战性更大、复杂性更强。对此，邓小平清醒指出：“右可以葬送社会主义，‘左’也可以葬送社会主义。中国要警惕右，但主要是防止‘左’”[②]，“我们搞的四个现代化，是社会主义的四个现代化。只有社会主义，才能有凝聚力，才能解决大家的困难，才能避免两极分化，逐步实现共同富裕”[③]，“社会主义的本质，是解放生产力，发展生产力，消灭剥削，消除两极分化，最终达到共同富裕”[④]，判断党和国家工作得失的标准“主要看是否有利于发展社会主义社会的生产力，是否有利于增强社会主义国家的综合国力，是否有利于提高人民的生活水平”[⑤]。邓小平反复

---

① 田克勤、田天亮：《改革开放以来党对我国社会主要矛盾的认识》，《山东社会科学》2019年第1期。

② 《邓小平文选》第三卷，北京：人民出版社，1993年版，第375页。

③ 《邓小平文选》第三卷，北京：人民出版社，1993年版，第357页。

④ 《邓小平文选》第三卷，北京：人民出版社，1993年版，第373页。

⑤ 《邓小平文选》第三卷，北京：人民出版社，1993年版，第372页。

强调，稳定压倒一切，发展是硬道理，要抓住机遇，全心全意谋发展。邓小平的以上论述从多个角度，坚持了我们党对改革开放新时期社会主要矛盾正确判断极端重要性的认识。这充分表明，在严峻考验面前，我们党丝毫没有动摇建设有中国特色社会主义的决心和信念。

以 1992 年邓小平南方谈话和党的十四大召开为标志，改革开放和社会主义现代化建设迈入新的发展阶段。党的十四大首次提出“邓小平建设有中国特色社会主义理论”命题，并系统概括了其主要内容，在沿用十三大报告有关社会主要矛盾表述的同时，还特别强调指出：“我国社会的主要矛盾已经不是阶级斗争，经济建设已经成为我们的中心任务。除非发生大规模外敌入侵，无论在什么情况下都不能动摇这个中心。在历史上，由于没有能够清醒对待国际国内某些事件，我们有过离开经济建设这个中心的严重教训。这十四年，尽管国际国内发生了这样那样的重大事件，我们都没有动摇这个中心，今后还必须坚定不移地这样做。”[①]党的十四大将对社会主要矛盾的判断与社会主义的发展阶级、社会主义的根本任务、社会主义的发展动力、社会主义建设的内外部条件和政治保障等问题结合起来论述，反映了我们党对社会主要矛盾认识的深化，进一步显现了社会主要矛盾理论在中国特色社会主义理论体系中的重要地位。

在 20 世纪 90 年代初期复杂的国内环境下，以江泽民同志为主要代表的中国共产党人，深刻把握改革开放新时期社会主要矛盾的实质，坚决推进中国特色社会主义事业。江泽民指出，要依据社会生产力发展规律，制定符合先进生产力发展要求的路线、方针和政策。江泽民强调，当前，我国最大的政治是社会主义现代化建设，实现社会主义

---

① 《十四大以来重要文献选编》，北京：中央文献出版社，2011年版，第12页。

现代化目标的动态过程，其实质就是党和国家领导人民群众大力解放和发展生产力，化解社会主义初级阶段的主要矛盾的过程。1995 年，江泽民总结事关党和国家发展全局的十二大重要关系，即“十二大矛盾”，为有效化解社会主要矛盾提供了具体思路和方向。

党的十五大明确把“邓小平同志建设有中国特色社会主义理论”精炼概括为“邓小平理论”，作为党的指导思想。在对社会发展阶段和社会主要矛盾问题上，十五大坚持我国正处于并将长期处于社会主义初级阶段的历史定位，指出我国社会主要矛盾“贯彻我国社会主义初级阶段的整个过程和社会生活的各个方面”[①]。这里的“贯彻”既有对“空间维度”的把握，即对经济、政治、文化和社会生活各方面存在着种种矛盾的考察和认知，亦有对“时间维度”的把握，即对整个社会主义初级阶段历史发展过程中各个阶段的考察和认知，充分表明我们党对改革开放新时期社会主要矛盾的长期适用性，及其与社会主义初级阶段的认识趋于深化。党的十一届六中全会指出，当前阶段社会主要矛盾的起点是“社会主义改造基本完成之后”，对这一矛盾的起始时间及其条件作出规定，但并未言明其下限时间。党的十五大明确这是社会主义初级阶段的矛盾，实际上是对十一届六中全会相关判断的补充。党的十五大从现代化发展水平、产业结构、地区发展、经济运行方式、科教文化、体制机制改革、人民生活、精神文明建设和国家建设等九个方面，总结概括了社会主义初级阶段的基本特征。

党的十六大从人民生活总体上达到小康水平的状况和存在的突出问题，对社会主要矛盾的新表现进行深入分析，认为我国“现在达到的小康还是低水平的、不全面的、发展很不平衡的小康，人民日益增长

① 《十五大以来重要文献选编》（上），北京：中央文献出版社，2011年版，第14页。

的物质文化需要同落后的社会生产之间的矛盾仍然是我国社会的主要矛盾”[①]。十六大特别强调，我国的生产力水平、科技和教育发展还比较落后，实现工业化和现代化还有很大空间；城乡二元经济结构尚未根本改变，地区差距扩大趋势尚未扭转；贫困人口数量很大，就业和社会保障压力变大；经济社会发展面临生态环境、自然资源的限制日益突出；经济体制等诸方面管理体制还不完善；民主法制建设和思想道德建设问题凸显；等等。这里，低水平、不全面、发展不平衡，既说明我国社会生产力水平还比较落后，人民群众的物质文化需求尚未得到充分而全面的满足，也表明达成全面小康的目标仍有很长一段路要走。

党的十七大政治报告深刻把握现实生产力、生产关系和上层建筑的辩证关系，总结概括了新世纪新阶段我国发展呈现一系列新的阶段性特征，主要是：经济实力显著增强，同时生产力水平总体上还不高，自主创新能力还不强，长期形成的结构性矛盾和粗放型增长方式尚未根本改变；社会主义市场经济体制初步建立，同时影响发展的体制机制障碍依然存在，改革攻坚面临深层次矛盾和问题；人民生活总体上达到小康水平，同时收入分配差距拉大趋势还未根本扭转，城乡贫困人口和低收入人口还有相当数量，统筹兼顾各方面利益难度加大；协调发展取得显著成绩，同时农业基础薄弱、农村发展滞后的局面尚未改变，缩小城乡、区域发展差距和促进经济社会协调发展任务艰巨；社会主义民主政治不断发展、依法治国基本方略扎实贯彻，同时民主法制建设与扩大人民民主和经济社会发展的要求还不完全适应，政治体制改革需要继续深化；社会主义文化更加繁荣，同时人民群众精神文化需求日趋旺盛，人们思想活动的独立性、选择性、多变性、差异

① 《十六大以来重要文献选编》（上），北京：中央文献出版社，2011年版，第14页。

性明显增强，对发展社会主义先进文化提出了更高要求；社会活力显著增强，同时社会结构、社会组织形式、社会利益格局发生深刻变化，社会建设和管理面临诸多新课题；对外开放日益扩大，同时面临的国际竞争日趋激烈，发达国家在经济科技上占优势的压力长期存在，可以预见和难以预见的风险增多，统筹国内发展和对外开放要求更高。党的十七大报告认为，“这些情况表明，经过新中国成立以来特别是改革开放以来的不懈努力，我国取得了举世瞩目的发展成就，从生产力到生产关系、从经济基础到上层建筑都发生了意义深远的重大变化，但我国仍处于并将长期处于社会主义初级阶段的基本国情没有变，人民日益增长的物质文化需要同落后的社会生产之间的矛盾这一社会主要矛盾没有变。当前我国发展的阶段性特征，是社会主义初级阶段基本国情在新世纪新阶段的具体表现。”①党的十七大报告对我国发展八个方面阶段性特征的概括，无疑是社会主义初级阶段国情在新世纪新阶段的突出表现。需要指出的是，党的十七大报告在分析阶段性特征和重大变化的同时，还提出了“两个没有变”判断。

十七大报告特别指出：“认清社会主义初级阶段基本国情，不是要妄自菲薄、自甘落后，也不是要脱离实际、急于求成，而是要坚持把它作为推进改革、谋划发展的根本依据。我们必须始终保持清醒头脑，立足社会主义初级阶段这个最大的实际，科学分析我国全面参与经济全球化的新机遇新挑战，全面认识工业化、信息化、城镇化、市场化、国际化深入发展的新形势新任务，深刻把握我国发展面临的新课题新矛盾，更加自觉地走科学发展道路，奋力开拓中国特色社会主义更为广阔的发展前景。”②

---

① 《十七大以来重要文献选编》（上），北京：中央文献出版社，2009年版，第11页。
② 《十七大以来重要文献选编》（上），北京：中央文献出版社，2009年版，第11页。

党的十八大报告在总结过去五年发展的成就后，还指出了工作中的许多不足和前进道路上的不少困难，主要是“发展中不平衡、不协调、不可持续问题依然突出”[①]。党的十八大报告总结了十年来所取得的历史性成就，以及夺取中国特色社会主义新胜利必须把握的八个方面的基本要求，强调指出：“我们必须清醒认识到，我国仍处于并将长期处于社会主义初级阶段的基本国情没有变，人民日益增长的物质文化需要同落后的社会生产之间的矛盾这一社会主要矛盾没有变，我国是世界最大发展中国家的国际地位没有变。在任何情况下都要牢牢把握社会主义初级阶段这个最大国情，推进任何方面的改革发展都要牢牢立足社会主义初级阶段这个最大实际。党的基本路线是党和国家的生命线，必须坚持把以经济建设为中心同四项基本原则、改革开放这两个基本点统一于中国特色社会主义伟大实践，既不妄自菲薄，也不妄自尊大，扎扎实实夺取中国特色社会主义新胜利。”[②]

在十七大报告提出初级阶段的国情没有变和现阶段社会主要矛盾没有变的“两个没有变”基础之上，十八大报告增加了我国是世界最大发展中国家的国际地位没有变的论述，从而发展为“三个没有变”。十八大报告再次强调，要保持清醒认识，在任何情况都决不能脱离社会主义初级阶段这个最大国情，不能脱离实际、急于求成。

3. 邓小平的理论贡献

在确立改革开放新时期我国社会主要矛盾的问题上，邓小平作出了巨大理论贡献，主要是科学把握社会基本矛盾运动的规律，坚持生产力在社会基本矛盾中的核心地位，坚持社会主要矛盾对其他矛盾的

① 《十八大以来重要文献选编》（上），北京：中央文献出版社，2014年版，第4页。
② 《十八大以来重要文献选编》（上），北京：中央文献出版社，2014年版，第12—13页。

统领地位，正确把握社会主义基本矛盾的具体表现形式。

（1）科学把握社会基本矛盾的运动规律

众所周知，在马克思主义矛盾学说发展进程中，毛泽东的理论贡献极其重要，第一次比较完整地论述了社会主义社会的基本矛盾理论。在探索符合中国国情的社会主义建设道路过程中，毛泽东不仅明确提出“社会基本矛盾”的概念范畴，还初步论述了社会主义基本矛盾的性质、特点和运动规律。

邓小平继承和发展毛泽东关于社会主义社会基本矛盾理论探索中的积极成果，推动全党对社会主义社会主要矛盾和根本任务的思想认识回归正确轨道。邓小平认为：“关于基本矛盾，我想现在还是按照毛泽东同志在《关于正确处理人民内部矛盾的问题》一文中的提法比较好。毛泽东同志说：‘在社会主义社会中，基本的矛盾仍然是生产关系和生产力之间的矛盾，上层建筑和经济基础之间的矛盾。’”[①]

邓小平从社会主义社会基本矛盾运动规律出发阐明，阶级矛盾在社会主义社会诸种矛盾中居于从属地位，从而确立了社会主义社会主要矛盾的范畴。邓小平特别强调，由于阶段斗争是社会经济利益根本对立的表现，因此，阶级斗争是阶级社会的主要矛盾，但却不是社会主义社会的主要矛盾。首先，社会主义三大改造完成后，生产资料公有制和社会主义制度基本确立，剥削阶级赖以存在的经济基础消失了。由此，邓小平明白指出，“我们这里没有剥削阶级，没有剥削制度”[②]，我们“不认为在社会主义制度下，在确已消灭了剥削阶级和剥削条件之后还会产生一个资产阶级或其他剥削阶级”[③]。其次，生产资料公有

① 《邓小平文选》第二卷，北京：人民出版社，1994年版，第181—182页。

② 《邓小平文选》第二卷，北京：人民出版社，1994年版，第259页。

③ 《邓小平文选》第二卷，北京：人民出版社，1994年版，第168页。

制内部不可能会产生一个新的资产阶级。生产资料公有制使生产资料不再成为少数人独占的财产，社会中的少部分人由此失去借以剥削他人的物质手段，失去了成为资本家的物质条件。同时，生产资料公有制下，劳动者共同占有生产资料，成为生产资料的主人，不会再成为少数人的剥削对象。最后，在社会主义初级阶段，党和政府虽然允许甚至鼓励非公有制的存在和发展，但却不会形成一个新的可以与无产阶级对抗的资产阶级。邓小平认为，非公有制的存在和发展，“受到我国整个政治、经济条件的制约，是社会主义经济的有益补充”[①]，一旦超出“有益补充”的界限，社会主义的“国家机器就会出面干预，把它纠正过来”，因此，“个别资产阶级分子可能会出现，但不会形成一个资产阶级”[②]。

（2）正确把握社会主义基本矛盾的具体表现形式

在论述社会主义基本矛盾时，毛泽东指出，生产力同生产关系和上层建筑之间存在相矛盾的方面，同时也曾论及管理体制问题，讲过即便到了共产主义社会，“那个时候还有生产关系同生产力的矛盾，上层建筑同经济基础的矛盾。生产关系搞得不对头，就要把它推翻。上层建筑（其中包括思想、舆论）要是保护人民不喜欢的那种生产关系，人民就要改革它。”[③]

邓小平从生产力标准出发，明确区分社会主义基本制度和具体体制。邓小平指出，我国的社会主义制度“是个好制度”，与生产力发展的性质和水平，以及社会经济基础相适应，然而，“社会主义制度并不等于建设社会主义的具体做法”[④]，这些做法是贯彻、落实社会主

① 《邓小平文选》第三卷，北京：人民出版社，1993年版，第373页。

② 《邓小平文选》第三卷，北京：人民出版社，1993年版，第139页。

③ 《毛泽东年谱（一九四九——一九七六）》第三卷，北京：中央文献出版社，2013年版，第33页。

④ 《邓小平文选》第二卷，北京：人民出版社，1994年版，第250页。

义基本制度而建立的具体制度、体制和政策。基本制度决定和制约具体做法，后者的落实效能又反过来影响前者优越性发挥的程度，甚至严重影响前者优越性的发挥。

换句话说，与生产力发展相矛盾的，不是社会主义的基本制度，而是这些具体做法，即社会主义基本制度的具体表现形式，因此，对具体做法进行改革，其目的自然不是抛弃社会主义基本制度，而是发展和完善社会主义基本制度。从深层次讲，在社会主义初级阶段，中国的问题不在于生产资料公有化程度不够高，而在于能否依据社会生产力发展水平找到相适应的生产关系的具体形式。邓小平强调，“党和国家现行的一些具体制度中，还存在不少的弊端，妨碍甚至严重妨碍社会主义优越性的发挥”[①]，如不对其进行改革，就难以适应现代化建设的需求，“不只是四个现代化没有希望，甚至于要涉及到亡党亡国的问题，可能要亡党亡国”[②]。

从理论层面将社会主义基本制度和具体做法区分开来，邓小平由此找到了社会主义基本矛盾的现实体现，这也为推动社会主义改革奠定了坚实的理论基础。邓小平认为，阻碍生产力发展的具体做法，即具体体制，不是单方面的因素和个别现象，相反却是多方面的因素和普遍的社会现象，不但包括经济体制，还包括政治体制、教育体制和科技体制，等等。他指出：“要大幅度地改变目前落后的生产力，就必然要多方面地改变生产关系，改变上层建筑，改变工农业企业的管理方式和国家对工农业企业的管理方式，使之适应于现代化大经济的需要。”[③]由此可见，我国的改革是“全面的体制改革”。同时，由于

① 《邓小平文选》第二卷，北京：人民出版社，1994年版，第327页。
② 《邓小平文选》第二卷，北京：人民出版社，1994年版，第397页。
③ 《邓小平文选》第二卷，北京：人民出版社，1994年版，第135—136页。

僵化的体制严重阻碍和束缚生产力的发展，邓小平还特别关注改革的迫切性，要求对各种具体体制进行根本上的变革。他说："如果现在再不实行改革，我们的现代化事业和社会主义事业就会被葬送。"①

基于对我国社会基本矛盾及其具体表现形式的透彻理解，在毛泽东提出"革命是解放生产力"的判断基础之上，邓小平进一步提出了"改革也是解放生产力"的新判断。对此，邓小平解释说："革命是解放生产力，改革也是解放生产力。推翻帝国主义、封建主义、官僚资本主义的反动统治，使中国人民的生产力获得解放，这是革命，所以革命是解放生产力。社会主义基本制度确立以后，还要从根本上改变束缚生产力发展的经济体制，促进生产力的发展，这是改革，所以改革也是解放生产力。过去，只讲在社会主义条件下发展生产力，没有讲还要通过改革解放生产力，不完全。"②"应该把解放生产力和发展生产力两个讲全了。"③

正是在这个意义上，邓小平明确指出："改革是中国的第二次革命。"④中国共产党领导的第一次革命，变一个半殖民地半封建的旧中国为一个社会主义新中国，中国共产党领导的第二次革命，即社会主义改革，已把一个经济文化比较落后的社会主义中国变为一个现代化水平日益提升的社会主义强国。作为一次新的革命，社会主义改革不以否认和摒弃社会主义基本制度为目标，而是致力于实现社会主义制度的自我完善和发展。作为对具体体制的根本性变革，社会主义改革是要从根本上变革束缚我国生产力发展的经济体制，建立生机勃勃的

① 《邓小平文选》第二卷，北京：人民出版社，1994年版，第150页。
② 《邓小平文选》第三卷，北京：人民出版社，1993年版，第370页。
③ 《邓小平文选》第三卷，北京：人民出版社，1993年版，第370页。
④ 《邓小平文选》第三卷，北京：人民出版社，1993年版，第113页。

社会主义新经济体制，同时相应地改革政治体制及其他方面的体制，以推进国家治理体系和治理能力现代化。

(3) 坚持生产力在社会基本矛盾中的核心地位

早在新中国成立初期，邓小平就特别强调，共产党就是要发展生产力。1950 年，邓小平指出："西南区今天的中心任务是什么？从全区说，一是剿匪，二是完成征粮、税收、公债任务，三是领导生产（主要是农业生产），四是调整工商业、救济失业人员。"[①]在谈到调整工商业时，邓小平认为其"涉及三个方面的问题，一资、二劳、三公，一切都要引导到发展生产力上。共产党就是为发展社会生产力的，否则就违背了马克思主义理论"[②]。1957 年后，邓小平仍主张今后的主要任务是发展生产力："今后的主要任务是搞建设。我们党的第八次全国代表大会提出的任务，就是要调动一切积极因素，调动一切力量，为把我国建设成为一个伟大的社会主义工业国而奋斗。"[③]及至 1960 年代，邓小平坚持认为"阶级斗争不是纲"。邓小平强调，要避免资本主义，就必须首先发展生产力，在此基础之上提高人民生活水平。从此种认识出发，邓小平支持推行包产到户的生产经营责任制，倡导不管白猫、黑猫，抓住老鼠就是好猫。1964 年 4 月，邓小平在接见外国工会代表团时说，为巩固社会主义和避免资本主义，就要先发展生产力，再进一步改善人民生活。1965 年 5 月，邓小平又强调，政治挂帅最终要落实到生产建设上，农村要落实到农业生产上，城市要落实到生产建设和企业革命上，学校则要落实到教学上，总而言之就是落实到发展生产力上。

① 《邓小平文选》第一卷，北京：人民出版社，1994年版，第147页。
② 《邓小平文选》第一卷，北京：人民出版社，1994年版，第148页。
③ 《邓小平文选》第一卷，北京：人民出版社，1994年版，第261页。

改革开放后，邓小平继续坚持生产力在社会基本矛盾中的核心地位，将之作为衡量一切工作的最根本的是非标准，将发展生产力作为社会主义的根本任务。在邓小平的视野中，生产力标准乃是对社会主义进行再认识的金钥匙。它用“三个有利于”标准来评判改革开放的是非得失，用“归根到底要看生产力是否发展，人民收入是否增加”，“作为社会主义经济对不对”的“压倒一切的标准”。同时，邓小平还把生产力发展水平作为社会主义是否够格、是否具有优越性的标准。他说：“社会主义的任务很多，但根本一条就是发展生产力，在发展生产力的基础上体现出优于资本主义，为实现共产主义创造物质基础。”[①] 1984年，邓小平还指出：“马克思主义最注重发展生产力。……社会主义阶段的最根本任务就是发展生产力，社会主义的优越性归根到底要体现在它的生产力比资本主义发展得更快一些、更高一些，并且在发展生产力的基础上不断改善人民的物质文化生活。”[②]

生产力在社会基本矛盾中的核心地位一旦确立，就破除了禁锢人们思想的障碍。我们党对社会主义的认识开始转向求真务实，并据此提出了大力发展生产力的一系列重大方针、政策，如推进国内改革、实行对外开放、实施科教兴国战略，等等。针对一段时期内扩大阶级斗争对于社会发展推动作用的历史唯心主义观点，邓小平指出，“革命是要搞阶级斗争，但革命不只是搞阶级斗争。生产力方面的革命也是革命，而且是很重要的革命，从历史的发展来讲是最根本的革命”[③]。

(4) 坚持社会主要矛盾对其他矛盾的统领地位

邓小平认为，社会主义社会的主要矛盾对其他矛盾起领导和决定

① 《邓小平文选》第三卷，北京：人民出版社，1993年版，第137页。

② 《邓小平文选》第三卷，北京：人民出版社，1993年版，第63页。

③ 《邓小平文选》第二卷，北京：人民出版社，1994年版，第311页。

作用，它规定并影响着其他矛盾的存在、发展和解决。邓小平强调，我国“现代化建设的任务是多方面的”，中心任务只有一个，就是经济建设，“其他一切任务都要服从用这个中心，围绕这个中心，决不能干扰它，冲击它。”[①]邓小平对中心任务和其他任务之间关系的解析是对以上认识的最鲜明体现。在邓小平看来，此种领导和决定作用有两种情形，一是规定和影响占非统治地位的生产关系的存续和发展，二是规定和影响上层建筑中占非统治地位的各种矛盾的存续和发展。就第一种情形来看，邓小平曾特别强调，我们对个体经济、中外合资经营和外资独营企业的发展是“允许”。这表明，非公有制的存续和发展是有条件的，一旦其发展超出其“有益补充”的界限，国家权力机关就会运用政策和法律对其施加限制。就第二种情形来看，邓小平又指出：“物质是基础，人民的物质生活好起来，文化水平提高了，精神面貌会有大变化。我们对刑事犯罪的打击是必要的。今后还要继续打击下去，但是只靠打击并不能解决根本的问题，翻两番、把经济搞上去才是真正治本的途径。”[②]这表明，作为上层建筑的政治法律思想，是经济基础的直接反映，它会随着经济基础的变迁而出现变化。

邓小平还认为，一切次要矛盾的解决都必须服从于主要矛盾的解决。首先，解决次要矛盾的方针必须服从于主要矛盾的解决。社会主义社会的阶级斗争只是次要矛盾而非主要矛盾，它的解决必须服从于经济建设。经济建设亟须安定团结的政治局面和社会秩序，而各种犯罪分子会损害这种局面和秩序，因此必须坚决给以打击和严惩。邓小平指出：“一切反对、妨碍我们走社会主义道路的东西都要排除，一

① 《邓小平文选》第二卷，北京：人民出版社，1994年版，第250页。
② 《邓小平文选》第三卷，北京：人民出版社，1993年版，第89页。

切导致中国混乱甚至动乱的因素都要排除。”[①]“科技界面向经济建设”“教育要面向现代化”“军队要服从整个国家建设大局”等等，都是此种逻辑的体现。其次，解决次要矛盾的方法和政策也必须服从于主要矛盾的解决。邓小平指出，打击经济犯罪活动、反对资产阶级自由化、解决社会主义社会的阶级斗争问题都不能搞群众性的政治运动，因为这不但耽误经济建设的时间，而且还会搞乱经济建设的正常秩序，导致经济建设无法进行，甚至遭到破坏。要“遵循社会主义法制的原则”[②]，用法律的方法，用说服教育的方法才能收到效果。

与此同时，邓小平又告诫说，必须重视次要矛盾的解决，只有解决了次要矛盾，才能保证并促进主要矛盾的解决。邓小平指出，贪污、盗窃、贿赂等各种犯罪活动一旦肆意横行，就会导致社会风气发生质变，并进而“反过来影响整个经济变质”，这样“经济搞成功又有什么意义？”[③]因此，必须严厉打击各种犯罪活动，切实抓好反腐廉政建设，积极整饬社会风气，坚决抵制资产阶级自由化，唯有如此，才能确保经济建设的社会主义方向，才能确保经济建设所必须的安定团结的政治局面和稳定的社会秩序，否则“就会走到邪路上去”[④]。

---

① 《邓小平文选》第三卷，北京：人民出版社，1993年版，第212页。
② 《邓小平文选》第二卷，北京：人民出版社，1994年版，第371页。
③ 《邓小平文选》第三卷，北京：人民出版社，1993年版，第154页。
④ 《邓小平文选》第三卷，北京：人民出版社，1993年版，第164页。

第四节　中国特色社会主义进入新时代

十八大以来，党和国家取得了改革开放和社会主义现代化建设的历史性成就，中国特色社会主义迈入新时代。站在新时代的历史方位上，2017 年 10 月，党的十九大提出了社会主要矛盾的最新论断，即："人民日益增长的美好生活需要和不平衡不充分的发展之间的矛盾"[①]。十九大报告关于新时代社会主要矛盾的新论断，奠基于党和理论界对基本国情不断变化的持续观察和深刻认识，是一个水到渠成的过程。

一、中国特色社会主义进入新时代

党的十八大以来，以习近平同志为核心的党中央，提出并践行一系列新理念新思想新战略，"解决了许多长期想解决而没有解决的难题，办成了许多过去想办而没有办成的大事，推动党和国家事业发生历史性变革。这些历史性变革，对党和国家事业发展具有重大而深远的影响"[②]，预示着中国特色社会主义进入了一个新的历史方位，即新时代。新时代是中国特色社会主义新时代，而非别的什么新时代，其内涵主要有五个方面。

其一，是承前启后、继往开来，继续夺取中国特色社会主义建设伟大胜利的时代。从历史纵线看，中国特色社会主义奠基于中国革命的胜利和新中国的建立，以及社会主义全面建设时期的艰辛探索，特

① 习近平：《决胜全面建成小康社会 夺取新时代中国特色社会主义伟大胜利——在中国共产党第十九次全国代表大会上的报告》，《人民日报》2017年10月28日。

② 习近平：《决胜全面建成小康社会 夺取新时代中国特色社会主义伟大胜利——在中国共产党第十九次全国代表大会上的报告》，《人民日报》2017年10月28日。

别是改革开放以来，走中国特色社会主义道路所激发的中国人民的创造力和生命力。

其二，是决胜全面建成小康社会，进入开启全面建设社会主义现代化国家的时代。从实践主题来看，到 2020 年全面建成小康社会，是我们党向人民和历史作出的庄严承诺。从 1949 年建立新中国，到新中国成立 100 周年全面建成社会主义现代化强国，用 100 年时间走完发达国家几百年走过的路，这是新时代中国特色社会主义必然要完成的历史任务。

其三，是各族人民团结奋斗创造美好生活、实现共同富裕的时代。就人民主体性而言，以人民为中心的发展思想，是我们党全心全意为人民服务的根本宗旨在新时代的具体表现。新时代的中国特色社会主义既要实现国家富强，还要兑现对人民幸福的诺言，在解决人民“从无到有”的需要以后，要着力满足人民“从有到优”的需要，向着创造美好生活、共同富裕的目标迈进。

其四，是全体人民齐心合力实现中华民族伟大复兴中国梦的时代。经过改革开放特别是十八大以来所取得的历史性成就、所实现的历史性变革，我们正日益趋近实现中华民族伟大复兴的目标。新时代的中国特色社会主义，必须更加凝聚全体人民共筑中国梦的力量，以更加昂扬的姿态屹立于世界民族之林。

其五，是中国日益走近世界舞台中央、为世界和平与发展作出更大贡献的时代。作为联合国常任理事国、世界上最大的发展中国家、全球第二大经济体，新时代的中国有能力也有责任为人类的繁荣和进步作出新的更大贡献。

中国特色社会主义进入新时代意义重大。其一，就中华民族复兴的历史进程而言，中国特色社会主义进入新时代，是中华民族自近代以来实现从新中国成立使中国人民站起来、改革开放使人民富起来到中华民族实现强起来目标的伟大飞跃的时空方位，中华民族由此迎来了伟大复兴的光明前景。其二，就科学社会主义发展历程而言，中国特色社会主义进入新时代，意味着科学社会主义在21世纪的中国焕发出勃勃生机，在全球范围内高举了中国特色社会主义的鲜亮旗帜。其三，就人类文明样式和形态而言，中国特色社会主义进入新时代，彰显了中国特色社会主义道路、理论、制度和文化的优越性，丰富了发展中国家走向现代化的路径，中国发展所显现出的影响力和示范力，引起了很多国家特别是发展中国家的注意和借鉴。

二、新时代我国社会主要矛盾的转化

1981年十一届六中全会通过的《关于建国以来党的若干历史问题的决议》，立足于正本清源、拨乱反正，提出我国现阶段的社会主要矛盾是人民日益增长的物质文化需要同落后的社会生产之间的矛盾，为中国开启改革开放提供了巨大的理论支撑。时隔36年，在全面建成小康社会进入决胜阶段的历史关头，习近平总书记在十九大报告中提出新时代我国社会的主要矛盾。两次重大论断都旨在进一步推动中国的改革开放进程，推动中国特色社会主义不断前行。所不同者在于，前一论断的提出是在改革开放初期，起到的是理论奠基的作用，后一论断的提出是在我国改革开放进入新时代，基本国情发生深刻的历史性变化，对党和国家工作提出新要求之际，起到的是理论深化的作用。从历史的角度看，新论断的提出并非一蹴而就，其中既有党对社会主要矛盾的不断探索，亦有理论界持续不断的探讨，二者呈现出鲜明的政学互动特点。

1. 党的探索

从党的探索来看，十一届六中全会通过的《关于建国以来党的若干历史问题的决议》、十七大报告、十九大报告是三个重要的分析文献，也代表着三个重要的历史节点。

（1）《关于建国以来党的若干历史问题的决议》

《关于建国以来党的若干历史问题的决议》在对新中国成立 32 年来党的重大历史事件，特别是“文化大革命”作出正确总结，并科学分析这一时期党的指导思想的正确与错误，以及产生错误的主观因素和社会原因的基础上，提出了关于社会主要矛盾的论断。提出这一论断的依据非常充分：1956 年基本完成社会主义改造后，剥削阶级作为阶级被消灭，我国开始转入全面建设社会主义时期，这一时期全国人民的主要任务只能是“集中力量发展社会生产力，实现国家工业化，逐步满足人民日益增长的物质和文化需要”；阶级斗争虽在一定范围内存在，但已不再是主要矛盾，人民民主专政的根本任务也已转变为“在新的生产关系下面保护和发展生产力”①。《关于建国以来党的若干历史问题的决议》将这一论断的开始时间设定为“社会主义改造基本完成以后”，并肯定了八大的正确路线，指明今后“党的各项工作都必须服从和服务于经济建设这个中心”②。

（2）十七大报告

《关于建国以来党的若干历史问题的决议》对社会主要矛盾作出判断后，得到之后历次党全国代表大会的确认：十二大报告肯定了十一

---

① 《关于建国以来党的若干历史问题的决议（注释本）》，北京：人民出版社，1983年版，第19—20页。

② 《关于建国以来党的若干历史问题的决议（注释本）》，北京：人民出版社，1983年版，第63页。

届三中全会以来的路线、方针和政策，提出不断满足人民日益增长的物质文化需要是社会主义生产和建设的根本目的；十三大报告首次系统阐明了社会主义初级阶段理论，从社会发展阶段层面正确概括了我国的基本国情，即："我国社会已经是社会主义社会"，但"还处在初级阶段"，指出了"社会主义社会的根本任务是发展生产力"[①]，并提出了党在此阶段的基本路线，以及全面改革的基本方针和行动纲领。十二大报告对社会主义初级阶段的总依据、社会主要矛盾和根本任务作出系统阐述后，我国改革开放的理论依据得到全面明晰。与十二大报告不同，十三大报告首次明确采用了《关于建国以来党的若干历史问题的决议》对社会主要矛盾的表述，此后该表述一直沿用至十八大报告。需要注意的是，十五大报告不再提"阶级斗争"，而代之以"阶级矛盾"取代之，从十六大报告开始，亦不再提"阶级矛盾"。[②]

虽然《关于建国以来党的若干历史问题的决议》关于社会主要矛盾的表述一直沿用至十八大报告，但十七大报告关于社会主义初级阶段基本国情的判断发生了微妙的变化。一方面，报告指出，进入新世纪新阶段，我国发展在经济、政治、文化诸方面的成绩和问题上"呈现一系列新的阶段性特征"。另一方面，报告又强调，改革开放以来，我国发展"从生产力到生产关系、从经济基础到上层建筑都发生了意义深远的重大变化，但我国仍处于并将长期处于社会主义初级阶段的基本国情没有变，人民日益增长的物质文化需要同落后的社会生产之间的矛盾这一社会主要矛盾没有变"。对于我国发展的阶段性特征的属性，报告认为，它们"是社会主义初级阶段基本国情在新世纪新阶

① 《十三大以来重要文献选编》(上)，北京：人民出版社，2011年版，第9、12页。

② 虽然如此，但十五大以来的历次党章修改仍保留了阶级斗争在一定范围内存在的表述。

段的具体表现”[①]。十七大报告对基本国情的判断被学界概括为“两个没有变”。

报告之所以出现微妙变化，原因有两个。其一，经过近30年的改革开放，中国经济已经发展到2007年时经济总量跃升至世界第四，人民群众的生活水平从最初的“温饱不足”，经由“基本解决了人民的温饱问题”（十三大报告）发展到“总体小康”，社会生产力也由“相当落后”（十三大报告）发展到“经济实力显著增强”。其二，我国经济发展在取得巨大成就的同时，发展面临的“新课题新矛盾”不断涌现，如粗放式增长方式未得到根本改变，影响发展的机制体制障碍依然存在，收入分配差距拉大未得到根本扭转，城乡、区域发展差距依然很大，民主法治建设同经济社会发展的要求还不完全适应，等等。面临新课题新矛盾，十七大报告提出了“深入贯彻科学发展观”的要求。十七大报告最为显著的一个特点是，它将对基本国情和社会主要矛盾的论述置于“科学发展观”的视域，指出要“更加自觉地走科学发展道路”[②]。

（3）十九大报告

十八大报告在论述社会主要矛盾时，沿用了十七大报告的“两个没有变”，同时增加了“我国是世界上最大发展中国家的国际地位没有变”的表述，从而成为“三个没有变”。十八大以来，我们党和国家事业全面开创新局面，取得了改革开放和社会主义现代化建设的历史性成就，中国特色社会主义进入了新时代。正是基于我国发展新的历史定位，十九大报告针对社会主要矛盾提出了新论断。新论断的提出有两大背景。其一，中国的经济发展从十七大时的世界第四成长到

① 《十七大以来重要文献选编》（上），北京：中央文献出版社，2009年版，第11页。
② 《十七大以来重要文献选编》（上），北京：中央文献出版社，2009年版，第11页。

稳居世界第二，社会生产力水平由十七大时的“总体上还不高”，发展到“总体上显著提高，社会生产能力在很多方面进入世界前列”，总体上达到小康生活水平的人民群众的“美好生活需要日益广泛，不仅对物质文化生活提出了更高要求，而且在民主、法治、公平、正义、安全、环境等方面的要求日益增长”。其二，党和国家目前的工作还存在许多不足，这表现为，发展的质量和效益不高、民生领域存在不少短板、社会文明水平尚须提高、国家治理体系和治理能力亟待加强等问题，等等。归根结底，“发展不平衡不充分的一些突出问题尚未解决”，“已经成为满足人民日益增长的美好生活需要的主要制约因素”[①]。

对照十七大报告和十九大报告，可以发现，在社会主要矛盾新旧论断的转化问题上，前者已经为后者作了理论铺垫，这表现在两个方面。其一，十七大报告在总结发展中的成绩时，首次提到了“我们的工作与人民的期待还有不小差距，前进中还面临不少困难和问题”[②]，而“人民的期待”在十九大报告中被具化为“人民日益增长的美好生活需要”，“困难和问题”则被准确、简练概括为“不平衡不充分的发展”。其二，十七大报告采用列举的方式，指明21世纪以来我国发展所呈现的一系列阶段性特征，经过10年的发展，这些阶段性特征趋于加强，直接促使十九大报告宣布中国特色社会主义进入一个新的发展阶段，即：新时代。换句话说，十九大报告对社会主要矛盾的表述，“科学把握了我国已经进入中国特色社会主义新时代的发展阶段性特征”[③]。这意味

① 习近平：《决胜全面建成小康社会 夺取新时代中国特色社会主义伟大胜利——在中国共产党第十九次全国代表大会上的报告》，《人民日报》2017年10月28日。

② 《十七大以来重要文献选编》（上），北京：中央文献出版社，2009年版，第4页。

③ 孙国民：《科学认识新时代中国社会主要矛盾及其新要求》，http://jspopss.jschina.com.cn/shekedongtai/xueshudongtai/201710/t20171023_4765464.shtml。

着，我国的社会主义初级阶段“出现了新的阶段性特征”①。尽管如此，十九大报告对社会主要矛盾仍采取了“三个没有变”的论述，增加了“没有改变我们对我国社会主义所处历史阶段的判断”的表述。

2. 理论界的探讨

从理论界的探讨来看，依据变化的基本国情，围绕《关于建国以来党的若干历史问题的决议》中社会主要矛盾论断的表述应当转化的理由，以及如何转化的探讨一直持续到十九大召开之前，产生了以下四种颇具代表性和影响力的观点。

（1）转化为“人民有支付能力的需求相对不足与生产快速发展之间的矛盾”

该种观点的提出背景是1997年中国形成了买方市场，理论界围绕买方市场形成对于社会主要矛盾的影响展开了讨论，相关学术文章集中出现在1999—2000年间，其中以时为青岛大学马列部副教授丛松日的观点最具代表性。1999年，他撰文分析了1956年后中国由卖方市场转向买方市场的过程：1956年到改革开放以前，日用消费品和耐用消费品皆严重匮乏；1979年至1985年“六五”计划结束，消费品匮乏状况发生很大改变，但供应不足局面尚未根本改变；1986年至1990年“七五”计划结束，国家经济实力大大增强，但总体上社会生产依然比较落后；1991年至1995年“八五”计划结束，原定2000年国民生产总值比1980年翻两番的目标提前完成，市场供求矛盾明显缓解，部分商品出现有限的买方市场，但总需求大于总供给的状况仍未彻底改观；1996年“九五”计划开始到1997年，主要生产资料与消费品出现

① 张宏志：《深刻领会我国社会主义矛盾转化的重要意义》，《党的文献》2017年第6期。

供求基本平衡或供大于求状况，从而形成了在价格与其他交易条件主要取决于买方的市场，即买方市场。

总而言之，从1956年社会主义改造完成到1996年“九五”计划开始，是生产力不断发展和落后的社会生产发生质变的过程，“是卖方市场转变为买方市场的过程，是经济发展从供给的约束转变为需求约束的过程，也是主要矛盾的主要方面发生变化引起主要矛盾发生变化的过程”。有鉴于此，丛松日认为，买方市场的形成导致《关于建国以来党的若干历史问题的决议》所表述的社会主要矛盾赖以存在的条件消失了，而居民收入增速降低既是消费需求不旺、买方市场形成的原因，又限制了消费的增加，因此，“主要矛盾已转变为人民有支付能力的需求相对不足与生产快速发展之间的矛盾”。[①]

(2) 转化为“人民日益增长的物质、文化、政治生活需要同落后的社会生产之间的矛盾”

该种观点出现在2004—2005年间，以王勇的一篇文章最具代表性，其社会背景有以下两点。第一，经历20余年的改革开放，人民的经济需要和文化需要已得到一定程度满足，他们渴望参与政治以公平配置政治资源的政治需要凸显。第二，2001年中国加入WTO预示着，经济体制改革的目标已得到初步实现，政企不分、政事不分、政社不分等现象存在，要求党和政府需要将政治改革的任务提上日程，实现经济改革和政治改革齐头并进。

基于以上考量，王勇认为，《关于建国以来党的若干历史问题的决议》对社会主要矛盾的界定，应转化为“人民日益增长的物质、文

① 丛松日：《试析买方市场条件下我国社会的主要矛盾》，《宁夏党校学报》1999年第5期。

化、政治生活需要同落后的社会生产之间的矛盾"[①]。这一表述既肯定了人民在市场化进程中愈发清晰且强烈的政治需要，亦不会冲淡更不会取消"解放和发展生产力的根本任务"，以及"以经济建设为中心"的既定方针。

(3) 转化为"公众日益增长的公共品需求同公共品供给短缺低效之间的矛盾"

该种观点出现在2005—2006年间，以杨鹏、高尚全、迟福林和皇甫平的观点最具代表性，其社会背景是：在经济高速发展的同时，与人民日常生活息息相关的劳动就业、社会保障、义务教育、公共医疗等方面的问题显现，人民的基本公共需求呈现全面快速增长态势，很多人产生了持续高速的经济增长似乎使社会矛盾和冲突变化的困惑。

面对此种困惑，杨鹏指出，我们需要反思固有的判断，认为"中国社会的主要矛盾正在悄然发生根本性的转变"，已变为"公众日益增长的公共品需求同公共品供给短缺低效之间的矛盾"。"今天的主要矛盾不再是私人物品的普遍短缺，而是公共品的普遍短缺""公众需要一个高效廉洁、平等参与、公平透明的公共领域"[②]。与此同时，高尚全、迟福林、皇甫平等人纷纷在《人民日报》《经济参考报》《新京报》等重要报刊发文呼应，提出了"我国社会开始由生存型向发展型的转变"，"公共需求的全面快速增长反映了我国从初步小康向全面小康过渡的客观趋势"[③]，市场化改革引发的新矛盾、新问题的焦点在于"政府行政管理体制改革不到位"，政府应当从经济建设型转向

---

① 王勇：《社会主要矛盾的再认识——政治文明语境的解读》，《甘肃社会科学》2004年第6期。

② 杨鹏：《中国社会当前的主要矛盾是什么》，《中国青年报》2005年11月16日。

③ 迟福林：《我国社会矛盾的变化与再分配》，《经济参考报》2005年12月17日。

公共服务型，以“公平公正地向民众提供社会公共品”[①]，“政府职能要转到为市场主体创造平等竞争环境和提供服务上来”，以解决“行政性资源配置中的权力市场化问题”[②]等重要补充性判断。

(4) 增加“日益增加的经济发展对资源环境的压力与我国有限和脆弱的生态环境承载力之间的矛盾”的表述

该种观点出现在2014—2015年间，以夏光和邱耕田的观点最具代表性，其社会背景有以下两点。第一，随着工业化和城市化进程的迅猛推进，来自人口多、资源缺、环境承载力有限等基本国情方面的约束性趋于增强。第二，如果说环境问题的重要性早先只是出现在少数科学家和管理者的视野之中，那么，最近几年一般公众开始强烈关注则已是不争的事实。特别是自2013年“雾霾”成为年度关键词后，人民群众对党和政府强化环保工作的呼声日趋高涨。

因此，夏光提出“人民群众日益增长的物质文化环境需求同落后的社会生产之间的矛盾”是因为，它只反映了人民需要与供给不足的矛盾，未能反映出“我国未来发展的真正挑战是经济发展受到资源环境约束这重含义”的表述[③]。与夏光明确提出新论述不同，邱耕田则从理论层面上论证了生态生产的重要性：社会生产具有广义性，包含生态生产；社会生产的落后，也包括生态生产的落后；生态生产方面的问题，“正在成为影响我国人民物质文化需求得到良好满足的主要问题，或成为了主要矛盾的主要方面”[④]。

---

① 皇甫平：《警惕以反思之名否定改革》，《新京报》2006年3月15日。

② 高尚全：《关于建设公共服务型政府的思考》，《人民日报》2005年10月7日。

③ 夏光：《社会主要矛盾的判断应该拓展》，《环境经济》2015年第10期。

④ 邱耕田：《社会主要矛盾与生态文明建设》，《理论视野》2014年第5期。

3. 理论界针对新论断进行学理阐释

十九大召开后，理论界从多个视角对新论断进行积极解读，正确阐明了以下观点。第一，新时代社会主要矛盾的转化符合矛盾运动的规律，是矛盾双方内在演化的产物，从“物质文化需要”到“美好生活需要”，从“落后的社会生产”到“不平衡不充分的发展”，皆是一种“内在的提升”。[①]第二，“美好生活需要”不仅表现为物质和文化层面的“硬性需要”，还表现为在民主、法治、公平、正义、安全、环境诸方面人民的参与感、公平感、安全感、幸福感、获得感等“软性需要”。[②]

理论界的阐释和论证无疑相当及时、有力，但还需厘清十九大召开前理论界关于社会主要矛盾转化的认知缺陷，以明晰新论断的表述科学性问题。理论界认知的局限性在于忽视了我国基本国情“社会生产”和“社会需要”两方面所发生的深刻变化，忽视了十七大报告中关于我国发展“两个没有变”“呈现一系列新的阶段性特征”之间的辩证统一关系。应该说，新论断很好克服了学界以上观点的缺陷，既从“社会生产”和“社会需要”两个层面对基本国情进行了准确判断，又表述凝练，指明了人民的期待和发展的不足，是党在新时代作出的科学概括。

三、以习近平同志为核心的党中央形成一系列重要论述

关于新时代我国社会主要矛盾的转化和解决，以习近平同志为核心的党中央进行了大量的理论思考，阐明了新时代社会主要矛盾转化

---

① 陶文昭：《科学把握社会主要矛盾转化》，《中国高校社会科学》2017年第6期。

② 黄宪起：《科学认识和把握我国社会主要矛盾的变化》，《学习时报》2017年11月10日。

的价值目标，阐明了解决新时代社会主要矛盾的思想牵引和战略保障问题。

1. 阐明新时代社会主要矛盾转化的价值目标

马克思恩格斯认为："代替那存在着阶级和阶级对立的资产阶级旧社会的，将是这样一个联合体，在那里，每个人的自由发展是一切人的自由发展的条件。"①同时，"个人是社会存在物。因此，他的生命表现，即使不采取共同的、同其他人一起完成的生命表现这种直接形式，也是社会生活的表现和确证。"②这表明，人的发展与社会发展具有内在统一关系，它们统一于马克思主义的价值体系。这包括三个方面的含义：一是人的发展和社会进步取决于生产方式的发展和变革；二是人的发展以社会发展为条件；三是人的发展是推动社会发展的重要力量和终极归宿。

新时代我国社会主要矛盾所关注的"美好生活需要"是人的发展和社会进步内在统一关系的联结点。从"物质文化需要"到"美好生活需要"，是人的需要内容层次的拓展和深化。从涵盖面而言，新论断实现了由单一物质文化需要到民主、法治、公平、正义、安全、环境、教育和医疗的更大范围的拓展，实现了需要的质量从基本解决温饱到总体小康再到幸福生活的跃升，社会主要矛盾的解决或缓解注定是人的发展与社会进步同时并举的过程。从历史纵向视角看，社会主义制度基本确立之后，改革开放新时期和新时代两个阶段我们党关于社会主要矛盾判断一脉相承，前者是后者的基础，后者是前者的继承和发展，是对前一阶段发展成果的累积和提升。新时代社会主要矛盾是基

---

① 《马克思恩格斯选集》第1卷，北京：人民出版社，2012年版，第422页。

② 《马克思恩格斯全集》第42卷，北京：人民出版社，1979年版，第122—123页。

于新时代、新国情、新要求和新问题做出的新判断，是对改革开放新时期社会主要矛盾表述的延续，实现了主要内容层面的创新和时代要求的更替升级。一方面，新时代社会主要矛盾的提出，是人民发展要求和社会进步要求共同推进的结果。“随着中国的发展、时代的进步，中国特色社会主义理论创新的空间在拓展、内容在时代化、方法更加务实，从为人民服务、以经济建设为中心、代表最广大人民的根本利益、以人为本，到以人民为中心、一心一意追求老百姓的幸福，理论务实化创新推动着实践具体化的发展，要求更加关注人民幸福生活、重视社会建设成果、注重制度建设保障，进而实现矛盾解决由社会共同推动。同时，美好生活主要是人民生活实践中的现实感知，是对新时代中国特色社会主义建设成就的现实期许，也是对中国共产党践行执政为民的现实判断。它们要求中国共产党对新时代主要矛盾的解决要坚持目标导向、明确具体步骤、重视协同推进、实现人民满意。”[①]

从满足人民的“美好生活需要”出发推动新时代人民发展和社会进步同频同振是解决新时代社会主要矛盾的重要着力点。十八大以来，我们党在理论创新、理念更新、制度建设和实践推进诸方面，付出不懈努力，人的发展同社会进步互促共进的良好政治导向正在形成。践行共享发展理念、全体人民共同富裕、改革成果由人民共享、社会管理向社会治理转变，等等，皆更加关注公平和正义，既体现了党的领导和执政理念的发展变化，还为新时代人的发展和社会全面进步提供了价值遵循。正如习近平所强调的：“以人民为中心的发展思想，不是一个抽象的、玄奥的概念，不能只停留在口头上、止步于思想环节，而要体现在经济社会发展各个环节。”[②]

---

① 曹洪滔：《论习近平关于新时代社会主要矛盾转化重要论述的唯物史观机理》，《理论视野》2019年第11期。

② 《习近平谈治国理政》第二卷，北京：外文出版社，2017年版，第213—214页。

2. 阐明解决新时代社会主要矛盾的思想牵引

党的十八大以来，以习近平同志为核心的党中央围绕坚持和发展中国特色社会主义的重大时代课题，在各方面各领域形成一系列重要论述，其中最为重要的是形成了习近平经济思想、生态文明思想、法治思想、强军思想、外交思想，为解决新时代我国社会主要矛盾提供了思想牵引。

习近平经济思想坚持加强党对经济工作的集中统一领导，坚持以人民为中心的发展思想，坚持适应把握引领经济发展新常态，坚持使市场在资源配置中起决定性作用，坚持适应我国经济发展主要矛盾变化完善宏观调控，坚持问题导向部署经济发展新战略，坚持稳中求进的总基调和正确的工作策略、方法，是我国经济发展实践的理论成果，为推进中国经济持续健康发展提供了科学指南。

习近平生态文明思想，坚持人与自然和谐共生，强调要像保护眼睛一样保护生态环境，像对待生命一样对待生态环境，让自然生态美景永驻人间，保持自然宁静、和谐、美丽。坚持绿水青山就是金山银山，强调保护生态环境就是保护生产力，改善生态环境就是发展生产力。坚持良好生态环境是最普惠的民生福祉，强调提供更多优质生态产品，以满足人民日益增长的优美生态环境需求，践行生态惠民、生态利民、生态为民，着力解决损害群众健康的突出环境问题。坚持统筹山水林田湖草沙系统治理，维护山水林田湖草沙生命共同体。坚持通过法治保护生态环境，强调增加制度创新和供给、运用法治思维和法治方式，确保生态环境决策部署落地生根见效。坚持共谋全球生态文明建设，成为全球生态文明建设的重要参与者、贡献者、引领者。

习近平法治思想坚持党对全面依法治国的领导，强调通过法治保障党的路线方针政策得到有效实施。坚持以人民为中心，强调要把反映人民意愿、维护人民权益落实到全面依法治国各领域全过程。坚持依宪治国、依宪执政，强调党和其他各种组织、机构、各族人民都必须以宪法为根本活动准则，维护宪法尊严，保证宪法实施。

习近平强军思想明确强国必先强军，巩固国防和强大人民军队是中国特色社会主义事业的战略支撑；明确到 21 世纪中叶全面建成世界一流军队是强军目标；明确党对军队的绝对领导是建军之本、强军之魂；明确练兵备战常态化是重点任务；明确作风优良是我军鲜明特色和政治优势；明确全面提高革命化现代化正规化为强军事业发展方向；明确改革是强军必由之路；明确创新是引领发展的第一动力，强调要坚持向科技创新要战斗力；明确必须构建中国特色军事法治体系，提高国防和军队建设法治化水平；明确军民融合发展是兴国之策、强军之策，形成全要素、多领域、高效益军民融合深度发展格局。

习近平外交思想坚持以维护党中央权威为统领，加强党对外交工作的集中统一领导，确保党中央对外方针、政策和部署落到实处；坚持推进中国特色大国外交，以中华民族伟大复兴为使命；坚持推动构建人类命运共同体，维护世界和平，促进共同发展；坚持以中国特色社会主义为根本，增强战略自信，确保对外工作有根有魂；坚持以共商共建共享为原则，推进“一带一路”建设，实现共同繁荣；坚持相互尊重、合作共赢，走和平发展道路，始终做世界和平的维护者、全球发展的贡献者、国际秩序的维护者；坚持深化外交布局，打造全球伙伴关系；坚持引领全球治理体系改革，促进全球公平正义；坚持国家核心利益，维护国家主权、安全和发展利益；坚持外交工作优良传统，讲求国际事业和国际胸怀，塑造中国外交独特风范。

3. 阐明解决新时代社会主要矛盾的战略保障

不谋全局者，不足谋一域。解决不平等不充分发展问题，需要长远、可行的战略引领和规划。党的十八大以来，以习近平同志为核心的党中央贯彻全面发展思想，以系统性和整体性思维推行中国特色社会主义建设，形成了经济建设、政治建设、文化建设、社会建设、生态文明建设“五位一体”的总体布局，形成了全面建成小康社会（全面建设社会主义现代化国家）、全面深化改革、全面依法治国、全面从严治党“四个全面”战略布局。

中国特色社会主义是社会全面发展、进步的社会主义，“五位一体”总体布局，如同纵横全国的经纬线，是一个有机整体。经济建设迈入高质量发展阶段，提高全要素生产力，推动质量变革、效率变革、动力变革，要求把推进供给侧结构性改革作为经济发展的主线，培育增长新动力、形成先发新优势、落实创新引领发展。经济建设迈入高质量发展阶段，要求把建设现代化经济体系作为我国发展的战略目标，以适应转变经济发展方式、优化经济结构、转换经济增长动力的现实迫切要求。政治建设坚持走中国特色社会主义发展道路，强调党的领导、人民当家作主和依法治国有机统一，积极稳妥推进政治体制改革；强调健全人民当家作主制度体系，完善人民代表大会制度的根本政治制度，中国共产党领导的多党合作和政治协商制度、民族区域自治制度和基层群众自治制度的基本政治制度；强调巩固和发展爱国统一战线，支持民主党派更好履行职能，深化民族团结进步教育，全面贯彻党的宗教工作基本方针，做好统战工作。建设社会主义现代化国家，要坚持马克思主义在意识形态领域指导地位的根本制度，要培育和践行社会主义核心价值观，要坚定文化自信，繁荣发展社会主义文化。社会建设更加强调在发展中保障和改善民生，加强和创新社会治理。建设美丽中国，坚持走生产发展、生活富裕、生态良好的文明发展道路，旨在推动绿色发展，实现人与自然和谐共生。

“四个全面”战略布局是我们党在新时代的治国理政新方针，是进一步推进改革开放和社会主义现代化建设、坚持和发展中国特色社会主义的战略抉择。全面建成小康社会（全面建设社会主义现代化国家）是战略目标，在“四个全面”中居于引领地位，其他三个“全面”是战略举措，是全面建成小康社会的重要保障。经过党的十八大以来八年时间的持续奋斗，到 2020 年底，区域性整体贫困和绝对贫困问题得到解决，全面建成小康社会任务如期完成，开始进入全面建设社会主义现代化国家新征程。全面深化改革，致力于破解发展中面临的难题，化解来自各方面各领域的风险和挑战，推动经济社会持续健康发展。其目标是“完善和发展中国特色社会主义制度，推进国家治理体系和治理能力现代化”，其特点是，制度建设任务更重，改革更多针对深层次体制机制问题，更加强调顶层设计，以及改革的系统性、整体性和协同性。全面依法治国是中国特色社会主义的本质要求和重要保障，总目标是建设中国特色社会主义法治体系，建设社会主义法治国家，重点任务是加快建设中国特色社会主义法治体系，坚持法治国家、法治政府、法治社会一体化建设，推进科学立法、严格执法、公正司法、全民守法。全面从严治党是我们党伟大的自我革命，是推动党和国家事业发生历史性变革的坚强政治保证。全面从严治党，坚持和加强党的全面领导是原则，坚持党要管党、全面从严治党的方针，以党的政治建设为统领，推进党的政治、思想、组织、作风和纪律建设是布局，建设始终走在时代前列、人民衷心拥护、勇于自我革命、经得起风浪考验、朝气蓬勃的马克思主义执政党是目标。

第三章
新时代社会主要矛盾的实践导向

站在新时代的历史方位，着力满足人民对美好生活日益广泛的需要，破解不平衡不充分的发展难题，必须锚定既定目标，深刻把握新发展阶段，抓住重要时间窗口期；贯彻新发展理念，明晰发展思路、发展方向和发展着力点；构建新发展格局，畅通国内大循环，实行高水平对外开放，“不断增强我们的生存力、竞争力、发展力、持续力”[①]，确保全面建设社会主义现代化国家新征程开好局、起好步。

---

① 胡敏：《深刻领悟新发展阶段、新发展理念、新发展格局》，《中国青年报》2021年1月18日。

第一节　把握新发展阶段

制定中长期规划指导经济社会发展，是我们党治国理政的重要方式。从 1953 年开始，党和政府已编制实施完成了 13 个五年规划，有力推动了经济社会发展、综合国力提高和人民生活改善。伴随“十三五”规划圆满收官、全面建成小康社会目标如期达成，如何站在新历史起点上，谋划“十四五”发展甚至更长时期发展成为一个需要回答的重大理论与实践问题。2021 年 8 月，在主持召开经济社会领域专家座谈会时，习近平提出：“‘十四五’时期是我国全面建成小康社会、实现第一个百年奋斗目标之后，乘势而上开启全面建设社会主义现代化国家新征程、向第二个百年奋斗目标进军的第一个五年，我国将进入新发展阶段。”①座谈会上，习近平首次提出“新发展阶段”的重大论断。2020 年 10 月，党的十九届五中全会进一步明确，“十四五”时期，我国将进入新发展阶段。新时代社会主要矛盾转变既是新发展阶级形成的重要依据，又是新发展阶段需要着力解决的问题的实践方向。新发展阶段是着力于满足人民对美好生活需要的新阶段，其目标意蕴和实践路径规定了新时代我国社会主要矛盾得以解决的方向和思路。

一、理论依据

我国进入新发展阶段，具有充分而深厚的理论依据。马克思社会发展阶段理论是新发展阶段形成的理论根源；中国共产党社会主义发展阶段思想是新发展阶段形成的理论基础；习近平对中国特色社会主义发展阶段的认识是新发展阶段形成的理论前提。

① 习近平：《在经济社会领域专家座谈会上的讲话》，《人民日报》2020年8月25日。

1. 马克思主义社会发展阶段理论

马克思主义认为，社会基本矛盾的运动，是人类社会演进的根本动力；人类社会由低级向高级演进，是人类社会演进的一般规律。与此同时，马克思主义还指出，同一社会形态也存在不同的发展阶段。遵循阶段性原则，马克思将未来的共产主义理想社会划分为两个阶段。其一，共产主义第一阶段，即“刚刚从资本主义社会中产生出来”，“在各方面，在经济、道德和精神方面都还带着它脱胎出来的那个旧社会的痕迹”[①]的社会发展阶段。这一发展阶段，生产力水平不发达，“按劳分配”是主要的分配方式。其二，共产主义高级阶段，即消除了脑力劳动和体力劳动的对立、劳动不再仅仅是谋生手段而成了生活的第一需要和社会财富极大丰富的社会发展阶段。与之相适应，这一发展阶段施行“按需分配”。

列宁继承了马克思恩格斯有关同一社会形态存在不同发展阶段的理论认知，进一步发展了共产主义社会的阶段性思想。列宁明确指出，马克思所谓的“共产主义第一阶段”就是“社会主义”，“共产主义”就是社会主义的高级阶段。具体到俄国社会主义的发展阶段，列宁指出，十月革命胜利后的俄国“还只是处在由资本主义向社会主义过渡的第一阶段”，“我们不知道，而且也不可能知道，过渡到社会主义还要经过多少阶段”[②]。及至 1920 年，列宁又认为：“俄国（推翻资产阶级后的第三年）还刚处在从资本主义向社会主义即向共产主义低级阶段过渡的最初阶段。”[③]列宁特别强调，必须“严格地区别本质不同的各个阶段，冷静地探讨这些阶段到来的条件”[④]。总而言之，

① 《马克思恩格斯选集》第3卷，北京：人民出版社，2012年版，第363页。

② 《列宁选集》第3卷，北京：人民出版社，2012年版，第460页。

③ 《列宁选集》第4卷，北京：人民出版社，2012年版，第154页。

④ 《列宁全集》第9卷，北京：人民出版社，2017年版，第112页。

列宁认为，共产主义的实现并非一蹴而就，而是一个长时期的分阶段的历史过程。

2. 中国共产党社会主义发展阶段思想

中国共产党社会主义发展阶段思想，是对马克思主义社会主义阶段理论的承继与发展，逐步形成于新中国成立后的社会主义建设实践之中。新中国成立伊始，向社会主义过渡成为重大的现实问题。我们党提出过渡时期总路线，实行社会主义三大改造，推动了生产资料所有制性质的转变，建立了社会主义基本制度。对此，毛泽东认为，“我国的社会主义制度还刚刚建立，还没有完全建成，还不完全巩固”[①]。这样，“建立”和“建成”就成为社会主义发展阶段划分的一个重要依据。1959 年，毛泽东在读苏联《政治经济学教科书》时认为：“社会主义这个阶段，又可能分为两个阶段，第一个阶段是不发达的社会主义，第二个阶段是比较发达的社会主义。”[②]毛泽东明确划分了社会主义的两个发展阶段，进一步深化了马克思主义经典作家对社会发展阶段的理论认知。

进入改革开放新时期后，我们党对社会主义的发展阶段的认识更加趋于深刻。1981 年，党的十一届六中全会通过的《关于建国以来党的若干历史问题的决议》第一次提出了“我们的社会主义制度还是处于初级的阶段”的判断。1882 年，党的十二大报告强调，“我国的社会主义社会现在还处在初级发展阶段”。党的十三大明确提出“我国正处于社会主义的初级阶段”的重大论断，从而形成了当前我国社会发展阶段的定论。至于社会主义初级阶段是什么，邓小平在党的十三

---

① 《毛泽东文集》第7卷，北京：人民出版社，1999年版，第214页。

② 《毛泽东文集》第8卷，北京：人民出版社，1999年版，第116页。

大召开之前就有了深思熟虑。邓小平指出，中国处在不发达的社会主义初级阶段。据此，邓小平提出著名的“三步走”发展战略，并得到党的十三大的确认：“第一步，实现国民生产总值比一九八〇年翻一番，解决人民的温饱问题。这个任务已经基本实现。第二步，到本世纪末，使国民生产总值再增长一倍，人民生活达到小康水平。第三步，到下个世纪中叶，人均国民生产总值达到中等发达国家水平，人民生活比较富裕，基本实现现代化。然后，在这个基础上继续前进。”①

20世纪90年代，江泽民对第三步战略目标的实现进行了深刻思考，并在党的十五大报告中规划了实现第三步战略目标的蓝图：“第一个十年实现国民生产总值比二零零零年翻一番，使人民的小康生活更加宽裕，形成比较完善的社会主义市场经济体制；再经过十年的努力，到建党一百年时，使国民经济更加发展，各项制度更加完善；到世纪中叶建国一百年时，基本实现现代化，建成富强民主文明的社会主义国家。”②这里，江泽民深化了邓小平关于分阶段、有步骤实现现代化的理论认知，初步提出了“两个一百年”奋斗目标。十五届五中全会进一步明确，21世纪头20年是全面建设小康社会的阶段。这个发展阶段，是实现现代化建设第三步战略目标必经的承上启下的发展阶段，主要针对的是，第二步战略目标所达成的总体小康，还是低水平的、不全面的、不平衡的。2002年，党的十六大正式宣布，人民生活总体达到小康水平，第二步战略目标胜利完成，我国进入全面建设小康社会发展阶段。党的十七大和十八大对全面建成小康社会作出部署和布局，明确提出“两个一百年”奋斗目标，即到建党100年时建成更高水平的小康社会，到新中国成立100年时建成社会主义现代化强国。新中国成立以来至

① 《十三大以来重要文献选编（上）》，北京：人民出版社，2011年版，第14页。

② 《十五大以来重要文献选编（上）》，北京：人民出版社，2011年版，第4页。

党的十八大召开，中国共产党的社会主义发展阶段思想是新发展阶段形成的理论基础。

3. 习近平关于中国特色社会主义发展阶段的认识

党的十八大以来，我国经济社会发展取得一系列历史性成就，我国社会主要矛盾相应也发生重大转变。在这样的历史条件下，习近平在十九大作出了“中国特色社会主义进入了新时代”的重大历史判断。中国特色社会主义进入新时代，社会主要矛盾发生新变化，并不意味着我国发展已经走出社会主义初级阶段。“社会主义初级阶段不是一个静态、一成不变、停滞不前的阶段，也不是一个自发、被动、不用费多大气力自然而然就可以跨过的阶段，而是一个动态、积极有为、始终洋溢着蓬勃生机活力的过程，是一个阶梯式递进、不断发展进步、日益接近质的飞跃的量的积累和发展变化的过程”①。新时代的历史方位不同于社会主义初级阶段之前的发展阶段，虽具有新的发展特征与时代任务，但仍处于社会主义初级阶段的时空范围之内。换句话说，社会主义初级阶段亦具有阶段性特征，包含着不同的发展阶段。这是形成“新发展阶段”的直接理论前提。

二、科学内涵

就内涵而言，新发展阶段是社会主义初级阶段的一个新阶段，是从站起来、富起来到强起来的新阶段，是着力于满足人民对美好生活需要的新阶段。

---

① 习近平：《深入学习坚决贯彻党的十九届五中全会精神 确保全面建设社会主义现代化国家开好局》，《人民日报》2021年1月12日。

1. 新发展阶段是社会主义初级阶段的一个新阶段

马克思主义坚持远大理想和现实目标相结合、历史必然性和发展阶段性相结合，强调人类社会走向共产主义必然要经历若干历史发展阶段，从过渡时期到共产主义第一阶段，再到共产主义高级阶段。我们党在社会主义建设实践中也逐步认识到，建设社会主义是一个长期的历史过程，需要经历不同的历史发展阶段。社会主义本身是共产主义的初级阶段，1956 年社会主义三大改造完成后我国进入社会主义初级阶段，而新发展阶段则是社会主义初级阶段中的一个阶段，是历经改革开放几十年发展和积累、站到了新的起点上的一个阶段。党的十九届五中全会强调，社会主义初级阶段是当代中国的最大国情和最大实际。这再次表明，中国特色社会主义进入新发展阶段并未改变社会主义初级阶段的基本国情。

再进一步讲，新发展阶段是社会主义初级阶段的一个更高阶段，是在实现第一个百年奋斗目标、迈向实现第二个百年奋斗目标新征程的阶段。或者说，新发展阶段是社会主义初级阶段迈向更高级别发展阶段的过渡性阶段。正如习近平所指出的："全面建设社会主义现代化国家、基本实现社会主义现代化，既是社会主义初级阶段我国发展的要求，也是我国社会主义从初级阶段向更高阶段迈进的要求。"①

2. 新发展阶段是从站起来、富起来到强起来的新阶段

我们党成立后，领导广大人民建立了新中国，实现了从新民主主义社会到社会主义社会的历史性跨越。新中国成立后，我们党确立了社会主义基本制度，开始大规模社会主义建设，实现了从社会主义革

---

① 习近平：《把握新发展阶段，贯彻新发展理念，构建新发展格局》，《求是》2021年第9期。

命到社会主义建设的历史性跨越。进入改革开放新时期，我们党成功走出了中国特色社会主义道路，推动中国大踏步走向世界、赶上时代，实现了社会主义现代化建设的历史性跨越。党的十八大以后，中国特色社会主义迈入新时代，中华民族站在了“强起来”的新历史起点上。新发展阶段形成于前一阶段发展的基础之上，旨在续写全面建设社会主义现代化国家的新历史。

新中国的建立使中华民族“站起来”，改革开放使中华民族“富起来”。经过新中国成立以后特别是改革开放40多年的艰辛付出，我国已成为世界第二大经济体、第一大工业国、第一大货物贸易国和第一大外汇储备国。全面建成小康社会奋斗目标如期完成，党和政府历史性地解决了绝对贫困问题，“强起来”开始成为新时代、新发展阶段的主要任务。当前，我国发展还存在诸多短板和弱项，不少关键领域存在被人“卡脖子”问题，大而不强的状况尚未得到根本改观，特别是美国发动对华贸易战之后，这一问题显得尤为突出。新发展阶段，党和国家主要围绕“强起来”开展工作部署。党的“十四五”规划具体工作部署就是鲜明的体现。一是把创新驱动和科技进步放在世界百年未有之大变局和和中华民族伟大复兴战略全局的“两个大局”中作整体考量，将之视为“强起来”的根本支撑，强调要“坚持创新在我国现代化建设全局中的核心地位，把科技自立自强作为国家发展的战略支撑”，如果不走创新驱动科技发展道路，国家就无法真正强大起来。“十四五”规划中，不管是总结发展经验，还是为未来谋篇布局，都体现着创新驱动的鲜明主线。二是把全方位“强起来”作为新发展阶段的目标导向。“强国”成为“十四五”规划的高频词，文化强国、教育强国、人才强国、体育强国、科技强国、制造强国、质量强国、网络强国、交通强国等目标方向被提出。这些经济社会各领域的强国目标，是新发展阶段“强起来”目标导向在各领域的具体体现。

总而言之，“新发展阶段是我们党带领人民迎来从站起来、富起来到强起来历史性跨越的新阶段。”[①]

3. 新发展阶段是着力于满足人民对美好生活需要的新阶段

“中国共产党根基在人民、血脉在人民、力量在人民。”[②]党的十九大提出，为人民谋幸福是中国共产党的初心和使命。党的十九届五中全会进一步将“人民生活更加美好，人的全面发展、全体人民共同富裕取得更为明显的实质性进步”[③]作为“十四五”时期社会经济发展的目标要求。这表明，满足人民的美好生活需要是新发展阶段的重要工作任务。习近平强调：“为了不断满足人民群众对美好生活的需要，我们就要不断制定新的阶段性目标，一步一个脚印沿着正确的道路往前走。”[④]

我国进入新发展阶段的一个前提条件是，“我国已经成功地从一个物质匮乏型社会转向相对丰裕型社会”[⑤]。因此，新发展阶段就是一个在人民物质生活相对丰裕基础上、实现更高要求的幸福生活的新阶段。其一，物质文化生活要求更高。改革开放以来，人民物质生活得到极大改善，不再仅仅满足于简单的有饭吃、有衣穿、有房住、有学上，而是要求吃得更好、穿得更美、住得更舒适、行得更便捷，物质文化生活需求的范围有新的扩展，质量有新的提高。其二，民主法治建设

---

① 习近平：《深入学习坚决贯彻党的十九届五中全会精神 确保全面建设社会主义现代化国家开好局》，《人民日报》2021年1月12日。

② 习近平：《在庆祝中国共产党成立100周年大会上的讲话》，《求是》2021年第14期。

③ 《中国共产党第十九届中央委员会第五次全体会议公报》，《人民日报》2020年10月30日。

④ 《人民日报》评论部：《不断满足人民群众对美好生活的需要》，《人民日报》2020年12月7日。

⑤ 王道勇：《新发展阶段人民需要的变化趋向》，《中国党政干部论坛》2021年第2期。

期望更高。改革开放以来，我国民主法治建设虽取得重大进展，但人民群众对民主法治建设的期望正在快速发生转变——在层次上由低到高，在范围上由窄到宽，在程序上由粗放到精细。其三，公平正义愿望更为凸显。公平正义是现代社会的基本标志，维护好社会公平正义，人们的内心才能得到安宁，社会的和谐才能得到延续。其四，安全和环境需求日益增长。现实中，影响安全和环境的问题还比较多，制度和执法方面还存在这样那样的短板和弱项，与人民群众的期待差距不小，新发展阶段必须提供更多优质的安全产品和生态产品。从根本上讲，满足人民的美好生活需求，是推动的人的全面发展的现实着力点。“社会主义社会的生产目的不在于任何外在的因素，而是为了全体劳动者自身协调发展。在这里，人是手段，更是目的。”①

三、实践路径

在实践中，新发展阶段要以推动高质量发展为主题，以深化供给侧结构性改革为主线，以建设现代化经济体系为抓手。这也是解决新时代我国社会主要矛盾的基本路径。

1. 实现经济高质量发展

进入改革开放新时期以后，我们党对经济发展阶段性特征的认识趋于深化，大致经历四个演进阶段。第一个阶段，强调中国的经济发展要逐步转向集约经营。党的十三大提出，要贯彻执行注重效益、提高质量、协调发展、稳定增长战略，变粗放经营为集约经营。第二个阶段，强调中国经济发展要转向集约型经济增长方式。1995 年，党的十四届

① 张西立：《在新发展阶段不断开拓社会主义新境界》，《行政管理改革》2021年第1期。

五中全会通过《中共中央关于制定国民经济和社会发展第九个五年计划和2010年远景目标的建议》，将集约型经济增长方式视为具有全局意义的两个根本性转变之一，强调把提高经济效益作为经济工作重心，推动向结构优化、规模经济、科技进步、科学管理要效益。第三个阶段，强调要加快转变经济发展方式。党的十七大报告以科学发展观为统领，将加快转变经济发展方式作为实现未来经济发展目标的关键路径，不断提高经济发展质量和效率。党的十八大认为加快转变经济发展方式是关系中国发展全局的战略抉择，并就此进一步作出重要工作部署。第四个阶段是中国经济转向高质量发展。2013年，党中央作出判断，我国经济发展处于经济增长速度换挡期、结构调整阵痛期和前期刺激政策消化期"三期叠加"阶段。2014年，习近平提出我国经济发展进入新常态的重大战略判断。新常态下，经济发展环境、条件、任务和要求等皆发生新变化，增长速度从高速转向中高速，发展方式从追求发展速度和经济规模，转向更加注重发展质量和发展效益，经济结构调整从增量扩能转向调整存量和做优增量并举；发展动力从主要依靠资源和低成本劳动力等要素投入转向创新驱动。党的十九大报告明确提出，我国经济已由高速增长阶段转向高质量发展阶段。

实现高质量发展，既是新时期我国国内外发展环境变化的必然要求，亦是解决新时代我国社会主要矛盾的必然选择。新发展阶段的发展必须是高质量发展，其实质是经济社会发展已经从"有没有"和"有多少"转向"好不好"和"优不优"。"十四五"规划指出，当前和今后一个时期，"我国已转向高质量发展阶段"，我国经济社会发展要"以推动高质量发展为主题"[①]。将高质量发展作为发展主题，原因

① 《〈中共中央关于制定国民经济和社会发展第十四个五年规划和二〇三五年远景目标的建议〉辅导读本》，北京：人民出版社，2020年版，第18、20页。

主要有三个。一则，从国内发展环境看，满足人们的美好生活需要，根本路径是推动高质量发展。2017 年 12 月，习近平指出，“高质量发展，就是能够很好满足人民日益增长的美好生活需要的发展”[①]。二则，从国际发展环境看，积极应对“两个大局”，提升抵御风险挑战能力，关键是办好自己的事，唯有推动高质量发展，才能在国际竞争和两制博弈中取得领先优势，立于不败之地。三则，从发展规律看，“经济发展是一个螺旋式上升的过程，上升不是线性的，量积累到一定阶段，必须转向质的提升”[②]。经济进入中高速增长阶段，客观上要求经济工作重心从加快经济增长速度转移至提升经济发展质量。换句话说，经济社会发展的不同阶段，要求采用不同的发展思路、发展方向和发展着力点，之前的经济社会发展主要是“铺摊子”，进入新发展阶段后，则要转变为“上台阶”。

新时代社会主要矛盾的解决，有赖于生产力的持续发展。这包括两方面的涵义。其一，改革生产关系，破除一切束缚社会生产力的体制机制障碍，使之适应生产力的发展。其二，在保证经济增长的同时，更加注重质量的提升。2020 年 9 月，在基层代表座谈会上，习近平指出：“我国已进入高质量发展阶段，经济发展前景向好，同时发展不平衡不充分问题仍然突出，实现高质量发展还有许多短板弱项。”[③]这就要求党和国家的经济工作，必须以质量变革为基础保障，提高供给体系治理，提高产品和服务质量；以效率变革为终极目标，提高全要素生产力，优化要素配置效率；以动力变革为关键保障，加速从要素驱动、投资驱动转向创新驱动，提高创新驱动支撑能力。

---

① 《习近平谈治国理政》第三卷，北京：外文出版社，2020年版，第238页。

② 《习近平谈治国理政》第三卷，北京：外文出版社，2020年版，第238页。

③ 习近平：《在基层代表座谈会上的讲话》，北京：人民出版社，2020年版，第5页。

2. 深化供给侧结构性改革

2015 年 10 月，在中央财经领导小组第十一次会议上，习近平首次提出“供给侧结构性改革”概念。2016 年 1 月，在省部级主要领导干部学习贯彻党的十八届五中全会精神专题研讨班上，习近平详细阐述了供给侧结构性改革的主要涵义、基本观点和主要任务。2017 年 1 月，习近平在世界经济论坛 2017 年年会开幕式上作主旨演讲时，明确将供给侧结构性改革作为提高经济发展质量和效益的主线。2017 年 10 月，党的十九大报告进一步将供给侧结构性改革上升到全党统一认识的高度。

理解“供给侧结构性改革”需要注意两个关键词。一个是“供给侧”。当前和今后一个时期，我国经济发展面临的问题存在于供给和需求两侧，但“矛盾的主要方面在供给侧”．“我国不是需求不足，或没有需求，而是需求变了，供给的产品却没有变，质量、服务跟不上。有效供给能力不足带来大量‘需求外溢’，消费能力严重外流。解决这些结构性问题，必须推进供给侧改革”[①]。另一个是“结构性”。我国经济运行面临的问题固然有周期性和总量性因素，但根本还是结构性失衡，主要表现为“三大失衡”，即实体经济结构性供需失衡、金融与实体经济失衡，以及房地产与实体经济失衡。实施供给侧结构性改革，是实现低水平供需平衡转向高水平供需平衡的必要之举。习近平指出：“从国际经验看，一个国家发展从根本上要靠供给侧推动。一次次科技和产业革命，带来一次次生产力提升，创造着难以想象的供给能力。当今时代，社会化大生产的突出特点，就是供给侧一旦实现了成功的颠覆性创新，市场就会以波澜壮阔的交易生成进行回应。”[②]

① 习近平：《在省部级主要领导干部学习贯彻党的十八届五中全会精神专题研讨班上的讲话》，《人民日报》2016年5月10日。

② 《十八大以来重要文献选编》（下），北京：中央文献出版社，2018年版，第176页。

习近平有关供给侧结构性改革的论述实现了四个相统一。一是市场经济条件下“供给”和“需求”两端的相统一。供给和需求并非零和博弈的非此即彼、此消彼长的单一对立关系，而是对立统一的辩证交互关系。二是社会主义社会“生产力”和“生产关系”两个维度的统一。供给侧结构性改革的手段是改革供给体系和供给结构，改善和提升供给质量，根本目的是调整生产关系，解放和发展生产力，使供给能力更好满足人民日益增长、不断升级且个性化的美好生活需要。三是“看不见的手”和“看得见的手”两种资源配置手段的相统一。供给侧结构性改革既注重发挥市场在资源配置中的决定性因素，还注重发挥政府的宏观调控作用，强调在管理的供给侧发力。四是“短期利益”和“长期利益”的相统一。需求侧管理，通常是短期调控，针对的是经济增长的总量性问题，以及经济增长的速度和规模；而供给侧管理，针对的则是经济增长远期动力培育等经济发展的结构性问题，重在解决经济发展的质量和效益问题。

新发展阶段，推行供给侧结构性改革需要聚焦三个工作抓手。其一，着力发展实体经济。“实体经济是一国经济的立身之本，是财富创造的根本源泉，是国家强盛的重要支柱”[①]。在制造业重新成为全球经济竞争的焦点，以及新工业革命给制造业发展带来深刻变革的形势下，我国实体经济在技术创新、质量品牌等诸多方面与主要工业发达国家还存在不小差距，供给体系质量方面的差距尤大，提质升级任务日益紧迫。这就要求党和政府持续优化实体经济发展环境，切实降低实体经济企业成本，有效强化金融服务实体经济的功能，加快建设多层次制造业人才队伍，着力构建国家制造业创新体系。2014 年 5 月 10 日，

① 《习近平谈治国理政》第三卷，北京：外文出版社，2020年版，第242页。

在河南考察时，习近平提出“三个转变”，即推动我国制造向我国创造转变、我国速度向我国质量转变、我国产品向我国品牌转变。[①]其二，加快建设制造强国。我国虽是制造大国和出口大国，但主要是低端产品和技术，科技含量高、附加值高的产品和技术并不高，相当一部分产能是无效供给，高质量和高水平的有效供给明显不足。这就要求党和政府加快建设制造强国，培育壮大新兴产业，推动重点领域率先突破；提升装备制造竞争力，努力掌控技术话语权；发展高水平现代服务业，实现制造与服务协同发展；大力推动智能制造，实现信息化与工业化深度融合。其三，力推传统产业优化升级。传统产业是稳定经济增长和改善民生福祉的主要力量。这要求党和政府坚决打好去产能攻坚战，实施制造业重大技术改造升级工程，开展质量提升行动，引入新技术、新管理和新模式，推动传统产业优化升级。

3. 建设现代化经济体系

党的十四大正式把社会主义市场经济体制确立为我国经济体制改革的目标。党的十四届三中全会和十六届三中全会分别就建立社会主义市场经济体制和完善社会主义市场经济体制作出两个重大决定。党的十八大进一步强调，要加快完善社会主义市场经济体制。从建立到完善，再到加快完善，体现了我国社会主义市场经济体制改革的清晰目标和应对思路。2018 年 1 月 30 日，中央政治局就建设现代化经济体系进行第三次集体学习时，习近平指出，“国家强，经济体系必须强”，建设现代化经济体系，“是转变经济发展方式、优化经济结构、转换经济增长动力的迫切要求”“只有形成现代化经济体系，才能更好顺

① 《十八大以来治国理政新成就》（下册），北京：人民出版社，2017年版，第702页。

应现代化发展潮流和赢得国际竞争主动，也才能为其他领域现代化提供有力支撑”[①]。在此认识基础之上，党的十九大报告进一步明确，“建设现代化经济体系是跨越关口的迫切要求和我国发展的战略目标”[②]。这样，建设现代化经济体系就成为新时代经济建设的总纲领。

建设现代化经济体系，是适应新时代我国社会主要矛盾转化，落实中国特色社会主义经济建设布局、保持经济持续健康发展的必然要求。“现代化经济体系，是由社会经济活动各个环节、各个层面、各个领域的相互关系和内在联系构成的一个有机整体”[③]，具体包括六大体系和一大经济体制。一是建设创新引领、协同发展的产业体系。这是现代化经济体系巩固实体经济根基的引领机制。二是建设统一开放、竞争有序的市场体系。这是现代化经济体系配置资源的主要机制。三是建设体现效率、促进公平的收入分配体系。这是现代化经济体系的激励与平衡机制。四是建设彰显优势、协调联动的城乡区域发展体系。这是现代化经济体系塑造区域协调发展新格局的互动合作机制。五是建设资源节约、环境友好的绿色发展体系。这是现代化经济体系的生态环境基础。六是建设多元平衡、安全高效的全面开放体系。这是现代化经济体系与外部世界的沟通机制。七是建设充分发挥市场作用、更好发挥政府作用的经济体制。这是建设现代化经济体系的制度目标。

建设现代化经济体系的一个重要目的就是，实现更加平衡、更加充分的发展。当前，城乡区域发展和收入分配差距依然较大，是不平衡不充分发展问题的重要表现。乡村振兴战略和区域协调发展战略是

---

① 《习近平谈治国理政》第三卷，北京：外文出版社，2020年版，第240页。

② 习近平：《决胜全面建成小康社会 夺取新时代中国特色社会主义伟大胜利——在中国共产党第十九次全国代表大会上的报告》，《人民日报》2017年10月28日。

③ 《习近平谈治国理政》第三卷，北京：外文出版社，2020年版，第240页。

解决这两个问题的战略抓手。乡村振兴战略是新时代做好“三农”工作的总抓手，其总体目标是农业农村现代化，总体方针是坚持农业农村优先发展，总体要求是产业兴旺、生态宜居、乡风文明、治理有效、生活富裕。实施乡村振兴战略，一要推动乡村产业振兴，促进农民增收；二要发展现代农业，提高农业竞争力；三要推动乡村人才振兴，激励各类人才在农村大施所能、大展才华；四要推动乡村文化振兴，提高乡村社会文明程度；五是推动乡村生态振兴，打造农民安居乐业的美丽家园；六是推动乡村组织振兴，确保乡村社会充满活力、安定有序。区域协调发展战略是缩小区域间收入差距、实现全体人民共享发展、共同富裕的重要举措。一要加大各类区域发展规划和一体化发展规划的支持力度；二要构建大中小城市和小城镇协调发展的城镇格局，促进农业人口市民化；三要疏解北京非首都功能，高标准建设雄安新区，推动京津冀协同发展；四要实施长江经济带发展战略，将修复长江生态环境摆在压倒性位置，探索生态优先、绿色发展新路子；五要推动黄河流域生态保护和高质量发展，解决好流域人民群众关心的防洪安全、饮水安全和生态安全等问题；六要加快边疆地区和民族地区发展，实现跨越式发展；七要坚持陆海统筹，扎实推进海洋强国建设；八要健全城乡一体化体制机制，建设以工促农、以城带乡、工农互惠、城乡一体的新兴工农城乡关系。

第二节　贯彻新发展理念

“理念是行动的先导，一定的发展实践都是由一定的发展理念来引领的。发展理念是否对头，从根本上决定着发展成效乃至成败。实践告诉我们，发展是一个不断变化的进程，发展环境不会一成不变，发展条件不会一成不变，发展理念自然也不会一成不变。”[①]新发展理念既是新时代、新发展阶段经济社会发展的指导思想，亦是“十三五”乃至更长时期我国发展思路、发展方向和发展着力点的集中体现。新发展理念的提出，为新时代破解不平衡不充分发展难题、满足人民日益增长的美好生活需要提供了理念指导和方法指导。

一、提出过程

党的十八大以来，及时调整发展理念破解发展难题、引领新的发展任务成为当务之急。2015 年，党和政府开始制定和实施“十三五”规划。“十三五”期间，我国经济发展进入新常态。伴随新常态的到来，我国的发展环境和发展要求皆发生新变化。为适应新常态、把握新常态、引领新常态，保持经济社会持续健康发展，我们党从起草“十三五”规划建议开始逐步提出了新发展理念。

在“十三五”规划起草阶段，习近平指出，一定要先把应该树立什么样的发展理念问题搞清楚，发展理念具有战略性、纲领性和引领性。发展理念正确，目标任务就好定，政策举措就有目标指向。要直面现实问题，体现鲜明的问题导向，以发展理念转变引领发展方式转

① 《习近平谈治国理政》第二卷，北京：外文出版社，2017年版，第197页。

变，并以发展方式转变助推发展质量和效益提升，进而为“十三五”时期我国经济社会发展指好道、领好航。习近平强调，“实现‘十三五’时期发展目标，破解发展难题，厚植发展优势，必须牢固梳理创新、协调、绿色、开放、共享的发展理念”[①]。2015 年 10 月 29 日，习近平在党的十八届五中全会第二次全体会议上发表讲话，深刻阐释了新发展理念的提出背景和过程，首次正式提出新发展理念。

依据习近平的意见，“十三五”规划建议稿，在深刻分析全面建成小康社会决胜阶段的形势和任务之后，创造性地提出并论述了创新、协调、绿色、开放、共享的发展理念，并以五大新发展理念为主线，展开规划建议稿的内容。“十三五”规划主要内容有八个部分，其中第二部分到第七部分基本按照新发展理念展开。在党的十八届五中全会上，习近平强调，五大新发展理念既是改革开放 30 多年来我国发展经验的集中体现，亦是“十三五”乃至更长时期我国发展思路、发展方向和发展着力点的集中体现。

此后，习近平多次强调，党的十八届五中全会提出的五大新发展理念是应对我国经济发展进入新常态、世界经济复苏低迷提出的药方。适应、把握和引领新常态，新发展理念是方向和钥匙。新发展理念是当前和今后一个时期我国发展的总要求与大趋势。2017 年 10 月，党的十九大报告将坚持新发展理念作为“十四个坚持”的第四条，成为新时代坚持和发展中国特色社会主义基本方略的重要内容。党的十九大强调：“发展必须是科学发展，必须坚定不移贯彻创新、协调、绿色、开放、共享的发展理念。”[②]党的十九大确立习近平新时代中国特色社

① 《中共中央关于制定国民经济和社会发展第十三个五年规划的建议》，北京：人民出版社，2015年版，第8页。

② 习近平：《决胜全面建成小康社会 夺取新时代中国特色社会主义伟大胜利——在中国共产党第十九次全国代表大会上的报告》，《人民日报》2017年10月28日。

会主义思想为党的指导思想，“十四个坚持”的基本方略是其主要内容，新发展理念成为新时代经济社会发展的指导思想。

2017 年 12 月，在党的十九大召开后举行的第一次中央经济工作会议上，习近平回顾十八大以来我国经济发展取得的历史性成就和历史性变革，总结了十八大以来经济发展方面理论创新的七个主要内容。其中，第三个主要内容是“坚持适应把握引领经济发展新常态”，强调进入新发展阶段，要贯彻新发展理念。会议指出，“五年来，我们党坚持观大势、谋全局、干实事，成功驾驭了我国经济发展大局，在实践中形成了以新发展理念为主要内容的习近平新时代中国特色社会主义经济思想”[①]。这就把新发展理念囊括进习近平经济思想之中。继党的十九大将新发展理念作为习近平新时代中国特色社会主义思想的重要内容之后，十九大召开后的第一次中央经济工作会议进而将新发展理念作为习近平经济思想的主要内容。

2020 年 10 月，党的十九届五中全会审议通过《中共中央关于制定国民经济和社会发展第十四个五年规划和二〇三五年远景目标的建议》。建议将“坚持新发展理念”列为“十四五”时期我国经济社会发展必须遵循的原则，要求坚定不移贯彻创新、协调、绿色、开放、共享的新发展理念，“把新发展理念贯彻发展全过程和各领域”“切实转变发展方式，推动质量变革、效率变革、动力变革，实现更高质量、更有效率、更加公平、更可持续、更为安全的发展”[②]。建议内容的第二大板块，基本是按照新发展理念的内涵，分 12 个领域，对应 12 个部分，阐述“十四五”时期经济社会发展和改革开放的重点任务，分别是科

---

① 《中央经济工作会议在北京举行》，《人民日报》2017年12月21日。

② 《中共中央关于制定国民经济和社会发展第十四个五年规划和二〇三五年远景目标的建议》，北京：人民出版社，2020年版，第21页。

技创新、产业发展、国内市场、深化改革、乡村振兴、区域发展、文化建设、绿色发展、对外开放、社会建设、安全发展、国防建设。其中，第三、第四、第五部分主要体现的是创新发展理念的要求；第七、第八、第九、第十三、第十四部分体现的是协调发展理念的要求；第十部分体现的是绿色发展理念的要求；第六、第十一部分体现的是开放发展理念的要求；第十二部分体现的是共享发展的要求。

继“十三五”规划之后，在党的十九届五中全会上，新发展理念被确定为“十四五”时期经济社会发展的指导思想，同时被列入“十四五”时期经济社会发展必须遵循的五条原则之一，其他四条分别为坚持党的全面领导、坚持以人民为中心、坚持深化改革开放、坚持系统观念。由此可见，“在‘十四五’规划建议中，从指导思想到必须坚持的原则，到目标任务的展开，到贯彻落实的要求，都与新发展理念密不可分。”①

2021 年 1 月 11 日，在省部级主要领导干部学习贯彻党的十九届五中全会精神专题研讨班开班式上，习近平强调，要从根本宗旨、问题导向和忧患意识三个方面把握新发展理念的新要求。1 月 28 日，在中央政治局第二十七次集体学习时，习近平再次强调，全党必须完整、准确、全面贯彻新发展理念，确保“十四五”时期我国发展开好局、起好步。

党的十八大以来，我们党就经济社会发展提出了许多重大理论和理念。习近平在《把握新发展阶段，贯彻新发展理念，构建新发展格局》一文中总结概括了 13 个方面。一是坚持以人民为中心的发展思想，二是不再简单以国内生产总值增长率论英雄，三是我国处于“三期叠加”时期，四是我国发展进入新常态，五是使市场在资源配置中起决

---

① 孙业礼：《新时代新阶段的发展必须贯彻新发展理念》，《马克思主义与现实》2021年第1期。

定性作用、更好发挥政府作用，六是绿水青山就是金山银山，七是坚持新发展理念，八是推进供给侧结构性改革，九是解决发展不平衡不充分问题，十是推进高质量发展，十一是建设现代化经济体系，十二是构建以国内大循环为主体、国内国际双循环相互促进的新发展格局，十三是统筹发展和安全。习近平指出，在以上 13 个关于经济社会发展的重大理论和理念中，“新发展理念是最重要、最主要的”。“新发展理念是一个系统的理论体系，回答了关于发展的目的、动力、方式、路径等一系列理论和实践问题，阐明了我们党关于发展的政治立场、价值导向、发展模式、发展道路等重大政治问题。”①

二、历史逻辑

发展理念涉及“要不要发展”“要实现怎样的发展”“怎样实现发展”“发展为了什么”，表现在中国共产党治国理政的不同历史时期，各有不同的内涵和侧重，总体上是一个内涵不断丰富、认识不断深化的过程。

1. 要不要发展

早在新民主主义革命时期，毛泽东就强调：“最根本的问题是生产力向上发展的问题。我们搞了多少年政治和军事就是为了这件事。”②进入全面建设社会主义时期，毛泽东指出：“从一九五六年以来，情况就根本改变了。就全国说来，反革命分子的主要力量已经肃清。我

① 习近平：《把握新发展阶段，贯彻新发展理念，构建新发展格局》，《求是》2021年第9期。

② 《毛泽东文集》第三卷，北京：人民出版社，1996年版，第109页。

们的根本任务已经由解放生产力变为在新的生产关系下面保护和发展生产力。”[①]在改革开放和社会主义现代化建设新时期，邓小平深刻认识到，社会主义要消灭贫穷，提高人民生活水平，“发展才是硬道理”[②]。伴随社会主义市场经济体制的确立，我国发展迈入快车道，面对国内外形势的新变化，江泽民强调“必须把发展作为党执政兴国的第一要务”[③]，要坚持用发展的办法解决前进中的问题和障碍。进入21世纪，我国发展中长期积累的问题逐步暴露出来，社会进入矛盾多发频发期，胡锦涛据此提出科学发展观，认为推动经济社会发展乃是科学发展观的第一要义，“发展是解决中国一切问题的‘总钥匙’，发展对于全面建设小康社会、加快推进社会主义现代化，对于开创中国特色社会主义事业新局面、实现中华民族伟大复兴，具有决定性意义”[④]。

2. 要实现怎样的发展

1945年，党的七大提出，要在若干年内逐步建立重工业和轻工业，中国由农业国转为工业国。1956年，毛泽东强调社会主义的发展速度一定不能太慢。1964年，周恩来作政府工作报告提出“四个现代化”，确立了“两步走”发展战略：先用15年时间建立独立、比较完整的工业体系和国民经济体系，然后到20世纪末，全面实现农业、工业、国防和科学技术的现代化。

1978年，邓小平进一步强调发展太慢不是社会主义，认为“生产力发展的速度比资本主义慢，那就没有优越性，这是最大的政治，这

① 《毛泽东文集》第七卷，北京：人民出版社，1999年版，第218页。
② 《邓小平文选》第三卷，北京：人民出版社，1993年版，第377页。
③ 《江泽民文选》第三卷，北京：人民出版社，2006年版，第538页。
④ 《胡锦涛文选》第三卷，北京：人民出版社，2016年版，第95页。

是社会主义和资本主义谁战胜谁的问题。”[①] 1982 年，我们党意识到，20 世纪末很难真正实现“四个现代化”，遂在党的十二大提出新的发展目标：到 20 世纪末，工农业产值相较于 1980 年翻两番，建成小康社会。1992 年，邓小平在南方谈话中概括社会主义的本质是“解放生产力，发展生产力，消灭剥削，消除两极分化，最终达到共同富裕”[②]。2002 年，党的十六大宣布我国发展实现总体小康，进入全面建设小康社会时期。

3. 怎样实现发展

新民主主义革命时期，毛泽东指出：“民主革命的中心目的就是从侵略者、地主、买办手下解放农民，建立近代工业社会。”[③]此时，侵略者、地主和买办等因阻碍生产力的发展，成为革命的对象。在全面建设社会主义时期，毛泽东强调，社会主义社会的基本矛盾仍是生产力与生产关系、经济基础与上层建筑的矛盾，党和政府要变革与生产力不相适应的生产关系，调整与经济基础不相适应的上层建筑。“社会主义制度下，虽然没有一个阶级推翻另一个阶级的革命，但是还有革命，技术革命，文化革命，也是革命。”[④]《论十大关系》《关于正确处理人民内部矛盾的问题》等著述对这一时期的怎样实现发展问题作出了理论探索。在实践探索中，毛泽东既主张要学习苏联经验，又强调“要有选择地学，学先进的东西，不是学落后的东西”，不照搬苏联经验，走适合中国特点的发展道路。“文化大革命”结束后，邓小平明确提出“走自己的道路，建设有中国特色的社会主义”，强调“现

① 《邓小平年谱》第四卷，北京：中央文献出版社，2019年版，第380页。
② 《邓小平文选》第三卷，北京：人民出版社，1993年版，第373页。
③ 《毛泽东文集》第三卷，北京：人民出版社，1996年版，第206页。
④ 《毛泽东文集》第八卷，北京：人民出版社，1999年版，第108页。

代化建设的任务是多方面的，各个方面需要综合平衡，不能单打一”[①]；强调改革是中国的第二次革命，“改革的性质同过去的革命一样，也是为了扫除发展社会生产力的障碍，使中国摆脱贫穷落后的状态”[②]；要“以经济建设为中心”，让一部分人、一部分地区先富起来，先富带动后富，最终实现共同富裕；要两手抓、两手都要硬，推动现代化事业的全面发展。江泽民强调，要正确处理好改革发展稳定的关系，要推动以经济建设为重点的全面发展，要促进社会主义物质文明、政治文明、精神文明相协调发展。胡锦涛提出科学发展观，更加注重全面协调可持续发展，更加注重统筹城乡发展、区域发展、经济社会发展、人与自然和谐发展、国内发展和对外开放；更加注重保障和改善民生，促进社会公平正义。

4. 发展为了什么

新民主主义革命时期，党的七大将“全心全意为人民服务”写入党章，成为党的根本宗旨。社会主义革命和建设时期，“为人民服务”进一步被明确为各级人民政权机构及其工作人员的根本宗旨。改革开放与社会主义现代化建设新时期邓小平将人民拥护不拥护、赞成不赞成、高兴不高兴、答应不答应作为衡量改革和一切事业根本标准。江泽民提出“三个代表”重要思想，强调“必须代表最广大人民根本利益”[③]，坚持人民的利益高于一切，要努力使工人、农民、知识分子和其他群体共同享受到经济社会发展的成果。胡锦涛提出“以人为本”，将之作为科学发展观的核心立场，强调以人为本就是以最广大人民的根本

---

① 《邓小平文选》第二卷，北京：人民出版社，1994年版，第250页。

② 《邓小平文选》第三卷，北京：人民出版社，1993年版，第135页。

③ 江泽民：《在庆祝中国共产党成立八十周年大会上的讲话》，《人民日报》2001年7月2日。

利益为本，要坚持发展为了人民、发展依靠人民、发展成果由人民共享。

新发展理念是中国共产党总结发展经验、不断升华发展理念的结果，是继承，更是发展。就继承而言，毛泽东在社会主义革命和建设时期系统论述的十大关系之间的协调性和开放性特征是新发展理念的理论源泉。邓小平有关“发展是硬道理”、“两手抓”、“绿色革命”、对外开放、反贫困的重要论述是五大新发展理念的思想基础。江泽民有关“没有创新，就没有人类的进步，就没有人类的未来”的论断是新发展理念中创新发展的理论来源，有关三个文明协调发展的论述是新发展理念中协调发展的理论来源。胡锦涛有关“以人为本”的发展论述是新发展理念中共享发展的理论基础，有关“全面、协调、可持续的发展”、统筹兼顾的根本方法的论述是新发展理念中协调发展的理论基础，有关统筹国内发展和对外开放的论述是新发展理念中开放发展的理论基础，有关可持续发展的论述是新发展理念中绿色发展的理论基础。

就发展而言，在“要不要发展”问题上，习近平强调，“一百年来，中国共产党团结带领中国人民进行的一切奋斗、一切牺牲、一切创造，归结起来就是一个主题：实现中华民族伟大复兴”①，实现中华民族伟大复兴，唯有继续发展，“发展是解决我国一切问题的基础和关键”，“必须坚定不移把发展作为党执政兴国的第一要务”②。在“要实现什么样的发展”问题上，面对长期经济高度增长所累积的矛盾，习近平在2012年时强调，“不能不顾客观条件、违背规律盲目追求高速度”，并在2017年党的十九大明确提出，我国经济已由高速增长阶段转向高

① 习近平：《在庆祝中国共产党成立100周年大会上的讲话》，《求是》2021年第14期。

② 习近平：《决胜全面建成小康社会 夺取新时代中国特色社会主义伟大胜利——在中国共产党第十九次全国代表大会上的报告》，《人民日报》2017年10月28日。

质量发展阶段，到 21 世纪中叶，要把我国建设成为富强民主文明和谐美丽的社会主义现代化强国。在“怎样实现发展”问题上，习近平强调，要继续“推动生产关系同生产力、上层建筑同经济基础相适应”，提出在经济、政治、文化、社会、生态、党建六个领域全面深化改革的路线图。强调要进一步提升市场在资源配置中的地位和作用，即从发挥基础性作用上升至发挥决定性作用。中国特色社会主义进入新时代，习近平强调，“我们讲宗旨，讲了很多话，但说到底还是为人民服务这句话。我们党就是为人民服务的”[①]，为人民谋幸福，为民族谋复兴，“既是我们党领导现代化建设的出发点和落脚点，也是新发展理念的‘根’和‘魂’”[②]，党和政府“必须要坚持以人民为中心的发展思想”[③]，这样才会有正确的发展观、现代化观。

三、现实逻辑

习近平强调：“这五大发展理念不是凭空得来的，是我们在深刻总结国内外发展经验教训的基础上形成的，也是在深刻分析国内外发展大势的基础上形成的，集中反映了我们党对经济社会发展规律认识的深化，也是针对我国发展中的突出矛盾和问题提出来的。”[④]

1. 深刻分析国内外发展大势

正确、科学判断国内外形势，一直是我们党制定路线、方针和政

① 习近平：《做焦裕禄式的县委书记》，北京：中央文献出版社，2015年版，第24页。
② 习近平：《把握新发展阶段，贯彻新发展理念，构建新发展格局》，《求是》2021年第9期。
③ 习近平：《决胜全面建成小康社会 夺取新时代中国特色社会主义伟大胜利——在中国共产党第十九次全国代表大会上的报告》，《人民日报》2017年10月28日。
④ 《习近平谈治国理政》第二卷，北京：外文出版社，2017年版，第197页。

策的依据，也是凝聚思想、统一共识和落实行动的必要前提。我们党对国内外发展大势的深刻分析是新发展理念形成的实践依据之一。这与2017年中央经济工作会议在阐释5年来的经济工作，尤其是习近平新时代中国特色社会主义思想时，将“观大势”摆在首位的认知逻辑一致。这里的“大势”可以从国内和国外两个层面来看。

从国内层面看，最重要的“大势”，就是我国经济发展进入新常态。这是我们党综合分析世界经济长周期与中国发展阶段性特征，以及二者相互作用得出的重大判断。2007年爆发于美国华尔街的次贷危机迅速蔓延至全球，世界经济形势陡然发生重大变化，经济由快速增长转入深度调整，不稳定和不确定性风险瞬间加大。世界银行、国际货币基金组织等国际机构大幅下调全球经济增速，并悲观表示全球经济复苏“不确定性因素严重压制了增速预测结果”。如何正确、科学判断当前复杂形势，把控发展主动权，保持经济持续健康发展，成为摆在党中央面前的重大课题。

党中央先是提出“三期叠加”论断，认为中国经济增长速度换挡期、结构调整阵痛期和前期刺激政策消化期三种情形同时出现且交错叠加。这一论断意味着，中国应对经济复杂形势的对策，应当把工作重点放在调整经济结构和转变发展方式上。在“三期叠加”认识基础上，党中央进一步得出中国经济发展进入新常态的重大判断。新常态集中体现为“两个没有变”和“两个改变”：一是没有改变中国发展仍处于大有可为的重要战略机遇期的判断，改变的只是重要战略机遇期的内涵与条件；二是没有改变中国经济发展总体向好的基本面，改变的只是中国经济的发展方式和经济结构。换句话说，经济新常态是中国经济向形态更高级、分工更优化、结构更合理阶段演进的必经阶段。经济新常态的提出，为我们党保持战略定力，增强发展自信，并顺势而为，走质量更高、效益更好、结构更优、优势充分释放的新发展道路奠定了理论基础，并为新发展理念的提出作了理论铺垫。

从国际层面看，首先，2008 年国际金融危机爆发后，经济全球化遭遇逆流和回头浪，迫切要求不断扩大对外开放，以开放促改革、促发展。开放带来进步，封闭导致落后。这是世界各国历史发展经验的正确总结。改革开放之初，邓小平曾指出：“总结历史经验，中国长期处于停滞和落后状态的一个重要原因是闭关自守。经验证明，关起门来搞建设是不能成功的，中国的发展离不开世界。”[①]邓小平对对外开放重要性的强调和重视顺应了经济全球化的发展大势，使中国在很短时间内取得了经济上的长足进步。在经济全球化遭遇回流之际，习近平指出，“经济全球化是客观现实和历史潮流。面对经济全球化大势，像鸵鸟一样把头埋在沙里假装视而不见，或像堂吉诃德一样挥舞长矛加以抵制，都违背了历史规律。世界退不回彼此封闭孤立的状态，更不可能被人为割裂。我们不能回避经济全球化带来的挑战”[②]，不可能关起门来搞建设，而是要胸怀国内国际两个大局，作为谋划工作的基本出发点。

其次，新科技革命迅猛推进显现出对经济社会发展的巨大促进作用。邓小平很早就关注到这一发展趋势。1978 年 3 月，邓小平在全国科学大会开幕式上谈到的第一个问题就是“对科学技术是生产力的认识问题”，指出现代科学技术正在经历一场伟大的革命。此后，邓小平提出科学技术是第一生产力的重大论断，揭示了科学技术对生产力深刻变革和人类社会巨大进步的积极作用。这一发展趋势今天愈加凸显。特别是国际金融危机爆发以后，世界主要国家在科技创新领域的竞争

① 《邓小平文选》第三卷，北京：人民出版社，1993年版，第78—79页。

② 《习近平在第七十五届联合国大会一般性辩论上发表重要讲话》，《人民日报》2020年9月23日。

日益加剧，并成为世界经济增长方式深刻调整和新旧动能转换的关键。习近平认为，就全球范围而言，科学技术正愈加成为推动经济社会发展的主要力量，创新驱动已是大势所趋，经济社会发展和民生改善比过往任何时候都更加倚重科技创新。新发展理念正是适应经济全球化和科技创新的世界发展大势的需要而提出来的。

2. 深刻总结国内外发展经验教训

发展特别是物质生产是人类社会生存和延续的前提和基础。然而，在漫长的发展过程中，人类一方面创造了巨大的物质财富，另一方面也留下了许多经验教训。这突出体现在对待自然的问题上。人们“不要过分陶醉于我们人类对自然界的胜利。对于每一次这样的胜利，自然界都对我们进行报复。每一次胜利，起初确实取得了我们预期的结果，但是往后和再往后却发生完全不同的、出乎预料的影响，常常把最初的结果又消除了”①。

大自然的报复屡屡给人类敲响警钟。暴发于 2020 年初的新冠肺炎疫情就是最近的例子。2020 年 9 月，在第 75 届联合国大会一般辩论中，习近平讲话指出，新冠肺炎疫情启示我们，“人类需要一场自我革命，加快形成绿色发展方式和生活方式，建设生态文明和美丽地球。人类不能再忽视大自然一次又一次的警告，沿着只讲索取不讲投入、只讲发展不讲保护、只讲利用不讲修复的老路走下去”，“各国要树立创新、协调、绿色、开放、共享的新发展理念，抓住新一轮科技革命和产业变革的历史性机遇，推动疫情后世界经济‘绿色复苏’，汇聚起可持续发展的强大合力”②。习近平的讲话尽管是就总结新冠肺炎疫情这一

① 《马克思恩格斯选集》第3卷，北京：人民出版社，2012年版，第998页。

② 《习近平在第七十五届联合国大会一般性辩论上发表重要讲话》，《人民日报》2020年9月23日。

全球性挑战，但揭示的乃是人类社会发展的经验教训。

中国也不例外。改革开放和社会主义现代化建设在造就中国经济奇迹的同时，也引发了不少环境和资源方面的问题。为此，党和政府早在20世纪90年代就顺应世界发展大势，将实施可持续发展战略作为“九五”计划的一项重要内容，明确提出要把践行可持续发展理念始终作为一件大事来抓。中国特色社会主义进入新时代，我国社会主要矛盾发生重大变化，人们不仅对物质文化生活提出更高要求，还愈加关注生态环境，对清新空气、干净饮水、安全食品、优美环境的需求愈加强烈。如何在发展经济的同时，更好保护资源和环境，促进人与自然和谐，坚定不移走生产发展、生活富裕和生态良好的文明发展道路，成为党和政府要面对的重大理论和现实问题。新发展理念中的绿色发展理念就应运而生了。

3. 针对我国不平衡不充分的发展问题

新中国成立之初，经济文化相对落后，这是我国社会主义现代化建设的现实起点。对此，毛泽东曾感慨指出：“现在我们能造什么？能造桌子椅子，能造茶碗茶壶，能种粮食，还能磨成面粉，还能造纸，但是，一辆汽车、一架飞机、一辆坦克、一辆拖拉机都不能造。”[①]为尽快改变旧中国一穷二白的落后面貌，我们党在全面建设社会主义时期，制定了优先发展重工业的建设方针，明确提出要把重工业作为建设重点。经过艰苦努力，我们在较短时间内建立了独立的、比较完整的工业体系和国民经济体系，但也形成了一些问题。其中，最为突出的是，如何处理好重工业、轻工业、农业的关系、城乡关系，以及发展速度、规模与资源环境的关系。为总结经验和教训，毛泽东写就了《论

① 《毛泽东文集》第六卷，北京：人民出版社，1999年版，第329页

十大关系》。这表明，在集中力量发展经济的同时，还要注重调整城乡、区域、经济建设和国防建设等重大关系，以遏制发展不协调问题趋向严重，造成“木桶效应”。

进入改革开放和社会主义现代化建设新时期后，经过长期努力，我国社会生产力水平总体上显著提高，但同时也积累了不少矛盾和问题。党的十八大报告在充分肯定过去 5 年工作取得的重大成绩的同时，还指出了工作中的诸多矛盾和问题。党的十九大报告将这些矛盾和问题简练概括为不平衡不充分的发展，认为这已经成为满足人民日益增长的美好生活需要的主要制约因素。

不平衡不充分发展的表现多种多样。习近平在《把握新发展阶段，贯彻新发展理念，构建新发展格局》一文中对此曾有过举例说明，“比如，科技自立自强成为决定我国生存和发展的基础能力，存在诸多‘卡脖子’问题。比如，我国城乡区域发展差距较大，而究竟怎样解决这个问题，有很多新的问题需要深入研究，尤其是区域板块分化重组、人口跨区域转移加快、农民落户城市意愿下降等问题要抓紧研究、明确思路。比如，加快推动经济社会发展全面绿色转型已经形成高度共识，而我国能源体系高度依赖煤炭等化石能源，生产和生活体系向绿色低碳转型的压力都很大，实现 2030 年前碳排放达峰、2060 年前碳中和的目标任务极其艰巨。比如，随着经济全球化出现逆流，外部环境越来越复杂多变，大家认识到必须处理好自立自强和开放合作的关系，处理好积极参与国际分工和保障国家安全的关系，处理好利用外资和安全审查的关系，在确保安全前提下扩大开放。”[①]站在新时代的历史方位上，根据新发展阶段的新要求，就需要党和政府践行协调

① 习近平:《把握新发展阶段，贯彻新发展理念，构建新发展格局》，《求是》2021 年第 9期。

发展理念，切实解决好不平衡不充分发展的突出问题。

4. 适应高质量发展的新要求

我国经济发展进入新常态，意味着我国经济进入到一个新的发展阶段，即高质量发展阶段。要实现高质量发展，根本之道在于践行新发展理念。习近平曾明确指出，高质量发展是党和政府当前和今后一段时期确定发展思路、制定经济政策、进行宏观调控的根本要求。2017年12月，在中央经济工作会议上，习近平强调："中国特色社会主义进入了新时代，我国经济发展也进入了新时代。新时代我国经济发展的特征，就是我在党的十九大报告中强调的，我国经济已由高速增长阶段转向高质量发展阶段。这是一个重大判断，我们必须深刻认识其重大现实意义和深远历史意义"[①]。习近平同时指出："高质量发展，就是能够很好满足人民日益增长的美好生活需要的发展，是体现新发展理念的发展，是创新成为第一动力、协调成为内生特点、绿色成为普遍形态、开放成为必由之路、共享成为根本目的的发展。"[②]

2020年10月，在党的十九届五中全会上，习近平就《中共中央关于制定国民经济和社会发展第十四个五年规划和二〇三五年远景目标的建议》起草的有关情况向全会作说明。习近平说明指出，推动高质量发展是"十四五"时期经济社会发展的主题，这是依据我国发展阶段、发展环境、发展条件等诸方面变化作出的重大判断。由于我国仍处于并将长期处于社会主义初级阶段，仍然是世界上最大的发展中国家，因此发展依然是我们党执政兴国的第一要务。但是，"必须强调的是，新时代新阶段的发展必须贯彻新发展理念，必须是高质量发展。当前，

---

① 《习近平谈治国理政》第三卷，北京：外文出版社，2020年版，第237页。
② 《习近平谈治国理政》第三卷，北京：外文出版社，2020年版，第238页。

我国社会主要矛盾已经转化为人民日益增长的美好生活需要和不平衡不充分的发展之间的矛盾，发展中的矛盾和问题集中体现在发展质量上。这就要求我们必须把发展质量问题摆在更为突出的位置，着力提升发展质量和效益。”[①]党的十九届五中全会通过的“十四五”规划建设，将新发展理念作为经济社会发展的五大重要原则，以及12个领域重点工作的部署依据，充分体现了我们党对新发展理念的重视程度，以及我们党在推动高质量发展方面高度的理念自觉。这表明，将高质量发展作为主题，既是立足新时代社会主要矛盾作出的科学决策，亦是解决新时代社会主要矛盾的必然选择。

四、实践路径

新发展理念是以习近平同志为核心的党中央推动我国经济发展实践的理论结晶，它进一步深化了我们党对要不要发展、要实现什么样的发展、怎样实现发展、发展为了什么的认识。就其实践路径而言，创新发展注重的是解决发展动力问题，协调发展注重的是解决发展不平衡问题，绿色发展注重的是解决人与自然和谐问题，开放发展注重的是解决发展内外联动问题，共享发展注重的是解决社会公平正义问题，坚持新发展理念是关系我国发展全局的一场深刻变革。[②]

1. 创新注重解决发展动力问题

对于中国这样一个仍处于并将长期处于社会主义初级阶段的国家来说，必须始终坚持和发展生产力，但发展必须坚定不移贯彻创新发

① 《〈中共中央关于制定国民经济和社会发展第十四个五年规划和二〇三五年远景目标的建议〉辅导读本》，北京：人民出版社，2020年版，第69页。

② 《习近平谈治国理政》第二卷，北京：外文出版社，2017年版，第198—200页。

展理念，推动发展动力从主要依靠资源和低成本劳动力等要素投入转向依靠创新驱动。党的十八大以来，以习近平同志为核心的党中央坚持把科技创新摆在国家发展全局的核心位置，实行创新驱动发展战略，强调“适应和引领经济发展新常态，推进供给侧结构性改革，根本要靠创新”①。

在五大新发展理念中，创新位列第一，原因就在于创新在发展中居于特殊重要的地位。习近平指出：“把创新摆在第一位，是因为创新是引领发展的第一动力。”②发展动力决定发展速度、效能和可持续性。习近平反复强调，抓创新就是抓未来，谋创新就是谋未来，要和当年攻克“两弹一星”一样，全力攻克“卡脖子”的关键核心技术。抓住了创新驱动，就是抓住了牵动经济社会发展全局的“牛鼻子”。“坚持创新驱动发展，全面塑造发展新优势”被置于“十四五”规划《建议》12个领域重大任务的最前面，进一步表明我们党对创新发展理念的极端重视。

这里需要注意的是，创新是一个复杂的社会系统工程，涵盖经济社会各个领域，既包括科技创新，也包括理论创新、制度创新、文化创新，等等，科技创新在创新的社会系统工程中占据突出重要地位，作用十分显要。

2. 协调注重解决发展不平衡问题

中国特色社会主义注重全面发展，既坚持以经济建设为中心，又注重全面推进经济建设、政治建设、文化建设、社会建设和生态文明建设，促进社会主义现代化建设各个环节、各个方面协调发展。任何

---

① 《习近平关于社会主义经济建设论述摘编》，北京：中央文献出版社，2017年版，第154页。

② 《习近平谈治国理政》第二卷，北京：外文出版社，2017年版，第201页。

一个环节和方面发展滞后，都会影响中国特色社会主义事业的总体布局。为此，要特别重视正确处理发展中的各种重大关系，重点是促进城乡区域协调发展，促进经济社会协调发展，推动新型工业化、信息化、城镇化、农业现代化同步发展，推动硬实力和软实力同步发展。

在两个大局同步交织、相互激荡、相互交融的情况下，面临艰巨繁重的改革发展稳定任务，迫切需要把协调发展摆在更加突出的位置，更好统筹国内国际两个大局，统筹发展和安全两件大事，统筹推进“五位一体”总体布局、协调推进“四个全面”战略布局，推动国内发展和对外开放一体发展。值得注意的是，党的十九届五中全会又首次提出“坚持系统观念”重要原则，这是对统筹兼顾、协调发展理念的进一步发展。

3. 绿色注重解决人与自然和谐问题

大自然是人类赖以生活的基础。习近平指出：“绿色发展，就其要义来讲，是要解决好人与自然和谐共生问题。人类发展活动必须尊重自然、顺应自然、保护自然，否则就会遭到大自然的报复，这个规律谁也无法抗拒。”[①]早在浙江省委书记任上，习近平就提出“绿水青山就是金山银山”理念，主张不以环境为代价推动经济增长。随后，习近平在《浙江日报》“之江新语”栏目发表评论文章指出：“如果能够把生态环境优势转化为生态农业、生态工业、生态旅游等生态经济的优势，那么绿水青山也就变成了金山银山。”[②]

党的十八大以来，在绿色发展理念层面，以习近平同志为核心的党中央强调，只有推动“人与自然和谐共生”，才能使国家强大、社会稳定、人民生活更加丰富多彩，坚信“绿水青山就是金山银山”，

① 《习近平谈治国理政》第二卷，北京：外文出版社，2017年版，第207页。

② 习近平：《之江新语》，杭州：浙江人民出版社，2007年版，第153页。

环境保护和发展生产力并非完全对立，不可兼顾。在绿色发展实践层面，我们党推动政策优先级“从追求利润最大化变成了追求幸福最大化”，将环境保护视为人民“幸福最大化”的重心工作和人民对美好生活需求的重要体现，持续推动天然林资源保护、退耕还林和植树造林，成为全球林地恢复和森林覆盖面积增加的主要贡献者；大力投资可再生能源，投资力度和成果皆居于世界领先地位；关停高度依赖传统能源且对环境造成严重污染的企业，督促与激励并举，推动相关行业和企业节能减排；完善环境监测机制，提高环境监测质量；设立“全国低碳日”，增强民众环保意识；等等。我们党所领导的绿色发展具有三个显著特点。其一，不仅与到2020年全面建成小康社会的短期目标密切相关，还与到2035年基本实现社会主义现代化、到21世纪中叶全面建成社会主义现代化强国的长期目标密切相关。其二，更加强调科学技术的重要性，积极研发新能源技术。其三，更加强调国际责任。中国将提高国家自主贡献力度，二氧化碳排放力争于2030年前达峰，努力争取2060年实现碳中和，并将继续积极参与和落实《巴黎协定》。中国在推进“一带一路”倡议时，也力求打造一条绿色的新丝绸之路。中国已是全球生态文明建设的重要参与者、贡献者和引领者。

4. 开放注重解决发展内外联动问题

40多年来的发展证明，对外开放是我国经济持续快速发展的不竭动力。通过对外开放，中国发展得以成为世界发展的机遇，成为推动世界经济增长的重要动力源。中国的发展离不开世界，世界的繁荣也离不开中国。面对单边主义、贸易保护主义等经济全球化逆流和回头浪，我们党始终坚持对外开放的基本国策。2015年10月29日，在党的十八届五中全会第二次全体会议上，习近平论述开放理念时指出，“现在的问题不是要不要对外开放，而是如何提高对外开放的质量和发展的内外联动性。我国对外开放水平总体上还不够高，用好国际国内两个市场、两种资源的能力还不够强，应对国际经贸摩擦、争取国际经济话语权的能力还比较弱，运用国际经贸规则的本领也不够强，需要加快弥补”[①]，为此要形成对外开放新体制，建设更高层次开放型经济，通过扩大开放带动创新、推动改革和发展。党的十九届五中全会通过的“十四五”规划建议，设立专章论述“实行高水平对外开放，开拓合作共赢新局面”，强调要依托我国大市场优势，谋划更大范围、更宽领域、更深层次的对外开放，促进国际合作，实现互利共赢，并就建立开放型经济新体制、推动“一带一路”高质量发展、参与世界经济治理体系改革等重要任务作出战略部署。

开放是国家繁荣发展的必由之路。践行开放发展理念，需要主动顺应我国经济深度融入世界经济的大势，坚持互利共赢，实现内外需协调、进出口平衡、“引进来”与“走出去”并重、引资与引技引智并举，积极参与全球经济治理和公共产品供给，构建广泛的利益共同体。近年来，中国对外开放步伐持续加快，力度持续加大，政策举措持续改善。全面实施外商投资法，缩减外商投资准入负面清单，稳步推动金融市场准入，深化服务贸易创新发展试点等政策举措的推出，切实向世界宣示了中国奉行开放发展理念的决心和信心。

5. 共享注重解决社会公平正义问题

恩格斯指出，“在人人都必须劳动的条件下，人人也都将同等地、愈益丰富地得到生活资料、享受资料、发展和表现一切体力和智力所需的资料”[②]。共享发展理念的提出有很强的现实针对性。改革开放以

① 《习近平谈治国理政》第二卷，北京：外文出版社，2017年版，第199页。

② 《马克思恩格斯选集》第1卷，北京：人民出版社，2012年版，第326页。

来，我国经济发展的“蛋糕”虽不断做大，但仍存在分配不公的问题，也存在收入差距和城乡区域公共服务水平差距；在共享改革发展成果上，不管是实际情况还是制度设计，都存在不完善的地方。为此，习近平特别强调，“让广大人民群众共享改革发展成果，是社会主义的本质要求，是社会主义制度优越性的集中体现，是我们党坚持全心全意为人民服务根本宗旨的重要体现”[①]。共享发展理念的提出，切实回答了我们的发展为了谁、依靠谁和发展成果由谁共享的基本问题。

党的十八届五中全会提出，要“把增进人民福祉、促进人的全面发展、朝着共同富裕方向稳步前进作为经济发展的出发点和落脚点”[②]。习近平在“十四五”规划建议说明讲话中，专门提到关于促进全体人民共同富裕问题，强调在全面建设社会主义现代化国家新征程中，必须把促进全体人民共同富裕置于更加重要的位置，付出努力，久久为功。党的十九届五中全会通过的“十四五”规划建议明确将“全体人民共同富裕取得更为明显的实质性进展”，作为2035年基本实现社会主义现代化建设的远景目标，并在改善人民生活品质部分，突出强调要“扎实推进共同富裕”。

共享是中国特色社会主义的本质要求。2016年1月，在省部级主要领导干部学习贯彻党的十八届五中全会精神专题研讨班上，习近平全面阐释了共享发展理念四个方面的内涵：全民共享、全面共享、共建共享、渐进共享。全民共享强调人人享有、各得其所，并非少数人共享、一部分人共享。全面共享强调共享国家各方面建设成果，人民在各方面的合法权益得到全面保障。共建共享强调共建才能共享，共

① 《十八大以来重要文献选编》（中），北京：中央文献出版社，2016年版，第827页。

② 《十八大以来重要文献选编》（下），北京：中央文献出版社，2018年版，第4页。

建的过程亦是共享的过程。渐进共享强调共享发展是一个从低级到高级、从不均衡到均衡的过程，即便达到很高的共享水平仍然会存在差别，强调要不断把“蛋糕”做大，同时也要把不断做大的“蛋糕”分好，使人民群众拥有更多获得感。

第三节 构建新发展格局

新时代，我国社会主要矛盾发生重大变化，经济由高速增长阶段转向高质量发展阶段，但仍面临不平衡不充分的发展问题。其中，产业链和供应链的稳定性不强、国内有效需求尚未得到释放问题的出现表明，以往的外向型经济发展格局亟须进行战略性调整，迈向新发展格局。构建新发展格局，无论是培育完整的内需体系，畅通国内大循环，形成强大国内市场，还是实行更高水平对外开放，归根结底都是为了更好满足人民日益增长的美好生活的需要。

一、提出过程

2020 年 4 月，在中央财经委员会第七次会议上，习近平就国家中长期经济社会发展战略若干问题发表重要讲话。面对疫情全球大流行和国内外发展环境的重大变化，习近平提出，要坚定实施扩大内需战略，这“是当前应对疫情冲击的需要，是保持我国经济持续健康发展的需要，也是满足人民日益增长的美好生活的需要”。扩大内需和扩大开放并不矛盾，“国内循环越顺畅，越能形成对全球资源要素的引力场，越有利于构建以国内大循环为主体、国内国际双循环相互促进的新发展格局，越有利于形成参与国际竞争和合作新优势”[①]。这里，习近平首次明确提出“构建以国内大循环为主体、国内国际双循环相互促进的新发展格局”的战略设想。

---

① 习近平：《国家中长期经济社会发展战略若干重大问题》，《求是》2020年第21期。

此后，习近平围绕“十四五”规划开展调研，多次提到构建新发展格局这一命题，大致可以分为三个阶段。

2020 年 5 月至 10 月是第一阶段。这一阶段，习近平在一系列重要会议和考察中提及构建新发展格局。

5 月 14 日，在中共中央政治局常务委员会会议上，习近平强调必须强化供给侧结构性改革，利用我国超大规模市场优势和巨大内需潜力，着力构建国内国际双循环相互促进的新发展格局。5 月 23 日，在看望参加全国政协十三届三次会议经济界委员会时，习近平指出，要加快构建完整的内需体系，大力推进科技创新等各方面创新，发展战略性新兴产业，挖掘更多新的经济增长点和增长极，“着力打通生产、分配、流通、消费各个环节，逐步形成以国内大循环为主体、国内国际双循环相互促进的新发展格局”[①]。7 月 21 日，在企业家座谈会上，习近平指出，“以国内大循环为主体，绝不是关起门来封闭运行，而是通过发挥内需潜力，使国内市场和国际市场更好联通，更好利用国际国内两个市场、两种资源，实现更加强劲可持续的发展”[②]，企业家要努力成为构建新发展格局的主力军。7 月 30 日，在中共中央政治局会议上，习近平强调，当前经济形势的复杂性、严峻性、不稳定和不确定性表明，我国遭遇的很多经济问题有中长期特性，因此需从持久战的视角加以认识，加快形成国内大循环为主体、国内国际双循环相互促进的新发展格局。8 月 24 日，在经济社会领域专家座谈会上，习

① 《坚持用全面辩证长远眼光分析经济形势 努力在危机中育新机于变局中开新局》，《人民日报》2020年5月24日。

② 《激发市场主体活力弘扬企业家精神 推动企业发挥更大作用实现更大发展》，《人民日报》2020年7月22日。

近平特别指出，新发展格局并非封闭的国内循环，而是以开放为主要特征的国内国际双循环。9 月 1 日，在中央全面深化改革委员会第十五次会议上，习近平指出，构建新发展格局在当前还面临诸多新情况新问题，需要统筹短期应对和中长期发展，既要做好战略布局，也要在关键处落好子。9 月 22 日，在第 75 届联合国大国一般性辩论中，习近平强调，中国并不追求一枝独秀，决不搞你输我赢，更不会关起门搞封闭运行，而是要逐步形成新发展格局，既为中国中长期发展创造空间，也为世界经济复苏和经济增长注入新动力。

这一阶段，习近平在各地考察也多次论及构建新发展格局。8 月 18 日至 21 日，在安徽考察时，习近平要求，安徽要“努力探索形成新发展格局的有效路径”。8 月 20 日，在扎实推进长三角一体化发展座谈会上，习近平强调，长三角要“率先形成新发展格局”。10 月 14 日，在深圳特区成立 40 周年庆祝大会上习近平提出，新时代的特区建设要“紧扣推动高质量发展、构建新发展格局”。11 月 12 日，在浦东开发开放 30 周年庆祝大会上，习近平指出，浦东新区“要增强全球资源配置能力，服务构建新发展格局”。

2020 年 10 月至 2021 年 3 月，是第二阶段。这一阶段，构建新发展格局被纳入“十四五”规划，成为事关我国发展全局的重大战略任务。

2020 年 10 月召开的党的十九届五中全会明确提出，要加快构建新发展格局。会议强调要“形成强大国内市场，构建新发展格局”，坚持以扩大内需为战略基点，培育完整内需体系；坚持把扩大内需战略和深化供给侧结构性改革相结合，以创新渠道、高质量供给引领并创造新需求；坚持畅通国内大循环，推动国内国际双循环，全面促进消费，扩大投资空间。会上，习近平就《中共中央关于制定国民经济和社会发展第十四个五年规划和二〇三五年远景目标的建议》作说明强调，“构建新发展格局，是与时俱进提升我国经济发展水平的战略抉择，也是塑造我国国际经济合作和竞争新优势的战略抉择。”①

2021 年 1 月 11 日，在省部级主要领导干部学习贯彻党的十九届五中全会精神专题研讨班开班式上，习近平强调，构建新发展格局明晰了我国经济现代化建设的路径选择，加快构建新发展格局，是“十四五”规划建议确定的一项关系发展全局的重大战略任务，要准确把握和积极推进。

3 月 11 日，十三届全国人大四次会议表决通过关于国民经济和社会发展第十四个五年规划和 2035 年远景目标纲要的决议。规划纲要将“形成强大国内市场构建新发展格局”作为“十四五”时期经济社会发展的第三大任务（第一项任务是坚持创新驱动发展，第二项任务是加快发展现代产业体系），提出畅通国内大循环、促进国内国际双循环和加快培育完整内需体系等工作部署。

2021 年 3 月以来，是第三阶段。这一阶段，各地研究制定政策举措，落实构建新发展格局要求。

浙江省提出，率先探索构建新发展格局，将基本建成国内大循环的战略支点、国内国际双循环的战略枢纽，作为浙江省“十四五”时期经济社会发展的主要目标之一。上海市提出聚焦自贸试验区临港新片区、一体化示范区与虹桥国际开放枢纽三个重点区域，探索构建新发展格局的新路径。江苏省提出，在服务全国构建新发展格局工作领域争做示范。广东省提出，全力打造新发展格局战略支点，积极发挥支撑、引领和率先示范作用。

与此同时，在各地考察中，习近平进一步阐述构建新发展格局的要求和精髓。比如，2021 年 4 月，在广西考察时，习近平要求广西在

---

① 《〈中共中央关于制定国民经济和社会发展第十四个五年规划和二〇三五年远景目标的建议〉辅导读本》，北京：人民出版社，2020年版，第70页。

服务和融入新发展格局上呈现新作为，强调既要深刻认识构建新发展格局对推动地方高质量发展的基本要求，还要准确把握本地区在服务和融入新发展格局中的比较优势，走一条符合本地实际的高质量发展之路。

二、历史逻辑

新发展格局的提出，具有深厚的历史逻辑。从 1949 年建立新中国至今，我国的发展格局大致经历了五个演进阶段。

1. 1949—1978 年：以国内循环为主

新中国成立之初，苏联的经济发展模式深刻影响着中国的经济社会发展。为加速推进社会主义工业化，在“一化三改”总路线的指引下，在苏联的帮助下，通过实施三个国民经济五年发展计划，初步确立了政府主导，以工业化为主要发展方向的国内经济循环体系。

这一国内经济循环体系的形成和发展符合当时的发展现实和国家安全形势。新中国成立伊始，朝鲜战争爆发，以美国为首的西方国家强化对我国的政治经济封锁，党和政府被迫采取“一边倒”方针。而后，中苏关系趋向恶化最终破裂，两国科技交流断档，造成我国对外经济开放步伐严重受阻，党和政府遂开始探索走独立自主、自力更生的发展道路，逐步形成了以国内循环为主的发展格局。围绕如何统筹经济建设和国防安全建设，自 1964 年开始，在我国中、西部 13 个省、自治区，围绕“备战”展开了大规模的国防、科技、工业和交通基础设施建设，史称“三线建设”。

同时，进入社会主义全面建设时期，我国社会主要矛盾的转变也是构建内循环为主发展格局的一个重要原因。新中国成立之时的中国几乎没有任何工业基础，同时战争遗留的一系列问题也有待解决，可谓是百废待兴。这决定了社会主义全面建设时期的首要任务就是建立自主的工业体系和国民经济体系。

1971 年，我国恢复了在联合国的合法席位，迎来建交高峰期，外交关系得到极大改善。1973 年，全球第一次石油危机爆发，西方发达国家为转嫁危机对本国经济的冲击，对我国先后推出的“四三方案”（1973 年）和“洋跃进”（1978 年）——即面向国外进口大批成套技术设备的发展举措给予“积极”回应。通过从发达国家引进大批民用工业领域的成套技术设备，布局到彼时工业基础较好的沿海、沿江地区，极大改变了我国原有的工业产业结构布局。至 1978 年，我国已经初步形成了较为完整的工业体系和国民经济体系，奠定了改革开放和社会主义现代化建设新时期的发展基础。而且，需要肯定的是，20 世纪 70 年代，中国恢复联合国席位、中美关系和中日关系改善也为 1978 年以后的改革开放创造了良好的外部环境。然而，不容忽视的是，这种以国内循环为主的发展格局，也造成了“我国出现产业结构、投资区域结构的失衡现象，加剧了城乡二元结构分化和区域经济发展不协调，最终压抑了全社会的消费需求”①。

2. 1978—1988 年，以国内循环为主，辅以有限的国际循环

1978 年 12 月，党的十一届三中全会作出实施改革开放的历史性重大决策，开启了对内改革、对外开放的历史新时期。此时，我们党恢复八大的正确路线，逐步形成了改革开放新时期社会主要矛盾的重大判断。社会主要矛盾的转变，要求必须从主要矛盾的供给侧，即落后

---

① 杨书群、杨宇昊：《双循环新发展格局的历史演变与发展路径》，《新疆社科论坛》2021年第3期。

的社会生产入手，对之前高度集中的计划经济体制和“一大二公”的单一所有制结构进行根本性的变革，特别是修复和调整之前形成的以国内循环为主的发展格局，借以解放和发展生产力，不断满足人民群众日益增长的物质文化需求。

这一阶段的经济体制改革发端于农村，而后向城市扩展，逐渐形成了从农村到城市的、以内循环为主的发展格局。一方面，农村家庭联产承包责任制的逐步推广，极大调动了农民的生产积极性，农村经济得到恢复和较大发展，农业生产局面大为改观，1984 年全国粮食产量较 1979 年提升了 34%。搞活农村经济，既为城市的工业化发展提供了物质支撑，还释放了大量剩余劳动力，为城市的工业发展提供了较为充足的劳动力资源。另一方面，农村生产的快速发展，又促成了沿海地区乡镇企业的异军突起。乡镇企业的蓬勃发展吸纳了大量农村富余劳动力，增加了农民收入，并在一定程度上缩小了城乡、区域差距和城乡居民收入差距，造成了城乡内循环的良性互动发展格局。

与此同时，党和政府设立许多经济特区和沿海开放城市，并逐渐下放外贸经营权，直接促成在工业基础较好的沿海地区，出现了大量“三来一补”“两头在外”的劳动密集型企业，从而嵌入了跨国公司主导的国际分工和全球产业链价值链。我国企业凭借廉价的劳动力和土地生产要素优势，以及较大空间的环境承载力，积极发展具有要素投入优势的劳动密集型产业，并借助发达国家的市场，带动了国内产业的升级改造和工业化的快速发展。

这一阶段，党和政府通过实施税收等优惠政策和调整固定资产投资比例，使得之前处于失衡状态的积累和消费关系、重工业和轻工业关系、沿海工业和内地工业关系等得到明显改善。沿海地区凭借良好的工业基础、区位优势，率先进行对外开放，积极顺应发达国家和地区的产业转移大势，得以从组装加工环节嵌入全球产业链价值链，对发展我国生产力、改善人民生活水平发挥了重要作用。这样，伴随经济特区和沿海开放城市的设立和蓬勃发展，一度以内循环为主的经济发展格局，得以打开了封闭的发展空间，彻底打破了前一阶段以单一的内循环为主的发展格局，从而形成了以国内循环为主，辅以有限的国际循环的发展格局。

3. 1988—2006 年，以国际循环为主，以国内循环为辅

依据要素禀赋和比较优势理论，落后国家要快速发展生产力，最需要的是资金、技术和先进管理经验等核心要素资源，实施外向型经济发展战略能够一定程度上克服落后国家核心要素资源短缺的突出问题。1988 年 1 月，我们党作出在沿海地区加快工业化、参与国际循环的重大经济决策，鼓励、引导经济发展条件相对较好的沿海地区，积极参与国际分工、国际交换和国际竞争，并以此带动更为广大的中西部地区更快融入经济全球化进程。1992 年初，邓小平南方谈话厘清了市场和计划两种资源配置手段的非制度属性，为党的十四大提出社会主义市场经济体制改革目标奠定认识基础，这标志着我国的改革开放和社会主义现代化建设迎来全新发展时期。随后，重点围绕金融、通讯等领域的央企改革、地方国企改革，以及分税制改革取得重大进展，市场化进程加快，成功应对 1997 年亚洲金融危机、2001 年加入 WTO 更是加快了我国融入经济全球化进程的步伐。

需要指出的是，1998 年，为应对亚洲金融危机，江泽民提出，“要努力扩大内需，发挥国内市场的巨大潜力”[①]。江泽民强调，增强经济发展韧性的重中之重是要坚持依靠国内市场。此后，扩大内需成为一

① 《江泽民文选》第二卷，北京：人民出版社，2006年版，第103页。

项基本国策。从“十一五”规划开始，扩大内需日益受到党和政府的重视，其所具有的带动经济循环的强大功能日益被赋予战略性涵义。

这样逐步形成了以国际循环为主的经济发展格局，这有两个具体表现。其一，在工业领域，借助“市场换技术”策略，得以从西方发达国家引进许多先进技术和成套设备，通过吸收消化，我国工业化水平实现了总体提升。其二，鼓励市场主体积极主动融入全球化生产链条，发展“两头在外，大进大出”的出口导向性经济，国际循环得以向纵深发展。加入 WTO 后短短 5 年时间内，我国对外贸易依存度便从 1978 年的低于 10% 急剧攀升至 64.24%，中国占全球货物进出口额比重也由改革开放之初的第 7 位跃升至第 1 位，以国际循环为主的外向型经济发展格局全面形成。

这一阶段，一方面，各地政府实施空前优惠的招商引资政策，加之人民币汇率的大幅贬值，大批海外投资涌进，并深深扎根中国市场。另一方面，国内不少企业牢牢抓住“国内市场国际化、国际市场国内化”机遇，敢于与外资企业、合资企业同台竞争，实现了自身的快速发展和积累，相当程度上缓解了 20 世纪 80 年代以来国内资本要素短缺和技术落后的窘境，之前的外汇短缺和国民储蓄不足问题得到根本改观，高外汇储备和高国民储蓄率发展态势显现。

作为世界上人口最多的后发国家，我国在经济起飞阶段积极顺应经济全球化大势，主动构建以国际循环为主的经济发展格局，能够极大改善落后的社会生产，并满足人民日益增长的物质文化需要，适应彼时的发展条件和资源禀赋，符合后发国家在经济起飞阶段走以国际循环为主的外向型经济发展道路的一般经验。事实证明，以外向型经济为导向的国际循环发展格局，切实让中国经济驶入了快车道，并在 20 世纪 90 年代末期实现了由买方市场到卖方市场的根本转变。

4. 2006—2019 年：国际循环和国内循环并列

“两头在外，大进大出”的经济发展格局渐渐导致我国经济发展高度依赖外部市场，且易受外部环境变化的影响，同时，伴随人口老龄化加剧，人口红利边际效用递减，土地、能源和资源等生产要素成本提升，长期依靠投资和出口拉动经济增长的动能逐渐减弱，以国际循环为主的外向型经济发展显露出疲态。

此种形势下，党的十六届五中全会于 2006 年 10 月召开。全会审议通过的《中共中央关于制定国民经济和社会发展第十一个五年规划的建议》要求，“立足扩大国内需求推动发展，把扩大国内需求特别是消费需求作为基本立足点，促进经济增长由主要依靠投资和出口拉动向消费与投资、内需与外需协调拉动转变”①。这标志着我们党开始着手调整长期以来形成的以国际循环为主的经济发展格局。此后没多久，2008 年国际金融危机爆发，受危机影响，我国对外出口形势趋向恶化，为防止危机造成一系列社会问题，党和政府及时出台经济刺激计划，目的在于加快形成国内循环发展模式，借以有效应对外部经济环境变化。2010 年通过的“十二五”规划强调要进一步构建扩大内需的长效机制。然而，受宽松财政政策计划的刺激，由政府主导投资形成的内循环很快导致国内多数行业出现新一轮的产能过剩问题，并进而造成国内循环受阻和债务高企等问题产生。面对新情况新问题，党和政府及时推行“去产能、去杠杆、去库存、降成本、补短板”的供给侧结构性改革，同时分别在国内国外推行乡村振兴战略和“一带一路”倡议，钢铁、煤炭、水泥等行业的产能过剩问题得到有效消化，多数行业的供求关系得到明显改善。

---

① 《中共中央关于制定国民经济和社会发展第十一个五年规划的建议》，北京：人民出版社，2006年，第16页。

随着扩大内需政策的深入推进和供给侧结构性改革的深入落实，我国各类企业的产品和服务质量得到很大提升，国内供需平衡问题进一步改善，初步形成了旨在满足人民美好生活需求的国内循环体系。我国外贸对外依存度大幅降低，由 2006 年的 64.24% 降至 31.85%。当然，这个比例同美国、日本等发达国家相比，仍然偏高。整体而言，这一阶段，党和政府开始有意识对国际循环的发展格局进行主动调整，形成了国际循环、国内循环并举的发展格局，这也为新发展格局的提出奠定了坚实基础。

5. 2020 年至今，国内大循环为主体、国内国际双循环相互促进

2020 年既是“十三五”规划收官之年，亦是决胜全面建成小康社会和开启全面建设社会主义现代化国家的关键一年。基于国际大势的新变化，特别是新冠肺炎疫情的全球肆虐，全球经济发展不稳定性、不确定性因素趋于增多，此种形势要求党和政府进一步依靠扩大内需、畅通国内大循环来加以应对。以习近平同志为核心的党中央在 2020 年 4 月以来，不断阐释并布局加快构建新发展格局。通过一年多的不懈努力，我国逐步实现了向双循环新发展格局的华丽转身。

构建新发展格局的关键是畅通经济循环。习近平指出：“构建新发展格局的关键在于经济循环的畅通无阻，就像人们讲的要调理好统摄全身阴阳气血的任督二脉。经济活动需要各种生产要素的组合在生产、分配、流通、消费各环节有机衔接，从而实现循环流转。在正常情况下，如果经济循环顺畅，物质产品会增加，社会财富会积聚，人民福祉会增进，国家实力会增强，从而形成一个螺旋式上升的发展过程。如果经济循环过程中出现堵点、断点，循环就会受阻，在宏观上就会表现为增长速度下降、失业增加、风险积累、国际收支失衡等情况，在微观上就会表现为产能过剩、企业效益下降、居民收入下降等问题。”[①]

构建新发展格局，畅通经济循环，需要正确认识以下三点。其一，并非被迫之举和权宜之计，而是掌握发展主动权的先手棋。新发展阶段是社会主义初级阶段经过数十年积累而迎来的一个新阶段，是站到新的起点上的一个阶段，是构建新发展格局的最大实际。习近平指出：“经过新中国成立以来特别是改革开放40多年的不懈奋斗，我们已经拥有开启新征程、实现新的更高目标的雄厚物质基础。”[②]新发展阶段是我们党推动高质量发展的关键时期，也是我们党实现为人民谋幸福和为民族谋复兴奋斗目标的关键时期。站在“两个一百年”奋斗目标的历史交汇点上，构建新发展格局主要是对我国客观发展规律和发展大势的自觉把握，是贯穿于新发展阶段的基本战略，对于我们党在2035年基本实现社会主义现代化、21世纪中叶全面建成社会主义现代化强国具有战略保障作用，是长期战略，不是权宜之计。

其二，并非搞地区小循环，而是建设全国统一大市场的国内大循环。国内循环是建立在国内大统一市场基础之上的大循环，不是每个地区各自为政的自我小循环。引导各地区找准自己在双循环中的坐标和比较优势，将构建新发展格局与实施区域协调发展战略有机衔接起来，打通区域、省域、城市、乡村等不同空间之间的经济循环，加快形成统一开放、竞争有序的现代市场体系。

其三，并非搞封闭的国内单循环，而是开放、相互促进的双循环。坚持对外开放是中国取得经济腾飞奇迹的基本经验之一。构建新发展格

① 习近平：《把握新发展阶段，贯彻新发展理念，构建新发展格局》，《求是》2021年第9期。

② 转引自中共中央党校经济学部编：《“十四五”〈纲要〉新概念——读懂“十四五”的100个关键词》，北京：人民出版社，2021年版，第2页。

局不是否定对外开放的成功经验，而是实行更高水平的对外开放，其主要目的之一便是，“通过发挥内需潜力，更好吸引全球资源要素，在满足国内需求、提升我国产业技术发展水平的同时，积极促进内需和外需、进口和出口、引进外资和对外投资协调发展，使国内市场和国际市场更好联通，更好利用国际国内两个市场、两种资源，实现更加强劲、可持续的发展”①。换句话讲，构建新发展格局就是要在推动国内大循环深度融入到国际大循环之中的同时，促使国际大循环为国内循环向更高水平发展提供动力和支撑。之所以我们强调要以国内大循环为主，主要是因为，“实行高水平对外开放，必须具备强大的国内经济循环体系和稳固的基本盘，并以此形成对全球要素资源的强大吸引力、在激烈国际竞争中的强大竞争力、在全球资源配置中的强大推动力”②。

构建新发展格局最本质的特征是实现高水平的自立自强。习近平强调，“当前，我国经济发展环境出现了变化，特别是生产要素相对优势出现了变化。劳动力成本在逐步上升，资源环境承载能力达到了瓶颈，旧的生产函数组合方式已经难以持续，科学技术的重要性全面上升。在这种情况下，我们必须更强调自主创新”，必须认识到，“构建新发展格局最本质的特征是实现高水平的自立自强”，必须“把这个问题放在能不能生存和发展的高度加以认识”③。基于此种认识，“十四五”规划建议分别将科技创新和突破产业瓶颈作为第一条和第二条重大举措。

① 史守林：《构建新发展格局的时代背景和现实选择》，《红旗文稿》2021年第11期。
② 习近平：《把握新发展阶段，贯彻新发展理念，构建新发展格局》，《求是》2021年第9期。
③ 习近平：《把握新发展阶段，贯彻新发展理念，构建新发展格局》，《求是》2021年第9期。

“改革开放以来，我们遭遇过很多外部风险冲击，最终都能化险为夷，靠的就是办好自己的事、把发展立足点放在国内。”[①]历史和现实证明，唯有坚持自主创新引领，实现高水平科技自立自强，才能确保国家经济安全和其他安全，才能真正抓牢发展主动权和创新主动权，拓展竞争新优势。构建新发展格局，就是从统筹国内国际两个大局出发，坚持创新驱动在现代化建设全局中的核心地位，紧抓新一轮科技革命和产业变革迅猛发展的重要机遇，立足本国优势抢占科技创新制高点，有效应对错综复杂的国际环境带来的各种风险挑战。

坚持自主创新引领，坚决打赢关键核心技术攻坚战，需要发挥新型举国体制对于强化国家战略科技力量的支撑作用。现代科技竞争很大程度上是国家间战略科技力量的比拼。当前，我国国家战略科技力量与世界发达国家相较还有很大差距。“新型举国体制是适应新发展阶段、贯彻新发展理念、构建新发展格局下推进科技创新发展的新机制。”[②]发挥新型举国体制优势，加强国家战略科技力量，就是要以国家力量集合优势资源，推动建设一流科研机构，超前布局前瞻性基础研究，布局前沿引领技术研发和关键核心技术重点突破，加快科技自立自强步伐，凸显国家作为重大科技创新组织者的作用。

三、现实逻辑

构建新发展格局是党的十九届五中全会的重要论断之一，是一个全新的实践命题。它的提出并非临时起意，既有对中美贸易战下中美

① 《〈中共中央关于制定国民经济和社会发展第十四个五年规划和二〇三五年远景目标的建议〉辅导读本》，北京：人民出版社，2020年版，第70页。

② 张德勇：《实现高水平的自立自强加快构建新发展格局》，《鄂州日报》2021年1月22日。

关系中长期发展态势的考量，又有对新冠肺炎疫情全球蔓延加剧外部环境不确定性的考量，更有对国内经济发展环境、条件和任务转变的考量。

1. 中美贸易摩擦呈现中长期发展态势

自新中国成立伊始，中美便存在贸易摩擦。及至中苏关系破裂，美苏尚正值冷战期间。为遏制苏联的全球性扩张，中美关系逐步破冰，美国对华经济战略由遏制转向接触。

美国对华经济接触战略的实施，客观上为中国参与全球经济分工和合作创造了有利条件，同时也进一步巩固了美国在全球的领先地位，以及美元在国际货币体系中的霸权地位。然而，2001 年“9·11”事件的爆发，美国投入巨大精力开始全球反恐，特别是 2008 年国际金融危机爆发后，美国经济出现严重衰退。与此同时，中国保持了经济长期持续稳定增长，并成功应对金融危机的负面影响，逐渐成为世界第二大经济体和制造业第一大国。中美两国实力对比开始发生重大变化，使得美国社会主流人士感到焦虑和不安，随后，“人类命运共同体”理念和“一带一路”倡议的提出，则被美国视为是对全球霸权地位的挑战。由此，美国对华经济战略逐渐由接触转向“防范”[①]。2017 年，特朗普就任美国总统后，坚持“美国利益优先”和“让美国再次强大起来”，将中国定位为“战略竞争对手”，并挑起对华贸易战，对华施加一系列制裁。2020 年美国总统大选和部分政客推动新冠肺炎疫情政治化，则进一步明确了中美贸易摩擦的中长期走向，形势要求中国必须形成以国内大循环为主的国内国际双循环的新发展格局。

① 李巍：《从接触到竞争：美国对华经济战略的转型》，《外交评论(外交学院学报)》2019年第5期。

2. 新冠肺炎疫情全球肆虐加剧外部环境不确定性

新冠肺炎疫情的全球蔓延至少造成了两方面的经济影响。其一，各国经济纷纷出现衰退，据测算，全球经济受疫情影响在 2020 年萎缩幅度为 4.4%。民粹主义和贸易保护主义迅速再度抬头。他们将本国的经济衰退归咎于经济全球化，反对国际合作和国际贸易，主张以邻为壑、各自为政的贸易政策，相当程度上影响了欧美国家的抗疫策略偏好，使得抗疫国际合作变得愈加困难，造成疫情久久难以平复，成为各国经济恢复的最大障碍。其二，为有效遏制病毒传播，各国纷纷采取停工停产、禁航禁运等措施，导致全球产业链供应链发生断裂威胁，国际贸易环境不确定增强。如此，延续以往的以国际大循环为主的经济发展格局，将对中国未来的经济发展带来更多的风险和不确定性。国际贸易环境的新变化要求中国必须将发展中心从国外转移至国内，完善国内产业链和供应链，构建新发展格局。

3. 国内经济发展环境、条件和任务发生重大转变

经过数十年发展，中国国内优势渐渐凸显，具备了构建新发展格局的条件和基础。一则，中国拥有超大规模市场优势。习近平指出：“我国有 14 亿人口，人均国内生产总值已经突破 1 万美元，是全球最大和最有潜力的消费市场，具有巨大增长空间。”[①]这是我国构建新发展格局的最大优势。从收入端看，中等收入群体已超 4 亿人。从支出端看，以 2019 年为例，我国人均可支配收入 32189 元，人均消费 21210 元，消费支出占比仅有 65.89%，不仅低于发达国家水平，还不及世界平均水平，消费提升空间巨大。“当今世界，最稀缺的资源是市场。市场

① 《〈中共中央关于制定国民经济和社会发展第十四个五年规划和二〇三五年远景目标的建议〉辅导读本》，北京：人民出版社，2020年版，第70页。

资源是我国的巨大优势，必须充分利用和发挥这个优势，不断巩固和增强这个优势，形成构建新发展格局的雄厚支撑。”[①]二则，中国拥有坚实的产业基础。中国已形成独立的、比较完整的现代工业体系，是全球唯一拥有联合国产业分类中全部41个大类、207个中类、666个小类的国家，国内产业链供应链形成了良好的相互配套能力。三则，中国拥有大量受过高等教育或掌握某一方面技能的人力资源，尤其是拥有世界上规模最大的科技人员队伍和产业工人队伍。中国科技投入持续保持增长，科技进步对经济增长的贡献率逐年提高，国际专利申请量位于国际前列。

因此，向新发展格局转变乃是适应我国当前国内发展环境和条件的最优战略性选择。它顺应了中国未来依靠科技创新、产业链供应链的调整和升级，以及缩小区域差距和居民收入差距的国内发展大势，体现了五大发展理念的要求，体现了习近平有关“以人民为中心”发展思想、“将人民的利益摆在至高无上的地位”“将人民对于美好生活的向往作为奋斗目标”的治国理政理念。

四、实践路径

构建新发展格局是事关现代化建设全局的系统性、深层次变革，需要以坚持扩大内需为战略基点，以畅通国民经济循环为关键，以建设高标准市场体系、提升居民收入水平、实行更高水平的对外开放为工作抓手。

① 习近平：《把握新发展阶段，贯彻新发展理念，构建新发展格局》，《求是》2021年第9期。

1. 提高产品和服务供给质量，充分挖掘内需空间

新时代我国社会主要矛盾发生转变，人民对美好生活的需求日益增多，蕴含着消费升级的巨大空间。2000 年，我国居民恩格尔系数首次降至 50% 以下，食品之外的穿住用行等物质性消费开始占据主导地位，至 2019 年，恩格尔系数进一步降至 28.2%，下降速度世所罕见，充分表明居民消费结构的快速演变：对商品和服务质量的要求急剧提升。当前，家电、电子设备、轿车等主要耐用品更新换代速度飞快并呈现向高端转移态势，住房、医疗、文娱等领域对优质服务的需求甚大，亟待挖掘市场潜力，进一步提升消费支出对国民经济的贡献度。

挖掘超大规模市场内需空间，需要坚持深化供给侧结构性改革，着力提高产品和服务供给质量和水平，以新供给创造新需求。历史经验表明，一些领域只要有高品质产品和服务出现，原本看似已经饱和的市场需求，完全可以被新的市场需求所取代。比如，数字手机的更新换代和颠覆性创新。再比如，高铁、打车软件等新式交通工具和服务，已经重塑了人们的出行方式。正如习近平所指出的，人民群众的需求已经发生重大变化，因此，必须“提升供给体系对国内需求的适配性，形成需求牵引供给、供给创造需求的更高水平动态平衡”[①]。

2. 畅通国民经济循环，全力打通堵点、断点

构建新发展格局，畅通生产、分配、流通和消费诸环节，实现国内经济部门之间循环流转和产业之间的关联畅通是前提。当前，经济运行过程中的堵点和断点在四个环节都存在。在生产环节，产业链供应链存在薄弱环节。在分配环节，城乡、区域和收入分配差距存在，部分居民消费能力不足，社会保障体系尚待完善。在流通环节，国内

---

① 习近平：《在经济社会领域专家座谈会上的讲话》，《人民日报》2020年8月25日。

统一大市场尚不完善，市场壁垒、市场割据一定范围内还存在。

习近平强调，必须通过全面深化改革，“聚焦重点问题，加强改革举措的系统集成、协同高效，打通淤点堵点，激发整体效应”[①]。构建新发展格局，要求坚持系统思维，全面深化改革，创新制度供给，拓展制度空间，切实补齐各方面漏洞和短板。

3. 建设高标准市场体系，形成统一国内大市场

公平开放、竞争有序的市场体系是构建统一国内大市场、畅通国内大循环的基础性条件。近年来，我国市场体系建设取得长足进步，但仍存在诸多短板和堵点。为此，党的十九届五中全会提出了“社会主义市场经济体制更加完善，高标准市场体系基本建成，市场主体更加充满活力，产权制度改革和要素市场化配置改革取得重大进展，公平竞争制度更加健全”[②]的经济社会发展主要目标。这表明，基本建成同发展阶段相匹配、同世界高水平市场体系相对标的高标准市场体系，是“十四五”时期经济社会发展的重要任务之一。

高标准市场体系的形成有三个工作着力点。一是建立更加完善的要素市场化配置体制机制。这就要求完善自然资源有偿使用制度，逐步放开能源、电力、流通等领域竞争性环节，减少政府对市场和微观经济活动的直接干预，进一步破除户籍、社保、任职资格等领域存在的障碍。二是强化产权保护。这就要求积极稳妥推进国有企业混合所有制改革，防止国有资产流失；强化民营企业产权保护，防止公权力不当侵权；全面加强知识产权保护，依法严惩侵权行为。三是形成统一公平市场。

---

① 《推动更深层次改革实行更高水平开放，为构建新发展格局提供强大动力》，《人民日报》2020年9月2日。

② 《中共中央关于制定国民经济和社会发展第十四个五年规划和二〇三五年远景目标的建议》，北京：人民出版社，2020年版，第8页。

这就要求进一步推进“放管服”改革，以市场准入负面清单破除各类隐形市场壁垒；强化市场监督，保护消费者合法权益，维护良好市场环境；防范垄断和资本无序扩张，强化平台经济监管，整治不正当竞争。

4.提升居民收入水平，扩大中等收入群体

党的十九届五中全会首次提出，“十四五”时期要使全体人民共同富裕取得更为明显的实质性进展。党和政府要“建立科学的公共政策体系，把蛋糕分好，形成人人享有的合理分配格局”，党和政府需“正确处理效率和公平的关系，构建初次分配、再分配、三次分配协调配套的基础性制度安排，加大税收、社保、转移支付等调节力度并提高精准性，扩大中等收入群体比重，增加低收入群体收入，合理调节高收入，取缔非法收入，形成中间大、两头小的橄榄型分配结构”[①]，切实解除或缓解人民群众的后顾之忧，让人民群众敢于消费。扩大中等收入群体是重中之重。中等收入群体就业和收入相对稳定，生活需求相对较高，既有消费能力，也有消费意愿，且对中高端商品和服务有更多需求，是引领消费需求转变和消费结构升级、夯实扩大内需战略基点的最大支撑。

同时，要把乡镇和农村作为扩大消费的重要增长点。通过实施乡村振兴战略，多措并举，提高农民收入，增强共消费意愿和消费水平。要进一步打破城乡二元体制，加大新型城镇化建设力度，加快农业转移人口全面融入城市，从而在就业、教育、住房、医疗等方面持续产生巨大的结构性内需增长动力。

① 习近平：《扎实推动共同富裕》，《求是》2021年第20期。

5. 实行更高水平的对外开放，开辟合作共赢新局面

党的十九届四中全会提出，要建设更高水平的开放型经济新体制。党的十九届五中全会进一步要求，坚持全面开放，依托我国超大规模市场优势，促进国际合作，实现互利共赢。以更高水平对外开放，推动构建新发展格局，是应对全球化逆流和回头浪以及“脱钩论”的正确选择。这就要求党和政府必须“通过自贸试验区战略积极打造国际贸易投资合作新平台，从要素开放转向制度开放，探索规则、规制、管理、标准等制度型开放，形成国际合作和竞争新优势，推动国内国际双循环相互促进”①。截至 2021 年 2 月，自贸试验区已历经六次扩容，形成“1+3+7+1+6+3”基本格局。此外，海南省以自由贸易港为目标，致力于打造对外开放新高地。

在加快自贸试验区建设的同时，我国还要加快同其他国家和地区谈判自贸协定的步伐，持续深化双边或多边开放合作。2020 年 11 月 15 日，东盟 10 国和中国、日本等 15 个亚太国家签署《区域全面经济伙伴关系协定》，建立了当今世界上覆盖人口最多、贸易规模和潜力最大的自由贸易区。12 月，中欧领导人共同宣布完成中欧投资协定谈判，中欧合作开启新局面。我国还积极考虑加入《全面与进步跨太平洋伙伴关系协定》，已与 11 个成员中的部分成员进行了非正式接触。此外，我国还坚持共商共建共享原则，持续推进高质量共建“一带一路”。

我国要通过实现更高水平的对外开放，深入融合国际市场，提升出口产品和服务的竞争力，增强我国在全球产业链、供应链、创新链中的影响力和号召力，并通过强化国际合作，在国际经贸规则制定中发挥更多积极作用，承担更多国际责任，主动提供更多全球公共产品。

① 陈建奇：《构建新发展格局的理论逻辑及战略重点》，《理论与评论》2021 年第 3 期。

第四章
我国社会主要矛盾演变的基本特点

我国社会主要矛盾的演变具有四个显著的基本特点，一是将社会主义初级阶段作为基本依据，二是将中华民族伟大复兴作为根本动力，三是将社会主义现代化作为实践主题，四是将马克思主义中国化作为理论主线。

第一节　社会主义初级阶段：社会主要矛盾演变的基本依据

中国这样一个脱胎于半殖民地半封建社会、经历新民主主义革命和社会主义革命建立起来的崭新的社会主义国家，基本国情是什么？自 1956 年社会主义三大改造基本完成一直到 1978 年党的十一届三中全会召开之前，我们党曾开展过有益探索。改革开放以后，基于对当代中国国情的科学判断，邓小平提出，我国处于社会主要初级阶段，这是建设中国特色社会主义的总依据，也是我国社会主要矛盾演变的基本依据。

党的十一届三中全会以后，邓小平提出，搞建设要符合中国国情，走中国式现代化道路，“不要离开现实和超越阶段采取一些‘左’的办法，这样是搞不成社会主义的”[①]。党的十三大召开前夕，邓小平指出：“我们党的十三大要阐述中国社会主义是处在一个什么阶段，就是处在初级阶段，是初级阶段的社会主义。社会主义本身是共产主义的初级阶段，而我们中国又处在社会主义的初级阶段，就是不发达的阶段。一切都要从这个实际出发，根据这个实际来制订规划。”[②]

党的十三大正式提出并系统论述了社会主义初级阶段理论。十三大政治报告指出：“我国社会主义的初级阶段，是一个什么样的历史阶段呢？它不是泛指任何国家进入社会主义都会经历的起始阶段，而是特指我国在生产力落后、商品经济不发达条件下建设社会主义必然

① 《邓小平文选》第二卷，北京：人民出版社，1994年版，第312页。
② 《邓小平文选》第三卷，北京：人民出版社，1993年版，第252页。

要经历的特定阶段。我国从五十年代生产资料私有制的社会主义改造基本完成，到社会主义现代化的基本实现，至少需要上百年时间，都属于社会主义初级阶段。这个阶段，既不同于社会主义经济基础尚未奠定的过渡时期，又不同于已经实现社会主义现代化的阶段。”[①]党的十三大报告明确了社会主义初级阶段的时间范围，即从 1956 年社会主义三大改造基本完成，到 21 世纪中叶社会主义现代化基本实现，时间跨度约 100 年。社会主义初级阶段理论包含两层涵义，一是我国已经进入社会主义社会，必须坚持而不能离开社会主义搞建设，二是我国的社会主义社会还处于不发达阶段，必须正视而不能超越初级阶段，这与“马克思主义创始人所设想的在资本主义高度发展的基础上建设社会主义”[②]的情形差异较大。

党的十五大进一步阐明了社会主义初级阶段的基本特征，要点有以下六个方面。其一，它是逐步摆脱不发达状态，基本实现社会主义现代化的历史阶段；是逐步缩小同世界先进水平差距，实现中华民族伟大复兴的历史阶段。其二，它是由农业国逐步转变为包含现代工业与现代服务业的工业化国家、由自然经济半自然经济占较大比重，逐步转变为经济市场化程度较高的历史阶段。其三，它是由科技教育文化落后逐步转变为比较发达的历史阶段。其四，它是由贫困人口占有较大比重、地区经济文化发展很不平衡，逐步转变为全体人民比较富裕、地区经济文化差距缩小的历史阶段。其五，它是社会主义市场经济体制、民主政治体制和其他方面体制逐步建立和完善的历史阶段。其六，它是建设物质文明和精神文明并重的历史阶段。

---

① 《十三大以来重要文献选编（上）》，北京：人民出版社，1991年版，第2页。

② 《中国共产党第十三次全国代表大会文件汇编》，北京：人民出版社，1987年版，第10页。

社会主义初级阶段理论的提出，对于厘清我国改革开放和社会主义现代化建设新时期社会主要矛盾的国情依据和长期性具有重要意义。就国情依据而言，改革开放和社会主义现代化建设新时期社会主要矛盾赖以产生的基本国情是我国处于不发达阶段，“就发展水平来说，是一个小国，顶多也是个中小国家，连中等国家都算不上”，“我们现在人均国民生产总值是二百五十美元，是世界上很穷的国家之一”[①]。在不发达阶段，一定要把发展生产力放在首要位置。就长期性而言，改革开放和社会主义现代化建设新时期社会主要矛盾的解决，无论是生产力水平的极大提升，还是生产关系和上层建筑的改革完善，都是一个很长的历史阶段。邓小平指出：“我们穷，底子薄，教育、科学、文化都落后，这就决定了我们还要有一个艰苦奋斗的过程。[②]”邓小平在南方谈话中更是强调：“我们搞社会主义才几十年，还处在初级阶段。巩固和发展社会主义制度，还需要一个很长的历史阶段，需要我们几代人、十几代人，甚至几十代人坚持不懈地努力奋斗。”[③]由此，人民日益增长的物质文化需要同落后的社会生产之间的矛盾，需要贯彻于整个社会主义初级阶段，“以经济建设为中心”的基本路线也要坚持一百年不动摇。

从社会主义初级阶段的基本国情出发，把握和分析社会主要矛盾，是我们党治国理政的鲜明特点。无论是十七大报告提出的“两个没有变”，还是十八大报告关于“三个没有变”的判断，抑或十九大报告提出新时代社会主要矛盾新论断，取代《关于建国以来党的若干历史问题的决议》关于改革开放新时期社会主要矛盾的判断，并更新“三

① 《邓小平思想年编：1975—1997》，北京：中央文献出版社，2011年版，第89、314页。

② 《邓小平文选》第二卷，北京：人民出版社，1994年版，第257页。

③ 《邓小平文选》第三卷，北京：人民出版社，1993年版，第379—380页。

个没有变”的内容，都没有改变我们党对于社会主义初级阶段的发展阶段定位。实践证明，党和国家所有工作与任务皆必须从社会主义初级阶段的最大实际出发，这也是我们分析和判断社会主要矛盾的基本依据。一旦脱离社会主义初级阶段的最大实际，党和国家的一切工作都将是无本之木，深受影响。正如胡锦涛所指出的，“我国仍处于并将长期处于社会主义初级阶段的基本国情没有变”，这就要求我们“在任何情况下都要牢牢把握社会主义初级阶段这个最大国情，推进任何方面的改革发展都要牢牢立足社会主义初级阶段这个最大实际”[①]。亦如习近平所强调的：“不仅在经济建设中要始终立足初级阶段，而且在政治建设、文化建设、社会建设、生态文明建设中也要始终牢记初级阶段；不仅在经济总量低时要立足初级阶段，而且在经济总量提高后仍然要牢记初级阶段；不仅在谋划长远发展时要立足初级阶段，而且在日常工作中也要牢记初级阶段。”[②]1978年开启改革开放进程以来，我们党重新审视了社会发展阶段问题，指明了社会主义初级阶段的两层涵义，并在此基础上深化了对社会主要矛盾的认识。此后，我们党有关社会主要矛盾的分析和判断皆以这一基本国情为立足点和出发点。

还需要指出的是，党的八大、十一届六中全会、十九大三次重要会议，关于社会主要矛盾的认知变化体现了我国社会主义初级阶段在发展程度上的量变过程，呈现出鲜明的阶段性特征：党的八大召开之时，我国刚刚进入社会主义社会，生产力水平极度低下，急迫要求变落后的农业国为先进的工业国；十一届六中全会召开之时，国民经济得到初步发展，门类齐全的工业体系已经建立，急迫要求大力发展生产力

① 胡锦涛：《坚定不移沿着中国特色社会主义道路前进为全面建成小康社会而奋斗》，北京：人民出版社，2012年版，第16页。

② 《习近平谈治国理政》第一卷，北京：外文出版社，2018年版，第10—11页。

纠正前一时期的经济混乱；十九大召开之时，我国发展已实现从经济匮乏到繁荣的转变，由温饱不足到全面小康的转变，紧迫的任务已不再是发展滞后的问题，而是发展的不平衡不充分问题。而且，最新一次变化亦带有部分质变的特征，它深刻反映了改革开放40年来不同发展时期的不同矛盾表现，即由“较低层次供需矛盾向中高层级矛盾的转变，从‘数量短缺型’供需矛盾向‘优质不足型’的供需矛盾转变”[①]，但总体上又未超脱社会生产与社会需求这个矛盾的本质，“是一个总体量变中不断发生局部质变的发展过程”[②]。换句话说，在跨越百年时空范围的社会主义初级阶段，“不是只有一个社会主要矛盾，而是会有两个或两个以上社会主要矛盾的情况”[③]。《关于建国以来党的若干历史问题的决议》将经典判断的开始时间界定为“社会主义改造完成以后”，但并未指出其截止时间，党的十五大将其确定为“社会主义初级阶段”的主要矛盾，认为其贯穿我国社会主义初级阶段的整个过程和社会生活的各个方面，十九大关于社会主要矛盾的新论述是深化和发展，是社会主要矛盾在新时代的阶段性表现。

① 陈晋：《深入理解我国社会主要矛盾的转化》，《北京日报》2017年11月13日。

② 徐艳玲、王盛椿：《我国社会主要矛盾认知的历史流变及其启示》，《思想理论教育导刊》2018年第10期。

③ 颜晓峰：《论新时代我国社会主要矛盾的变化》，《中共中央党校（国家行政学院）学报》2019年第2期。

第二节　中华民族伟大复兴：社会主要矛盾演变的根本动力

“实现中华民族伟大复兴，就是中华民族近代以来最伟大的梦想。这个梦想，凝聚了几代中国人的夙愿，体现了中华民族和中国人民的整体利益，是每一个中华儿女的共同期盼。”[①]孙中山曾制定中国第一个谋求现代化的蓝图《建国大纲》，并坚信“吾心信其可行，则移山填海之难，终有成功之日”，然而，在半殖民地半封建社会的旧中国，国民政府根本无法实现这一蓝图。“中国共产党一经诞生，就把为中国人民谋幸福、为中华民族谋复兴确立为自己的初心和使命，点亮了实现中华民族伟大复兴的灯塔。”[②]就实现中华民族伟大复兴目标的内涵而言，是国家富强、民族振兴、人民幸福。纵观近代中国历史，我国社会主要矛盾的演变及其所引领的中心任务的演变，乃是推动中华民族伟大复兴的根本动力，与中华民族伟大复兴“站起来”“富起来”“强起来”奋斗目标的三次飞跃具有高度一致的内在逻辑关联性，后者是前者在实践层面的现实折射。换句话说，我们党主动揭示并化解社会主义各个历史时期的社会主要矛盾，伴随主要任务或中心任务的转变，中华民族站起来、富起来、强起来的实践逻辑逐次展开。这也正如马克思所指出的，“人类始终只提出自己能够解决的任务，因为只要仔细考察就可以发现，任务本身，只有在解决它的物质条件已经存在或者至少是在生成过程中的时候，才会产生”[③]。

---

① 《习近平谈治国理政》第一卷，北京：外文出版社，2018年版，第36页。

② 习近平：《在纪念辛亥革命110周年大会上的讲话》，《人民日报》2021年10月10日。

③ 《马克思恩格斯选集》第2卷，北京：人民出版社，2012年版，第3页。

一、站起来

自建党伊始，以毛泽东为主要代表的中国共产党人，主动担当起中华民族“站起来”的历史任务。在新民主主义革命时期，我国社会主要矛盾体现为广大人民对民族独立和国家民主的需要，与帝国主义、封建主义、官僚资本主义“三个敌人”或曰“三座大山”之间的对抗性矛盾，其实质是社会基本矛盾中经济基础与上层建筑之间的矛盾，在近代中国社会中的特殊体现。以中华民族伟大复兴为目标导向，我们党科学、正确分析把握社会主要矛盾，经历了建党之初和大革命、土地革命战争、抗日战争和解放战争四个历史时期历时 28 年艰苦卓绝的斗争。

在建党之初和大革命时期，我们党探索制定民主革命纲领，推进、帮助改组国民党并建立国民革命军，掀起反帝反封建斗争高潮。这一时期，国民党于 1927 年发动反革命政变，发动白色恐怖，疯狂屠杀共产党人和革命人民，加之右倾机会主义错误路线在中央领导机关占据统治地位，大革命遭到惨重失败。

在土地革命时期，我们党意识到，唯有建立革命的武装，唯有开展武装斗争，才能打败武装的反革命。在此种正确认知指导下，南昌起义打响了武装反抗国民党反动统治的第一枪，而后八七会议确定实行土地革命和武装起义方针。然而，由于敌我力量相差悬殊，我们党领导的秋收起义、广州起义等武装革命起义大多数都归于失败。实践证明，俄国布尔什维克式那般先占领中心城市而后向全国拓展的革命道路不适合近代中国社会，我们党亟需找到适合中国国情的革命道路。

毛泽东带领军民在井冈山建立第一个农村革命根据地，开启了我们党从进攻大城市到向农村进军的转折点，成为中国革命具有决定性意义的新起点。在农村革命根据地，我们党组织开展打土豪、分田地，力量不断壮大，逐步建立中央革命根据地以及海陆丰、鄂豫皖、湘鄂西、琼崖、闽浙赣、川陕、陕甘、湘鄂川黔、鄂赣、湘赣、左右江等根据地。但是，由于王明“左”倾教条主义的错误领导，第五次反“围剿”失利，中央革命根据地被迫进行战略转移，历经艰苦卓绝的长征，终转战至陕北。在长征途中，中央政治局于1935年举行遵义会议，毛泽东在党中央和红军的领导地位事实上确立，以毛泽东同志为主要代表的正确路线在党中央开始确立，以毛泽东为核心的党的第一代中央领导集体开始形成，我们党独立自主解决中国革命实际问题的新阶段得以开启。

九一八事变后，日本帝国主义加紧侵略行径，民族危机空前严重，中日民族矛盾遂超越国内阶级矛盾成为社会主要矛盾，抗日战争时期到来。这一时期，我们党高举武装抗日旗帜，聚力开展抗日救亡运动，促成西安事变和平解决，推动国共再次合作团结抗日。七七事变后，我们党坚持全面抗战路线，推行正确的抗日民族统一战线政策，领导八路军、新四军、东北抗日联军及其他抗日武装，广泛开辟敌后战场和抗日根据地，成为全民族抗战的中流砥柱，直至取得抗日战争全面胜利。

在解放战争时期，国民党反动派悍意发动全面内战，我们党领导解放区军民由积极防御逐步转向战略进攻，历经辽沈、淮海、平津三大战役和渡江战役，向全国进军，终推翻国民党反动政府，推翻了帝国主义、封建主义、官僚资本主义三座大山的反动统治，建立了新中国，实现了民族独立和人民解放。

新中国的建立“彻底结束了旧中国半殖民地半封建社会的历史，彻底结束了极少数剥削者统治广大劳动人民的历史，彻底结束了旧中国一盘散沙的局面，彻底废除了列强强加给中国的不平等条约和帝国主义在中国的一切特权，实现了中国从几千年封建专制政治向人民民主的伟大飞跃”，自此，占人类总数四分之一的中国人民“站起来了，中华民族任人宰割、饱受欺凌的时代一去不复返了，中国发展从此开启了新纪元”[①]。

二、富起来

从新中国成立到党的八大召开之前，我国社会主要矛盾从新中国成立之初表现为人民大众同帝国主义、官僚资本主义和封建主义及国民党残余势力之间的矛盾，到社会主义过渡时期转变为工人阶级与民族资产阶级之间的矛盾，先后将恢复国民经济、巩固新生政权和社会主义三大改造作为中心工作，相继完成新民主主义革命遗留任务和社会主义革命的历史任务。党的八大根据社会主义三大改造基本完成后的形势，提出我国社会主要矛盾已经转变为人民对于经济文化迅速发展的需要与当前经济文化不能满足人民需要之间的矛盾，由“革命逻辑”转向“建设逻辑”[②]，实现了集中精力向发展生产力、实现国家工业化的经济建设方针的转变。在全面建设社会主义时期，毛泽东提出了关于社会主义建设的一系列重要思想，其中就包括严格区分和正确处理敌我矛盾和人民内部矛盾。

“从新中国成立到改革开放前夕，党领导人民完成社会主义革命，消灭一切剥削制度，实现了中华民族有史以来最为广泛而深刻的社会变革，实现了一穷二白、人口众多的东方大国大步迈进社会主义社会的伟大飞跃”，我们党领导中国人民建立起独立的比较完整的工业体系和国民经济体系，农业生产条件显著改善，教育、科学、文化、卫

① 《中共中央关于党的百年奋斗重大成就和历史经验的决议》，《人民日报》2021年11月17日。

② 高烈：《毛泽东否定“八大”主要矛盾论的前因后果》，《湖南科技大学学报（社会科学版）》2012年第5期。

生和教育事业获得较大发展，并探索形成了一系列独创性的重要思想和理论成果，“为在新的历史时期开创中国特色社会主义提供了宝贵经验、理论准备、物质基础”[①]。

改革开放和社会主义现代化建设新时期，我们党面临国家何去何从的紧迫形势，认识到唯有推行改革开放，社会主义事业才不会被葬送。1978 年 12 月，党的十一届三中全会作出将工作中心转移到经济建设上来的历史性决策，成功开创了中国特色社会主义历史进程。为推进改革开放和社会主义现代化建设，党的十一届六中全会通过回归、扬弃，明确新时期我国社会主要矛盾是人民日益增长的物质文化需要同落后的社会生产之间的矛盾，将解决这个矛盾作为中心任务，化解社会主要矛盾的思路则是改革开放。从党的十二大到十七大，根据形势发展要求，我们党多次召开中央全会专题研究部署改革开放重大事项。以实行家庭联产承包责任制为标志性事件，我国改革率先在农村推开，而后逐步转向城市经济体制改革并全面铺开。在经济体制层面，确立社会主义市场经济改革方向，市场在资源配置中由起基础性作用提升至起决定性作用，公有制为主体、多种所有制经济共同发展，按劳分配为主体、多种分配方式并存的基本经济制度得到确立和完善。同时，政治、文化和党建等领域体制改革也有序推进，逐步形成了符合当代中国国情、充满勃勃生机和活力的体制机制。此外，对外开放被确立为基本国策，从建立深圳等经济特区、开发开放浦东，到推动沿海沿边沿江沿线和内陆中心城市对外开放，再到加入世界贸易组织、实施“引进来”和“走出去”，国际国内两个市场、两种资源得到充分利用。经过 40 余年改革开放的不懈努力，“我国实现了从高度集中的计划经

① 《中共中央关于党的百年奋斗重大成就和历史经验的决议》，《人民日报》2021年11月17日。

济体制到充满活力的社会主义市场经济体制、从封闭半封闭到全方位开放的历史性转变”[①]。

这一时期，我们党领导人民开展经济、政治、文化和社会建设，取得重大成就。第一，我们党坚持以经济建设为中心，坚持发展是硬道理，是党执政兴国的第一要务，推动经济又快又好发展，践行科学技术是第一生产力，推行科教兴国、可持续发展、人才强国战略，推进西部大开发、东北振兴、中原崛起等区域协调发展战略，鼓励和支持非公有制经济发展，综合国力大幅提升，城乡差距不断缩小。第二，我们党坚持党的领导、人民当家作主和依法治国三者有机统一，走中国特色政治发展道路，积极稳妥推进政治体制改革；同时坚持依法治国和以德治国相结合，推动形成中国特色社会主义法律体系，建设社会主义法治国家。第三，我们党坚持加强理想信念教育，凝心聚力推进社会主义核心价值体系建设，建设社会主义精神文明和先进文化，促进社会主义文化大发展大繁荣。第四，我们党加快推进以改善民生为重点的社会建设，稳步提升人民生活水平，积极推进学有所教、劳有所得、病有所医、老有所养、住有所居，社会和谐稳定有序。

改革开放是中国人民和中华民族发展史上一次伟大革命，是决定当代中国命运的关键一招。经过 40 余年的改革开放和社会主义现代化建设，“我国实现了从生产力相对落后的状况到经济总量跃居世界第二的历史性突破，实现了人民生活从温饱不足到总体小康、奔向全面小康的历史性跨越，推进了中华民族从站起来到富起来的伟大飞跃”[②]。

---

① 《中共中央关于党的百年奋斗重大成就和历史经验的决议》，《人民日报》2021年11月17日。

② 《中共中央关于党的百年奋斗重大成就和历史经验的决议》，《人民日报》2021年11月17日。

三、强起来

随着改革开放的深入推进，以“富起来”为主要目标的奋斗征程取得重大进展，我国社会生产力整体上摆脱了落后状态，在总的量变过程中实现了阶段性质变，中国特色社会主义发展进入新的历史方位，即新时代。此时，我国社会主要矛盾转变为人民日益增长的美好生活需要与不平衡不充分的发展之间的矛盾。我们党领导中国人民以“继续改革的逻辑”[①]，顺利实现第一个百年奋斗目标，正在迈向第二个百年奋斗目标，真正实现了由“富起来”到“强起来”的历史飞跃。

第一，党的全面领导得到极大强化。全面强化党的领导和党的建设，党的团结统一被视为党的生命，党中央集中统一领导成为党的领导的最高原则，加强和维护党中央集中统一领导成为全党共同的政治责任，全党思想上更加统一，党中央权威和集中统一领导得到有力保证。推动全党尊崇党章，“四个意识”显著增强，党的政治纪律和政治规矩得到严明，管党治党政治责任得到严格落实。党统揽全局、协调各方的领导制度体系不断趋于完善，党的领导方式更加科学。

第二，全面从严治党取得明显成效。开展党的群众路线教育实践活动与“三严三实”专题教育，实现“两学一做”学习教育常态化制度化，全党理想信念更加坚定。党的建设制度改革向纵深推进，党内法规制度体系逐步完善。严把纪律关，着重解决人民群众反映最强烈、对党的执政基础威胁最大的突出问题。出台八项规定，严厉整治“四风”问题，坚决反对特权。发挥巡视利剑作用，实现中央和省级党委巡视全覆盖。落实反腐败无禁区、全覆盖、零容忍，全力“打虎”“拍蝇”“猎狐”，不敢腐的政治效果初步显现，不能腐的笼子愈扎愈牢，不想腐

① 周其仁：《改革的逻辑》，北京：中信出版社，2013年版，第3页。

的堤坝亦正在构筑，反腐败斗争压倒性态势已经形成，并持续巩固发展，管党治党宽松软状况得到根本扭转，党的自我净化、自我完善、自我革新、自我提高能力显著增强。

第三，经济建设迈上新台阶。经济稳定保持中高速增长，GDP稳居世界第二位，对世界经济增长的贡献率超过30%，国家经济实力、科技实力、综合国力大幅跃升，迈上新台阶。立足新发展阶段，贯彻新发展理念，构建新发展格局，推动高质量发展，经济结构不断优化，经济动能转换平稳，经济逐步迈向更高发展水平，经济发展平衡性、协调性和可持续性显著改善。

第四，全面深化改革取得突破。敢于啃硬骨头，敢于涉险滩，各方面体制机制弊端得到有效破除。改革的广度和深度不断扩展，全面深化改革的总目标、战略重点、优先顺序、工作机制和时间表、路线图基本明确，各领域全面深化改革的制度框架和治理体系现代化的四梁八柱基本搭建，许多领域实现系统性重塑和整体性重构，国家治理体系和治理能力现代化水平显著提高。

第五，政治建设取得重大进展。中国特色社会主义制度自信首先是政治制度自信，中国特色社会主义政治制度必须扎根中国社会土壤，不能照搬他国政治制度成为最大的政治共识。坚持和完善支撑中国特色社会主义制度的根本制度、基本制度、重要制度得到重点部署，社会主义民主政治制度化、规范化、程序化全面推进，政治制度优越性得到充分发挥。

第六，全面依法治国跨出大步伐。中国特色社会主义法治理论内涵趋于丰富，法治体系日趋完善，法治中国、法治政府、法治社会建设迈出坚实步伐，司法质量和公信力大幅提升，全社会尊法学法守法用法意识和能力显著增强。对科学立法、严格执法、公正司法、全民守法作出顶层设计和重大部署，法律规范体系、法治实施体系、法治监督体系、法治保障体系和党内法规体系建设一体统筹推进，法治固根本、稳预期、利长远的保障作用得到进一步发挥。

第七，思想文化建设驶入快车道。现代公共文化服务体系日趋完善，文化产业活力凸显，产业及相关产业增加值从 2012 年的 18071 亿元增至 2020 年的 44945 亿元，占国内生产总值比重为 4.43%。文化产业“走出去”步伐加快，文化产品进出口总额和对外文化直接投资皆有较大提升。互联网意识形态主阵地、主战场意识增强，网络空间日益清朗。

第八，社会建设全面加强。人民生活水平全方位改善。政策惠民力度加大，养老金和农村低保标准逐年增加。提前十年完成联合国 2030 年可持续发展议程减贫目标，历史性解决了绝对贫困问题。持续用力幼有所育、学有所教、劳有所得、病有所医、老有所养、住有所居、弱有所扶，人民获得感、幸福感、安全感更加充实、更有保障、更可持续。社会治理社会化、法治化、智能化和专业化水平大幅提升。

第九，生态文明建设力度前所未有。付出巨大精力修复水生陆生生态，水土流失防治工作卓有成效，绿色生产方式和生活方式愈加深入人心，全党全国落实绿色发展理念的自觉性和积极性显著增强，忽视生态环境保护的情形得到根本扭转。生态文明制度体系和主体功能区制度加快形成和完善。重大生态保护和修复工程实施顺利，森林覆盖率不断提升。能源使用效率大幅提升，更多承担全球气候变化责任，已成为全球生态文明建设的重要参与者、贡献者和引领者。生态环境治理力度大大加强，环境质量实现大幅改善。

第十，强军兴军开创新局面。致力于实现强军梦，制定新时期军事战略方针，全方位推进国防和军队现代化建设。恢复并发扬我党我军光荣传统和优良作风，军队政治生态得到明显改善。国防和军队改革取得重大进展，军委管总、战区主战、军种主建新格局基本形成，军队组织架构和力量体系得到革命性重塑。武器装备快速发展和更新换代，练兵备战常态化。

第十一，国家安全得到全面加强。提出总体国家安全观，防范化解各种风险的领导责任和工作责任得到严格落实。不屈服于外部的各种围堵、打压和颠覆活动，坚持同企图颠覆党的领导、社会主义制度、妨碍中华民族伟大复兴的势力斗争到底，经受住了来自政治、经济、意识形态等各方面的风险挑战考验。

第十二，港澳台工作取得新进展。依据宪法和基本法，准确贯彻“一国两制”方针，履行中央对香港、澳门的全面管制权，完善特别行政区同宪法和基本法实施相关的制度和机制，深化内地与港澳地区交流合作。坚持一个中国原则和“九二共识”，推进两岸关系和平发展，强化两岸经济文化交流合作。妥善应对台湾局势发展，坚决反对并遏制“台独”分裂势力，切实维护台海和平稳定。

第十三，全方位外交布局迈向深入。全面推进中国特色大国外交，全方位、多层次、立体化外交布局基本形成。提出并推进“一带一路”倡议，发起成立亚洲基础设施投资银行和丝路基金，举行首届“一带一路”国际合作高峰论坛、APEC 领导人非正式会议、G20 杭州峰会、金砖国家领导人厦门会晤和亚信峰会。倡导构建人类命运共同体，力推全球治理体系改革，展现出负责任大国形象。国家影响力、感召力和塑造力进一步增强，不断为世界和平与发展作出新的重大贡献。

“中国共产党百年奋斗史，就是一部精准把握、有效解决不同历史阶段社会主要矛盾、完成各阶段历史任务而推进中华民族伟大复兴的历史。”①在新民主主义革命时期，以毛泽东为主要代表的中国共产党人“深刻认识到，近代中国社会主要矛盾是帝国主义和中华民族的

① 贺新元：《中华民族伟大复兴主题的百年历程与逻辑进路》，《马克思主义研究》2021年第10期。

矛盾、封建主义和人民大众的矛盾。实现中华民族伟大复兴，必须进行反帝反封建斗争”[①]，经过艰难奋斗，建立了新中国，实现了中华民族由封建专制、列强欺压到人民解放与民族独立之“站起来”的伟大飞跃，为实现中华民族伟大复兴创造了根本社会条件。在社会主义革命和建设时期，我们党带领中国人民建立了社会主义基本制度，为实现中华民族伟大复兴奠定了根本政治前提和制度基础，在正确判断社会主义社会主要矛盾的基础上，探索社会主义建设前行之路，初步开启了从“站起来”到“富起来”的逻辑转换。在改革开放和社会主义现代化建设新时期，以邓小平为主要代表的中国共产党人通过改革开放，着力提升落后的社会生产力，满足人民的物质文化需要，实现总体小康，迈向全面小康，为实现中华民族伟大复兴提供了充满新的活力的体制保证和快速发展的物质条件。进入中国特色社会主义新时代后，以习近平同志为核心的党中央，着眼于解决不平衡不充分的发展问题，满足人民的美好生活需要，全面建成小康社会目标如期实现，党和国家事业发生历史性变革、取得历史性成就，中国特色社会主义展现强大生机活力，党心军心民心空前凝聚振奋，“为实现中华民族伟大复兴提供了更为完善的制度保证、更为坚实的物质基础、更为主动的精神力量”“中华民族迎来了从站起来、富起来到强起来的伟大飞跃”[②]。

2021 年 10 月 9 日，习近平在纪念辛亥革命 110 周年大会上发表讲话指出，“近代以来中国人民梦寐以求并为之奋斗的伟大梦想已经或正在成为现实，中华民族迎来了从站起来、富起来到强起来的伟大飞跃，

① 《中共中央关于党的百年奋斗重大成就和历史经验的决议》，《人民日报》2021年11月17日。

② 《中共中央关于党的百年奋斗重大成就和历史经验的决议》，《人民日报》2021年11月17日。

中华民族伟大复兴进入了不可逆转的历史进程！”[①] 11月11日，党的十九届六中全会审议通过的《中共中央关于党的百年奋斗重大成就和历史经验的决议》再次强调，我们党“正领导中国人民在中国特色社会主义道路上不可逆转地走向中华民族伟大复兴”[②]。

可以肯定的是，起始于“两个一百年”交汇点的新发展阶段，是迄今为止最接近实现中华民族伟大复兴目标的阶段，也是实现中华民族伟大复兴的关键阶段。习近平指出：“进入新发展阶段，是中华民族伟大复兴历史进程的大跨越。”[③]这里的“大跨越”有两层含义，一是经过新发展阶段，中华民族伟大复兴目标必然实现；二是我们党有信心和能力实现中华民族伟大复兴。2012年11月29日，习近平总书记参观《复兴之路》展览时指出：“到新中国成立100年时建成富强民主文明和谐的社会主义现代化国家的目标一定能实现，中华民族伟大复兴的梦想一定能实现”[④]。2014年5月4日，习近平总书记在北京大学师生座谈会上再次强调：“现在，我们比历史上任何时期都更接近实现中华民族伟大复兴的目标，比历史上任何时期都更有信心、更有能力实现这个目标。”[⑤]

---

① 习近平：《在纪念辛亥革命110周年大会上的讲话》，《人民日报》2021年10月10日。

② 《中共中央关于党的百年奋斗重大成就和历史经验的决议》，《人民日报》2021年11月17日。

③ 《中国共产党一百年大事记（1921年7月—2021年6月）》，北京：人民出版社，2021年版，第239页。

④ 《习近平谈治国理政》第一卷，北京：外文出版社，2018年版，第36页。

⑤ 《习近平谈治国理政》第一卷，北京：外文出版社，2018年版，第167页。

第三节　社会主义现代化：社会主要矛盾演变的实践主题

社会主要矛盾既然以我国处于社会主义初级阶段的最大实际为总依据，便必然与社会主义实践产生互动，发生关联。问题是时代的声音，社会主要矛盾关注的就是每一历史发展时期最亟待解决的社会实践问题。社会主义现代化实践是社会主要矛盾认知演变的根本归宿。社会主要矛盾是党和国家在治国理政实践中需要解决的主要问题和需要完成的主要任务，社会主要矛盾每一次认知变化都意味着治国理政实践主题的变迁。社会主义实践作为社会主要矛盾的归宿，具体体现为：“一方面，社会主要矛盾的特殊性决定了社会主义实践的具体内容，规定着社会主义实践做出相应调整；另一方面，社会主要矛盾的主要方面决定着社会主义实践的基本性质。”[①]实现社会主义现代化，是中国共产党始终不渝的奋斗目标，也是社会主义实践的主要内容。伴随我国社会主要矛盾的演变，社会主义现代化实践经历了三个阶段。

一、走中国工业化道路

早在新民主主义革命时期，我们党就提出了工业化的诉求和设想。“工业化”以及与此相关的“工业国”“国家工业化”等表述乃是“四个现代化”的最初萌芽。1945 年，毛泽东在召开的七大上就明确指出：

① 牛红红：《新中国成立以来党对社会主要矛盾的判断及其启示》，《大庆社会科学》2019年第4期。

“中国工人阶级的任务，不但是为着建立新民主主义的国家而斗争，而且是为着中国的工业化和农业近代化而斗争。”[①]然而，在半殖民地半封建社会的旧中国，遭受帝国主义和封建主义双重压迫的民族工业难有大的发展。新中国的成立为我国实现工业化提供了根本政治前提。

新中国成立后，由于工业基础相当薄弱，许多工业生产领域还是一片空白。此时，我们党把实现国家工业化作为新中国经济建设的主要任务。1954 年，在第一届全国人民代表大会开幕词中，毛泽东提出，要把我国“建设成为一个工业化的具有高度现代文化程度的伟大的国家”[②]。周恩来则在《政府工作报告》中指出，“如果我们不建设起强大的现代化的工业、现代化的农业、现代化的交通运输业和现代化的国防，我们就不能摆脱落后和贫困，我们的革命就不能达到目的。”[③]

1956 年，党的八大政治报告决议厘清了全面建设社会主义时期主要矛盾，其理论意义有两点。其一，“国内革命时期的大规模的急风暴雨式的群众阶级斗争已经基本结束”[④]，不再是社会主义社会的主要矛盾，党的中心工作必须由国内阶级斗争转向经济建设和文化建设。八大政治报告决议的主要内容便是围绕工业化、经济文化建设展开。毛泽东在 8 月 22 日的党的七届七中全会、8 月 30 日的八大预备会议和 9 月 15 日的八大开幕词中皆强调，八大的基本方针是建设。其二，实现工业化和发展生产力，改造落后的生产力，并使之同先进的社会主义制度相适应，是建设社会主义的必经阶段，这为党的十三大提出并论述社会主义初级阶段理论奠定了基础。

---

① 《毛泽东选集》第三卷，北京：人民出版社，1991年版，第1081页。

② 《毛泽东文集》第六卷，北京：人民出版社，1999年版，第350页。

③ 《周恩来选集》：下卷，北京：人民出版社，1984年版，第132页。

④ 《毛泽东文集》第7卷，北京：人民出版社，1999年版，第282页。

党的八大强调在新的生产关系、上层建筑架构下，大力发展生产力，具体表现为开展大规模的社会主义工业化建设。为弥补工业化建设经验的缺乏，我们党开始学习和借鉴苏联工业化建设经验，曾一度如苏联那般，过多强调重工业和基础设施建设，从而一定程度上影响了农业和轻工业的发展。这就促使我们党思索如何走中国工业化道路的问题。在《论十大关系》中，毛泽东首先论述的便是重工业与轻工业、农业的关系。在《关于正确处理人民内部矛盾的问题》中，毛泽东则明确提出，要走一条有别于苏联的中国工业化道路。我国生产力落后、经济基础薄弱，要建立比较完整的、独立的基础工业体系和国防工业体系，以维护国家独立、统一和安全，必然要求将工业作为主导，将重工业作为经济建设重点，同时又要注重发展农业和轻工业。为此，我们党提出了以农业为基础，以工业为主导，以农轻重为序发展国民经济的总方针。

走中国工业化道路，要有明确的战略目标和战略步骤。1964 年 12 月，毛泽东强调："我们不能走世界各国技术发展的老路，跟在别人后面一步一步地爬行。我们必须打破常规，尽量采用先进技术，在一个不太长的历史时期内，把我国建设成为一个社会主义的现代化的强国。"[①]同月召开的第三届全国人民代表大会第一次会议上，根据毛泽东的建议，周恩来首次在政府工作报告中提出四个现代化的宏伟目标："要在不太长的历史时期内，把我国建设成为一个具有现代农业、现代工业、现代国防和现代科学技术的社会主义强国，赶上和超过世界先进水平"[②]。这里，我们党首次完整提出了"四个现代化"的奋斗目

① 《毛泽东年谱（一九四九——一九七六）》第五卷，北京：中央文献出版社，2013年版，第447页。

② 《周恩来选集》：下卷，北京：人民出版社，1984 年版，第 439 页。

标。为实现这个目标，第三届全国人民代表大会第一次会议还提出了“两步走”战略步骤，第一步是建立一个独立的比较完整的工业体系和国民经济体系，第二步是全面实现“四个现代化”，使我国经济走在世界前列。1975 年，在第四届全国人民代表大会第一次会议上，周恩来重申实现“四个现代化”的“两步走”设想，并就达成此目标作出时间安排，第一步奋斗目标的完成时间是 1980 年以前，第二步奋斗目标的完成时间是 20 世纪末。

二、建设社会主义现代化国家

1981 年党的十一届六中全会通过的《关于建国以来党的若干历史问题的决议》提出改革开放新时期我国社会主要矛盾的经典论断，其理论意义亦有两点。其一，在社会主义社会一定范围内存在的阶级斗争，“对其他社会矛盾不起领导和决定作用”，无产阶级与资产阶级的矛盾不再是“整个社会主义历史阶段都适用的永恒真理”[①]。其二，延续十一届三中全会的正确轨道，进一步恢复和确认了毛泽东的实事求是思想路线，强调我国的现代化建设必须从“国情出发”，不可“超越了实际的可能性”，一定要“有步骤分阶段地实现现代化的目标”，这为党的十三大确定“三步走”战略、十五大勾画实现第三步战略的蓝图、十九大提出建成社会主义现代化强国“两步走”战略安排，提供了思想支撑，大大丰富了我们党关于社会主义初级阶段的理论认知。

改革开放后，以邓小平为主要代表的中国共产党人继承第一代领导集体走中国工业化道路和实现“四个现代化”的基本思路，提出了“三步走”战略构想。第一步，从 1981 年到 1990 年，实现国民生产总值

① 晋星、舟丹：《论社会主义社会主要矛盾的转化》，《理论与实践》1979年第2期。

较 1980 年翻一番，解决人民温饱问题；第二步，从 1991 年到 20 世纪末，实现国民生产总值再翻一番，使人民生活达到小康水平；第三步，到 21 世纪中叶，实现人均国民生产总值达到中等发达国家水平，人民生活比较富裕，基本达成现代化。为顺利达成“三步走”战略安排，邓小平一方面提出“台阶式”发展思想，要争取每隔几年使国民经济新上一个台阶；另一方面，还提出允许和鼓励一部分地区、一部分人先富，先富带动后富，逐步实现共同富裕的思想，要求沿海一些地区，率先实现现代化，而后更好带动全国的现代化。

至 20 世纪，我们党带领全国人民，完成社会主义现代化建设“三步走”战略目标的前两步，人民生活水平达到小康水平。“小康”乃是前两步战略目标的具体化。对此，1979 年 12 月 6 日，在会见日本前首相大平正芳被问及中国现代化建设的构想时，邓小平指出：“我们要实现的四个现代化，是中国式的四个现代化。我们的四个现代化的概念，不是像你们那样的现代化的概念，而是‘小康之家’。”[①]需要指出的是，此时所达到的小康仍是低水平、不全面、不平衡的。为巩固和提高达到的小康水平，1990 年代，江泽民就实现第三步战略目标进行了战略思考。江泽民在党的十五大报告中描绘了实现第三步战略目标的构想：在 21 世纪头十年，实现国民生产总值较 2000 年翻一番，人民小康生活更加富裕，社会主义市场经济体制比较完善；再经历十年的发展，至建党一百年时，使国民经济更加发展，各方面制度更加完善；至 21 世纪中叶建国一百年时，基本实现现代化，建成富强民主文明的社会主义国家。“两个一百年”奋斗目标由此初步确立。2000 年 10 月，党的十五届五中全会正式提出，从新世纪开始，我国将进入全面建设小康社会时期。

---

① 《邓小平文选》第二卷，北京：人民出版社，1994年版，第237页。

这一时期，既是完成前两步战略目标、实现第三步战略目标必经的承上启下的发展阶段，又是完善社会主义市场经济体制的关键阶段。

三、全面建设社会主义现代化国家

2002 年，党的十六大正式宣布完成 1987 年十三大提出的“三步走”战略目标的第二步，人民生活总体达到小康，并在党的十六大、十七大、十八大提出全面建设小康社会奋斗目标，对第二步加以巩固之后，第三步战略目标的具体化成为急迫的问题，新时代我国社会主要矛盾的提出为规划和推进新时代“两步走”战略安排、完成第三步战略目标，开启全面建设社会主义现代化国家的新征程提供了决策依据。

2017 年 10 月，习近平在党的十九大报告中指出，我们要在全面建成小康社会、实现第一个百年奋斗目标基础上，乘势而上全面建设社会主义现代化国家，向第二个百年奋斗目标前进，并提出了新时代的“两步走”战略：即：“从二〇二〇年到本世纪中叶可以分两个阶段来安排。第一个阶段，从二〇二〇年到二〇三五年，在全面建成小康社会的基础上，再奋斗十五年，基本实现社会主义现代化。……第二个阶段，从二〇三五年到本世纪中叶，在基本实现现代化的基础上，再奋斗十五年，把我国建成富强民主文明和谐美丽的社会主义现代化强国。”[①]党的十九大同时提出，自现在起到 2020 年，是全面建成小康社会决胜期。

2020 年，“十三五”规划目标任务顺利完成，区域性整体贫困和绝对贫困问题得到解决，全面建成小康社会取得决定性成就，第一个百年奋斗目标达成。2020 年 10 月，党的十九届五中全会就国民经济和

---

① 习近平：《决胜全面建成小康社会夺取新时代中国特色社会主义伟大胜利——在中国共产党第十九次全国代表大会上的报告》，《人民日报》2017年10月28日。

社会发展第十四个五年规划和2035年远景目标提出建议。2021年3月，十三届全国人民代表大会第四次会议审议通过《中华人民共和国国民经济和社会发展第十四个五年规划和2035年远景目标纲要》提出，自“十四五”开局之年起，我国进入全面建设社会主义现代化国家新征程。在全面建成小康社会的基础上，开启全面建设社会主义现代化强国新征程，是适应新时代我国社会主要矛盾转化的必然选择，是我们党对新时代中国特色社会主义发展作出的战略安排。

全面建设社会主义现代化国家新征程具有以下三个方面的突出特征。一是强调全面现代化。较之于前一阶段的现代化，全面建设社会主义现代化国家，更为强调“全面”，要求实现更高水平、更广层面的现代化。首先，各个领域的现代化。亦即：以政治、经济、文化、社会、生态“五位一体”为核心的国家各个领域整体协调推进的现代化。一则，党的十三大提出，要把我国建设成为一个富强、民主、文明的社会主义现代化国家。党的十七大将“和谐”与“富强、民主、文明”一起写入党的基本路线。党的十九大则将“美丽”纳入党的基本路线，并将“现代化国家”提升为“现代化强国”，大大拓展了党的基本路线的内涵。二则，从改革开放初期的“两个文明”，到十六大报告中的“三位一体”，到十七大报告中的“四位一体”，再到十八大报告中的“五位一体”，新时代我国社会主要矛盾对美好生活需要日益广泛的强调，巩固了党对国家发展总体布局不断趋向全面的既有理论认知，并为全面建设社会主义国家“五位一体”总体布局的形成提供了理论支撑。其次，各区域之间的协同现代化。由于多方面的主客观原因，我国的现代化一直呈现出显著的区域差距、地区差距和城乡差距，全面建设社会主义现代化国家，要求党和政府实现东中西部的联动发展、南方北方的协调发展、城市农村的均衡发展。

二是强调全体人民共同富裕。共同富裕是社会主义的本质要求，是中国共产党一以贯之的价值追求。新中国成立之初，毛泽东就提出了国家富强的发展目标，认为“这个富，是共同的富，这个强，是共同的强，大家都有份”[①]。改革开放和社会主义现代化建设新时期，邓小平不止一次强调共同富裕。1990 年 12 月，在同几位中央负责同志谈话时，邓小平指出：“共同致富，我们从改革一开始就讲，将来总有一天要成为中心课题。社会主义不是少数人富起来、大多数人穷，不是那个样子。社会主义最大的优越性就是共同富裕，这是体现社会主义本质的一个东西。”[②]江泽民提出，“实现共同富裕是社会主义的根本原则和本质特征，绝不能动摇。”[③]胡锦涛进一步要求，要“使全体人民共享改革发展的成果，使全体人民朝着共同富裕的方向稳步前进”[④]。通过允许一部分人、一部分地区先富起来，先富带动后富，改革开放新时期的社会主义现代化建设极大提高了人民的生活水平。然而，与此同时，不平衡不充分发展的问题进一步凸显出来。党的十八大以来，我们党以社会主要矛盾的转变为契机和方向，团结带领全党全国各族人民，决战全面建成小康社会，取得脱贫攻坚战全面胜利，历史性地解决了绝对贫困和极端贫困问题，为推动全体人民共同富裕奠定了坚实物质基础。习近平多次强调：“共同富裕是中国特色社会主义的根本原则，所以必须使发展成果更多更公平惠及全体人民，朝着共同富裕方向稳步前进。”[⑤]

进入新征程，推进全体人民共同富裕成为党和政府的中心工作。

---

① 《毛泽东文集》第六卷，北京：人民出版社，1999年版，第495页。

② 《邓小平文选》第三卷，北京：人民出版社，1993年版，第364页。

③ 《江泽民文选》第一卷，北京：人民出版社，2006年版，第466页。

④ 胡锦涛：《在省部级主要领导干部提高构建社会主义和谐社会能力专题研讨班上的讲话》，《人民日报》2005年2月20日。

⑤ 《习近平谈治国理政》第一卷，北京：外文出版社，2018年版，第13页。

党的十九届五中全会强调扎实推进全体人民共同富裕不仅是经济问题，还是关系党的执政基础的重大政治问题，要求在全面建设社会主义现代化国家的新征程中，必须把促进全体人民共同富裕摆在更加重要、更加突出的位置，到2035年基本实现现代化时，全体人民共同富裕要取得更为明显的实质性进展。2021年1月11日，习近平在省部级主要领导干部学习贯彻党的十九届五中全会精神专题研讨班上指出："我们决不能允许贫富差距越来越大、穷者愈穷富者愈富，决不能在富的人和穷的人之间出现一道不可逾越的鸿沟。"①1月28日，习近平在中央政治局第二十七次集体学习时又指出，"必须更加注重共同富裕问题"②。8月17日，习近平在中央财经委员会第十次会议上进一步阐明了分阶段促进共同富裕的路线图："到'十四五'末，全体人民共同富裕迈出坚实步伐，居民收入和实际消费水平差距逐步缩小。到2035年，全体人民共同富裕取得更为明显的实质性进展，基本公共服务实现均等化。到本世纪中叶，全体人民共同富裕基本实现，居民收入和实际消费水平差距缩小到合理区间。"③习近平进一步强调："现在，已经到了扎实推动共同富裕的历史阶段。现在我们正在向第二个百年奋斗目标迈进。适应我国社会主要矛盾的变化，更好满足人民日益增长的美好生活需要，必须把促进全体人民共同富裕作为为人民谋幸福的着力点，不断夯实党长期执政基础。"④可见，全面建设社会主义现代化国家新征程，亦是全体人民共同富裕取得实质性进展的新阶段。为此，我们党需要紧扣全

---

① 习近平：《把握新发展阶段，贯彻新发展理念，构建新发展格局》，《求是》2021年第9期。

② 习近平：《完整准确全面贯彻新发展理念确保"十四五"时期我国发展开好局起好步》，《人民日报》2021年1月30日。

③ 习近平：《扎实推动共同富裕》，《求是》2021年第20期。

④ 习近平：《扎实推动共同富裕》，《求是》2021年第20期。

体人民共同富裕，坚持以满足人民日益增长的美好生活需要为根本目的，以解决地区差距、城乡差距和收入差距为主攻方向，着力构建全体人民共同富裕的体制机制。

三是强调国家治理体系和治理能力现代化。1992年，邓小平提出，“恐怕再有三十年的时间，我们才会在各方面形成一整套更加成熟、更加定型的制度”[①]。2013年11月，党的十八届三中全会通过的《中共中央关于全面深化改革若干重大问题的决定》明确提出，“全面深化改革的总目标是完善和发展中国特色社会主义制度，推进国家治理体系和治理能力现代化。”[②]2017年10月，党的十九大报告强调，“必须加快推进国家治理体系和治理能力现代化，努力形成更加成熟、更加定型的中国特色社会主义制度”，并认为“这是摆在我们党面前的一项重大任务”[③]。

党的十九届四中全会提出，“坚持和完善中国特色社会主义制度、推进国家治理体系和治理能力现代化的总体目标是，到我们党成立一百年时，在各方面制度更加成熟更加定型上取得明显成效；到二〇三五年，各方面制度更加完善，基本实现国家治理体系和治理能力现代化；到新中国成立一百年时，全面实现国家治理体系和治理能力现代化，使中国特色社会主义制度更加巩固、优越性充分展现”[④]。党的十九届五中全会在总结“十三五”时期发展经验基础之上，进一步提出要着力推进社会主义现代化国家建设，特别是要加快推进国家治理体系和

---

① 《邓小平文选》第三卷，北京：人民出版社，1993年版，第372页。

② 《改革开放以来历届三中全会文件汇编》，北京：人民出版社，2013年版，第176页。

③ 习近平：《决胜全面建成小康社会 夺取新时代中国特色社会主义伟大胜利——在中国共产党第十九次全国代表大会上的报告》，《人民日报》2017年10月28日。

④ 《中共中央关于坚持和完善中国特色社会主义制度 推进国家治理体系和治理能力现代化若干重大问题的决定》，北京：人民出版社，2019年版，第5—6页。

治理能力现代化建设。2021 年是建党一百周年，各方面的制度更加成熟更加定型，国家治理体系和治理能力现代化总体目标的第一步已经实现。我国进入全面建设社会主义现代化国家新征程，要求到 2035 年和本世纪中叶，分别要达到基本实现和全面实现国家治理体系和治理能力现代化的目标。“基本实现是全面实现的基础，全面实现是基本实现的进一步发展。二者首尾相连、紧密结合、目标一致。但二者起点有所差别，后者比前者要求更高、更全面。”[①]

从探索中国工业化道路，到开启全面建设社会主义现代化国家新征程，中国走出了一条不同于西方发达国家的现代化道路，“创造了中国式现代化新道路”[②]。党的八大在提出全面建设社会主义时期的社会主要矛盾判断后即指出，“党和全国人民的当前的主要任务，就是要集中力量来解决这个矛盾，把我国尽快地从落后的农业国变为先进的工业国”[③]。这一时期，工业化是社会主义实践的核心内容。改革开放新时期以来，针对“落后的社会生产”这一社会主要矛盾的主要方面，党和国家坚持“以经济建设为中心”，相应地，社会主义实践的基本性质侧重于体现经济性和效率性。及至中国特色社会主义进入新时代，社会主要矛盾的主要方面则从“落后的社会生产”演变为“不平衡不充分的发展”，社会主义实践的基本性质也必然由之前重视经济建设和效率问题转向更加注重社会公平和正义。全面建设社会主义现代化国家是近代以来特别是建国以来中华民族的共同呼声，目标的达成必然依赖于社会主义实践变迁和社会主要矛盾演变的良性互动。

① 李景治：《准确把握“新发展阶段”的历史方位和科学内涵》，《学术界》2021年第5期。

② 习近平：《在庆祝中国共产党成立100周年大会上的讲话》，《求是》2021年第14期。

③ 《建国以来重要文献选编》第9册，北京：中央文献出版社，1994年版，第341—342页。

第四节　马克思主义中国化：社会主要矛盾演变的理论主线

马克思主义科学揭示了人类社会发展规律，是马克思主义政党认识世界、改造世界的强大思想武器。建党以来，我们党逐步认识到，不能教条化对待马克思主义，必须从中国特殊国情的实际情况出发，推动马克思主义中国化。对此，毛泽东指出："没有抽象的马克思主义，只有具体的马克思主义。所谓具体的马克思主义，就是通过民族形式的马克思主义，就是把马克思主义应用到中国具体环境的具体斗争中去，而不是抽象地应用它。……马克思主义的中国化，使之在其每一表现中带着中国的特性，即是说，按照中国的特点去应用它，成为全党亟待了解并亟须解决的问题。"[①]我们党治国理政的一条重要规律是，就是把马克思主义基本原理与中国具体实践相结合，推进各个历史时期马克思主义中国化的理论创新。其理论主线是，在分析社会主要矛盾发生变化的同时，指出解决这一矛盾的要求和路径，起到了联通每一发展阶段基本国情和基本路线的理论中介作用，每一次的认知变化都成为理论创新的基点，构成"马克思主义中国化理论创新的内驱力"[②]。在中国革命、建设和改革的历史进程中，伴随社会主要矛盾的演变，马克思主义中国化实现了两次历史性飞跃，形成了毛泽东思想和中国特色社会主义理论体系，后者包括邓小平理论、"三个代表"重要思想、

① 《建党以来重要文献选编（1921—1949）》第15册，北京：中央文献出版社，2011年版，第651页。

② 陈树文、庞坤缺：《新中国成立以来党对社会主要矛盾的认识》，《马克思主义理论学科研究》2019年第6期。

科学发展观和习近平新时代中国特色社会主义思想。它们同马克思列宁主义一道，成为我们党长期坚持的指导思想和中国人民团结奋斗的共同思想基础。

一、毛泽东思想

从近代中国的社会主要矛盾和新中国成立后全面建设社会主义时期的社会主要矛盾出发，以毛泽东为主要代表的中国共产党人，在新民主主义革命、社会主义革命和社会主义建设的实践之中，总结我国革命和建设正反两方面历史经验，逐步形成和发展了毛泽东思想。这主要有三个阶段。

一是毛泽东思想的初步形成阶段。在大革命时期，毛泽东基于调查研究，写就《中国社会各阶级的分析》《湖南农民运动考察报告》等著述，论证了中国社会各阶级在革命中的地位和作用。在土地革命战争时期，毛泽东等中国共产党人坚持同党内一度盛行的把马克思主义教条化、把共产国际和苏联经验神圣化的错误倾向作斗争，写就《中国的红色政权为什么能够存在？》《井冈山的斗争》《星星之火，可以燎原》等著述，提出并论述了农村包围城市、武装夺取政权的新民主主义革命道路思想。

二是毛泽东思想的成熟阶段。遵义会议事实上确立了以毛泽东为主要代表的马克思主义正确路线在党中央的领导地位后，毛泽东总结大革命失败的经验教训，写就《实践论》《矛盾论》，厘清了党内“左”倾和右倾错误的思想根源；写就《〈共产党人〉发刊词》《中国革命和中国共产党》《新民主主义论》《论联合政府》等著述，系统阐述了新民主主义革命理论，明晰了中国革命的性质，以及中国革命的对象、动力、领导力量、步骤和前途；制定了新民主主义革命的总路线，以及新民主主义的政治、经济和文化纲领。新民主主义革命理论的系统阐述，是马克思主义与中国革命实践相结合的理论产物，标志着毛泽东思想已经趋于成熟。

三是毛泽东思想的接续发展阶段。在解放战争时期和新中国成立初期，以毛泽东为主要代表的中国共产党人，在《在中国共产党第七届中央委员会第二次全体会议上的报告》《论人民民主专政》《论十大关系》《关于正确处理人民内部矛盾》等著述中，相继提出并论证了人民民主专政理论、社会主义改造理论、关于严格区分和正确处理两类矛盾的学说，丰富、发展了毛泽东思想。这一阶段，毛泽东还提出了将马克思主义基本原理与中国革命、建设实际进行“第二次结合，找出在中国怎样建设社会主义道路”的命题，并为此展开艰辛探索，为中国特色社会主义理论体系的形成奠定了理论基础。

毛泽东思想紧紧围绕中国革命和建设的主题，在新民主主义革命理论、社会主义革命和社会主义建设理论、革命军队建设和军事战略的理论、政策和策略的理论、思想政治工作和文化工作的理论、党的建设理论等方面丰富和发展了马克思主义。“毛泽东思想是马克思列宁主义在中国的创造性运用和发展，是被实践证明了的关于中国革命和建设的正确的理论原则和经验总结，是马克思主义中国化的第一次历史性飞跃。”①最为重要的是，毛泽东第一个明确提出了“马克思主义中国化”的重大命题，在明晰近代中国社会主要矛盾和社会主义社会主要矛盾的基础上，找到了开展新民主主义革命、从新民主主义向社会主义过渡的正确道路，并对适合中国国情的社会主义道路进行了不懈探索，提出了很多颇具启发性的论断。

---

① 《中共中央关于党的百年奋斗重大成就和历史经验的决议》，《人民日报》2021年11月17日。

二、中国特色社会主义理论体系

1. 邓小平理论

党的十一届三中全会之后，以邓小平为主要代表的中国共产党人，从新中国成立后的基本国情和社会主要矛盾出发，看清世界和中国发展的大势，借鉴世界社会主义历史经验，把握中国发展历史规律，总结新中国建立以来正反两方面经验，以及改革开放和社会主义现代化建设实践经验，形成了邓小平理论。1982 年，邓小平在党的十二大开幕词中提出了“马克思主义的普遍真理同我国的具体实际结合起来，走自己的道路，建设有中国特色的社会主义”的重大命题。1987 年，党的十三大提出社会主义初级阶段理论和“一个中心、两个基本点”的基本路线，并首次对中国特色社会主义理论进行系统概括，邓小平理论的轮廓初步形成。1992 年，邓小平南方谈话回答了当时困扰和束缚人们思想的一系列重大问题，邓小平理论由此也走向成熟。同年举行的党的十四大从九个方面总结中国特色社会主义理论的主要内容，阐明这一理论的历史地位和指导意义，并高度评价邓小平“对建设有中国特色社会主义理论的创立做出了历史性的重大贡献”[①]。1997 年，党的十五大正式提出“邓小平理论”这一概念，并将之确立为党的指导思想写入党章。

邓小平理论回答的基本问题是“什么是社会主义、怎样建设社会主义”。邓小平指出：“我们建立的社会主义制度是个好制度，必须坚持。我们马克思主义者过去闹革命，就是为社会主义、共产主义崇高理想而奋斗。现在我们搞经济改革，仍然要坚持社会主义道路，坚持共产

① 《江泽民文选》第一卷，北京：人民出版社，2006年版，第222页。

主义的远大理想，年轻一代尤其要懂得这一点。但问题是什么是社会主义，如何建设社会主义。我们经验教训有许多条，最重要的一条，就是要搞清楚这个问题。”[①]

邓小平理论围绕这一基本问题，“初步回答了我国社会主义建设的阶段、任务、动力、条件、布局和国际环境等基本问题”[②]，并将其体系化，从而了形成了一个包括社会主义初级阶段理论、党的基本路线、社会主义根本任务、“三步走”战略构想、改革开放理论、社会主义市场经济理论、“两手抓，两手都要硬”“一国两制”、中国问题的关键在于党等较为完备的内容体系。邓小平提出“走自己的路，建设有中国特色社会主义”，并从改革开放和社会主义现代化建设新时期我国社会主要矛盾出发，成功回答了建设中国特色社会主义的一系列基本问题，建构了中国特色社会主义理论的“基本思路和基本原则”[③]，邓小平理论也成为中国特色社会主义理论体系的开篇之作。

邓小平理论使改革开放后的中国发生天翻地覆的变化，中国迎来了思想大解放、经济大发展、政治大昌明、教育大勃兴和科学大繁荣。我国社会生产力、综合国力和人民生活水平都迈入更大、更高台阶。

2.“三个代表”重要思想

自党的十三届四中全会始，以江泽民为主要代表的中国共产党人，面对异常复杂的国内外形势，科学判断彼时的世情、党情和国情，全面推进社会主义现代化建设，创立了“三个代表”重要思想，其经历了酝酿、形成到逐步深化的过程。1989 年 6 月，党的十三届四中全会

① 《邓小平文选》第三卷，北京：人民出版社，1993年版，第116页。
② 《十三大以来重要文献选编（上）》，北京：中央文献出版社，2011年版，第48页。
③ 《习近平谈治国理政》第一卷，北京：外文出版社，2018年版，第23页。

要求加强党的建设，坚决惩治腐败。8 月，中共中央印发《关于加强党的建设的通知》，提出纯洁党的组织、加强党的思想教育、加强领导班子建设等八项要求。1992 年 10 月，党的十四大聚焦加强党的建设和改善党的领导问题，提出“坚持党要管党和从严治党，加强和改进党的建设，努力提高党的执政水平和领导水平，使我们这个久经考验的马克思主义的党，在建设有中国特色社会主义的伟大事业中更好地发挥领导核心作用”①。1994 年 9 月，党的十四届四中全会通过《关于加强党的建设的几个重大问题的决定》，强调要认真研究和解决在自身建设中出现的新矛盾新问题。1997 年 9 月，党的十五大提出新时期党的建设新的伟大工程的总目标。2000 年 2 月 25 日，江泽民在广东考察工作时，首次阐述了“三个代表”。此后，江泽民在江苏、浙江、上海党建工作座谈会、全国党校工作会议上就“三个代表”作出进一步阐释。2000 年 10 月，江泽民在党的十五届五中全会就“改进党的作风”发表讲话，要求以“三个代表”作为检验各项工作是否合格的根本标准。2001 年 7 月 1 日，在庆祝中国共产党成立 80 周年大会讲话中，江泽民全面阐述了“三个代表”重要思想的科学内涵和基本内容。2002 年 5 月 31 日，在中共中央党校省部级干部进修班毕业典礼上，江泽民论述了“三个代表”重要思想的内在联系。2002 年 11 月，在党的十六大报告中，江泽民全面阐述“三个代表”重要思想的形成背景、历史地位、精神实质和指导意义。同时，其被确立为党的指导思想，写入十六大通过的新党章。

“三个代表”重要思想着眼于党如何正确处理现代化建设中的各种重大关系和问题，聚焦“建设一个什么样的党、怎样建设党”的基

① 《江泽民文选》第一卷，北京：人民出版社，2006年版，第245页。

本问题，从物质基础、文化支撑和社会基础三个方面揭示了社会主义制度自我完善和发展的路径，其核心观点是“始终代表中国先进生产力的发展要求，代表中国先进文化的前进方向，代表中国最广大人民的根本利益”[①]，其主要内容包括发展是党执政兴国的第一要务、建立社会主义市场经济体制、全面建设小康社会、建设社会主义政治文明、推进党的建设新的伟大工程。

“三个代表”重要思想锚定改革开放和社会主义现代化建设新时期的社会主要矛盾，坚持党的十一届三中全会以来的正确路线毫不动摇，从容应对各种困难和风险，进一步回答了什么是社会主义、怎样建设社会主义的基本问题，并创造性回答了建设什么样的党、怎样建设党的基本问题，形成了崭新的马克思主义建党学说，是对中国特色社会主义理论体系的丰富和发展。

3. 科学发展观

党的十六大后，以胡锦涛为主要代表的中国共产党人，立足社会主义初级阶段这个最大实际，深入分析我国进入发展关键期、改革攻坚期和矛盾凸显期，经济社会发展呈现出的八个阶段性特征，聚焦改革发展稳定、内政外交国防、治党治国治军所面临的新问题和新考验，在全面建设小康社会进程中，不断推进实践创新、制度创新和理论创新，从而形成了科学发展观。它逐步形成于抗击非典疫情和探索完善社会主义市场经济体制的过程之中。2003 年 7 月，胡锦涛在全面总结抗击非典疫情经验时强调，要更好坚持全面、协调、可持续发展，坚持促进人与自然和谐。10 月，胡锦涛在党的十六届三中全会首次提出科学发展观。2004 年 3 月，在中央人口资源环境座谈会上，胡锦涛阐明了

---

① 《江泽民文选》第三卷，北京：人民出版社，2006年版，第536页。

科学发展观提出的背景、意义、内涵和基本要求，科学发展观就此形成。此后，科学发展观在加强和改进宏观调控、加强党的执政能力建设、统领经济社会发展全局的实践中不断趋于充实丰富。2004 年初，面对宏观经济环境越绷越紧和经济运行矛盾愈加尖锐的形势，胡锦涛要求加强和改善宏观调控要贯彻落实科学发展观。9 月，党的十六届四中全会通过《中共中央关于加强党的执政能力的决定》，将落实科学发展观作为提高党的执政能力建设的重要内容。2005 年 10 月，党的十六届五中全会通过《中共中央关于制定国民经济和社会发展第十一个五年规划的建议》，要求经济社会发展要切实贯彻科学发展观。以党的十七大全面阐述科学发展观的理论定位、理论依据和理论内涵为标志，科学发展观走向成熟。党的十七大报告首次提出“中国特色社会主义理论体系”这一概念，科学发展观成为中国特色社会主义理论体系的重要组成部分。党的十八大通过的党章把科学发展观确立为党的指导思想。

科学发展观的第一要义是发展，强调必须善于抓住和用好战略机遇期，依靠发展解决发展中面临的突出矛盾和问题；核心立场是以人为本，强调坚持发展为了人民、发展依靠人民、发展成果由人民共享；基本要求是全面协调可持续发展，强调经济建设、政治建设、文化建设、社会建设、生态文明建设相互联系、协调推进、相互促进，强调走生产发展、生活富裕、生态良好的文明发展道路；根本方法是统筹兼顾，强调要正确认识和妥善处理中国特色社会主义事业中的重大关系，正确反映和兼顾各阶层各群体的利益要求，努力提高战略思维、创新思维和辩证思维能力，做到兼顾各方、综合平衡。

科学发展观进一步回答了什么是社会主义、怎样建设社会主义和建设什么样的党、怎样建设党的基本问题，创造性回答了实现什么样的发展、怎样发展的基本问题，其主要内容包括加快转变经济发展方式、发展社会主义民主政治、推进社会主义文化强国建设、构建社会主义和谐社会、推进生态文明建设、全面提高党的建设科学化水平。科学发展观“实现了我们党在指导思想上的又一次与时俱进，开辟了当代中国马克思主义发展新境界”[①]，是中国特色社会主义理论体系的接续发展，是全面建设小康社会、加快推进社会主义现代化建设的根本指针。

4. 习近平新时代中国特色社会主义思想

党的十八大以来，以习近平为核心的党中央，坚持发展马克思主义社会矛盾学说，提出新时代我国社会主要矛盾的全新判断，标定我国发展新的历史方位，统筹中华民族伟大复兴战略全局和世界百年未有之大变局，因势而谋，应势而动，顺势而为，从人民日益增长的美好生活需要出发，着力于解决不平衡不充分的发展，就“新时代坚持和发展什么样的中国特色社会主义、怎样坚持和发展中国特色社会主义，建设什么样的社会主义现代化强国、怎样建设社会主义现代化强国，建设什么样的长期执政的马克思主义政党、怎样建设长期执政的马克思主义政党等重大时代课题”[②]，提出一系列独创性的治国理政新理念新思想新战略，形成了习近平新时代中国特色社会主义思想。

习近平新时代中国特色社会主义思想的主要内容包括“十个明确”和“十四个坚持”。关于“十个明确”，第一，明确中国特色社会主义最本质的特征、中国特色社会主义制度的最大优势是中国共产党领导，党是最高政治领导力量；第二，明确坚持和发展中国特色社会主义的总任务是，实现社会主义现代化和中华民族伟大复兴，在全面建

---

① 习近平：《在学习〈胡锦涛文选〉报告会上的讲话》，北京：人民出版社，2016年版，第4—5页。

② 《中共中央关于党的百年奋斗重大成就和历史经验的决议》，《人民日报》2021年11月17日。

成小康社会实现第一个百年目标基础上，分两步走全面建成社会主义现代化强国，走中国式现代化新道路；第三，明确新时代我国社会主要矛盾，坚持以人民为中心的发展思想，推动人的全面发展和全体人民共同富裕取得更为明显的实质性进展；第四，明确“五位一体”的中国特色社会主义事业总体布局和“四个全面”战略布局；第五，明确全面深化改革的总目标是完善和发展中国特色社会主义制度、推进国家治理体系和治理能力现代化；第六，明确全面依法治国的总目标是，建设中国特色社会主义法治体系、建设社会主义法治国家；第七，明确坚持和完善社会主义基本经济制度，更好发挥市场在资源配置中的决定性作用和政府作用，把握新发展阶段，贯彻新发展理念，构建新发展格局，推动高质量发展；第八，明确党在新时代的强军目标是，建设一支听党指挥、能打胜仗、作风优良的人民军队，将人民军队建成世界一流军队；第九，明确中国特色大国外交要服务于民族复兴和促进人类进步，要推动构建人类命运共同体，建设新型国际关系；第十，明确全面从严治党战略方针和新时代党的建设总要求，全面推进党的政治、思想、组织、作风和纪律建设，重视制度建设，严格落实管党治党政治责任。关于“十四个坚持”，包括坚持党对一切工作的领导、坚持以人民为中心、坚持全面深化改革、坚持全面依法治国、坚持全面从严治党、坚持新发展理念、坚持人民当家作主、坚持社会主义核心价值观、坚持人与自然和谐共生、坚持在发展中保障和改善民生、坚持总体国家安全观、坚持党对人民军队的绝对领导、坚持“一国两制”和推进祖国统一、坚持推动构建人类命运共同体。

习近平新时代中国特色社会主义思想，为新时代坚持和发展中国特色社会主义提供了根本指引，为全面建设社会主义现代化国家、实现中华民族伟大复兴提供了行动指南，为全面从严治党、把党锻造成为中国特色社会主义事业的坚强领导核心提供了强大思想武器，为新时代治国理政提供了基本遵循，实现了马克思主义中国化新的飞跃，是当代中国马克思主义、21 世纪马克思主义。

综上，某种意义上讲，“马克思主义中国化”命题的提出与近代中国社会主要矛盾的解决有莫大关系。中国绵延 2000 多年的封建社会，在鸦片战争后进入半殖民地半封建社会，此种基本国情决定了近代中国社会的主要矛盾是中华民族同帝国主义的矛盾、人民大众同封建主义和官僚资本主义的矛盾。这一社会主要矛盾的特殊性和复杂性，造成中国的民主革命在性质上绝不同于西方。对此，毛泽东曾总结指出，从鸦片战争到五四运动总计 70 余年时间里，“中国人没有什么武器可以抗御帝国主义。旧的顽固的封建主义的思想武器打了败仗了，抵不住，宣告破产了。不得已，当时的中国人被迫从帝国主义的老家即西方资产阶级革命时代的武器库中学来了进化论、天赋人权论和资产阶级共和国等项思想武器和政治方案，组织政党，举行过革命，以为可以外御列强，内建民国。但是这些东西也和封建主义的思想武器一样，软弱得很，又是抵不住，败下阵来，宣告破产了”，俄国十月革命“唤醒了中国人，中国人学得了一样新的东西，这就是马克思列宁主义”，但“任何思想，如果不和客观的实际的事物相联系，如果没有客观存在的需要，如果不为人民群众所掌握”“也是不起作用的”①。换句话说，在中国这样一个半殖民地半封建社会开展革命和建设，必然遭遇其他国家所不曾面临的特殊、复杂的问题，而这恰恰决定了马克思主义中国化的必要性。

更进一步讲，我们党对社会主要矛盾的认知演变与马克思主义中国化的历史性飞跃之间存在一致性关系。在中国革命、建设和改革的

① 《毛泽东选集》第四卷，北京：人民出版社，1991年版，第1514、1515页。

每一个历史时期，我们党对社会主要矛盾的认知，都成为马克思主义基本原理与中国具体实际相结合的逻辑起点，构成马克思主义中国化的理论生长点，赋予中国化马克思主义以鲜明的时代特征和实践要求。四个历史时期、四个基本判断，“党的社会主要矛盾理论一脉相承而又与时俱进，成为马克思主义中国化理论体系的重要组成部分”[①]。一言以蔽之，我们党正是立足基本国情，结合具体实际，以社会主要矛盾为认知突破口，才使得马克思主义在中国土壤上开枝散叶，实现了马克思主义中国化的两次历史性飞跃，指引中国取得惊人发展成就，古老而文明的中国得以巍然屹立在世界的东方。

① 侯德泉、赵象举：《中国共产党社会主要矛盾理论历史演进述论》，《湖南师范大学社会科学学报》2012年第1期。

第五章
我国社会主要矛盾演变的经验启示

建党 100 年来，我们党对社会主要矛盾的探索历经数次重大判断，有力推动了中国革命、建设和改革的不断前行。回顾历史，有三条经验启示值得珍视。第一，坚持人民立场，是认识我国社会主要矛盾演变的价值依规。第二，坚持实事求是，是认识我国社会主要矛盾演变的思想方法。第三，坚持生产力标准，是认识我国社会主要矛盾演变的实践根基。

第一节　坚持人民立场：认识社会主要矛盾演变的价值依归

“马克思主义第一次站在人民的立场探求人类自由解放的道路”[①]，人民立场既是马克思主义社会理想的基本原则，亦是马克思主义政党的本质属性。我们党始终重视从人民需要与社会生产相互关系的角度，来分析和判断社会主要矛盾。建党百年来，我们党之所以能够正确认识并有效解决社会主要矛盾，重要原因之一就在于始终坚持人民立场，坚持人民利益至上，尊重人民主体地位，回应人民核心关切。从人民群众是真正的铜墙铁壁和为人民服务，到“三个有利于”标准，再到“以人民为中心”，新中国成立后正反两方面的历史告诉我们，“是否站稳人民立场，是否强调人民利益，是否尊重人民主体地位，是我们党能否正确认识和有效解决社会主要矛盾的关键”[②]。进入新时代，我们党愈加牢记“为人民谋幸福”的初心，强调要“永远把人民对美好生活的向往作为奋斗目标”[③]，并将之作为党和国家一切工作的价值依归。我们党对社会主要矛盾的新论断，站位于人民立场，聚焦于人民对美好生活的需求，充分彰显了对马克思主义价值原则的最高追求，是对马克思主义唯物史观人民立场基本观点的最新发展。

---

① 习近平：《在纪念马克思诞辰200周年大会上的讲话》，《人民日报》2018年5月5日。

② 陈树文、庞坤缺：《新中国成立以来党对社会主要矛盾的认识》，《马克思主义理论学科研究》2019年第6期。

③ 习近平：《决胜全面建成小康社会 夺取新时代中国特色社会主义伟大胜利——在中国共产党第十九次全国代表大会上的报告》，《人民日报》2017年10月28日。

一、人民利益至上是价值准则

人民利益至上是我们党开展一切工作必须坚持的价值准则，亦是我国社会主要矛盾演变的价值准则。毛泽东曾指出："一定要每日每时关心群众利益，时刻想到自己的政策措施一定要适合当前群众的觉悟水平和当前群众的迫切要求。凡是违背这两条的，一定行不通，一定要失败。"[①]在毛泽东的视野中，为人民服务，实现和维护人民利益是我们党正确处理各种矛盾的基本原则。毛泽东强调："马克思列宁主义的基本原则，就是要使群众认识自己的利益，并且团结起来，为自己的利益而奋斗"[②]"一切空话都是无用的，必须给人民以看得见的物质福利。我们还有许多同志的头脑没有变成一个完全的共产主义者的头脑，他们只是做了一个方面的工作，即是只知向人民要这样那样的东西，……而不知道做另一方面的工作，即是用尽力量帮助人民发展生产，提高文化"[③]。

我们党始终未有放弃人民利益至上的价值准则。改革开放之初，以邓小平为主要代表的中国共产党人，清醒意识到，我国的生产力水平还相当低下，"底子太薄，现在中国仍然是世界上很贫穷的国家之一。中国的科学技术力量很不足，科学技术水平从总体上看要比世界先进国家落后二三十年"，而"在生产还不够发展的条件下，吃饭、教育和就业就都成为严重的问题"[④]，落后的社会生产力远远不能满足人民的物质文化需要。陈云亦指出："一方面我们还很穷，另一方面要经过二十多年，即在本世纪末实现四个现代化。这是一个矛盾。人口多，要提高生活水平不容易；搞现代化用人少，就业难。我们只能在这种

① 《毛泽东文集》第8卷，北京：人民出版社，1999年版，第33页。
② 《毛泽东选集》第四卷，北京：人民出版社，1991年版，第1318页。
③ 《毛泽东文集》第二卷，北京：人民出版社，1993年版，第467页。
④ 《邓小平文选》第二卷，北京：人民出版社，1994年版，第163—164页。

矛盾中搞四化。这个现实的情况，是制定建设蓝图的出发点。”[①]这就意味着，改革开放和社会主义现代化建设必须正确认识当时我国的社会主要矛盾，必须从我国落后的社会生产实际情况出发。此后，党的十一届六中全会通过的《关于国以来党的若干历史问题的决议》遂据此提出新时期我国社会主要矛盾的“经典论断”，强调要以经济建设为中心，逐步提升人们的物质文化生活水平。

苏东剧变后，以江泽民为主要代表的中国共产党人总结国内外两方面历史经验，强调“人民，只有人民，才是我们工作价值的最高裁决者”[②]，要求党必须始终代表中国最广大人民的根本利益，将人民拥护不拥护、赞成不赞成、高兴不高兴和答应不答应，作为最高衡量标准。我国的现代化建设，也一定要“不断使全体人民得到并日益增加看得见的利益”[③]，借以使人民群众认识到改革开放和社会主义现代化建设，既是国家的富强之道，亦是自己的富裕之道。

面对新世纪新阶段我国经济社会发展所呈现出来的八个方面的阶段性特征，以胡锦涛为主要代表的中国共产党人，提出科学发展观，将以人为本作为核心立场，强调以人为本就是以最广大人民的根本利益为本，要“始终代表最广大人民根本利益而不是代表某一个人、某一部分人利益”，要“坚持完成党的各项工作和实现人民利益的一致性”[④]。胡锦涛指出，我们党实现发展的根本目的是造福人民，要顺应人民过上更好生活的新期待，在经济社会发展各领域、各环节都体现和保障人民群众的利益。

---

① 《陈云文选》第三卷，北京：人民出版社，1995年版，第250页。

② 《江泽民论有中国特色社会主义（专题摘编）》，北京：中央文献出版社，2002年版，第638页。

③ 《江泽民文选》第三卷，北京：人民出版社，2006年版，第122页。

④ 《胡锦涛文选》第三卷，北京：人民出版社，2016年版，第445页。

党的十八以来，习近平相继提出“以人民为中心”“以人民为中心的发展”“改革成果人民共享”“人民是阅卷人”“人民对美好生活的向往就是我们的奋斗目标”等命题，至党的十九大提出新时代社会主要矛盾论断，将“人民”作为主体范畴，将满足“人民日益增长的美好生活需要”作为根本目标，将解决不平衡不充分发展作为对人民所关切问题的应对思路，彰显了人民至上的价值追求，也将我们党对人民立场的认知提升到一个新的高度。正如习近平所指出的，“我们要始终把人民立场作为根本立场，把为人民谋幸福作为根本使命。”[①]从决战全面脱贫攻坚、全面建成小康社会，到努力实现全体人民共同富裕，正是新时代社会主要矛盾所蕴含人民利益至上价值追求的实践要求所在。

二、满足人民需要是价值导向

马克思、恩格斯指出，人们“为了生活，首先就需要吃喝住穿以及其他一些东西。因此，第一个历史活动就是生产满足这些需要的资料，即生产物质生活本身”[②]。换句话说，“吃喝住穿”是人们最基本的生活需要，“生产满足这些需要的资料”则是人民利益的实现。马克思、恩格斯还强调，“需要”是人们活动的动力源泉，“人以其需要的无限性和广泛性区别于其他一切动物”[③]“需要是同满足需要的手段一同发展的，并且是依靠这些手段发展的”[④]。社会主要矛盾的变化直接规定了不同历史时期的主要任务，并进而明晰了人民需要的满足情况及未来努力的方向。

---

① 习近平：《在纪念马克思诞辰200周年大会上的讲话》，《人民日报》2018年5月5日。

② 《马克思恩格斯文集》第一卷，北京：人民出版社，2009年版，第531页。

③ 《马克思恩格斯全集》第49卷，北京：人民出版社，1982年版，第130页。

④ 《马克思恩格斯文集》第五卷，北京：人民出版社，2009年版，第585—586页。

在遭受帝国主义和封建主义双重压迫的近代中国社会，“广大人民，尤其是农民，日益贫困化以至大批地破产，他们过着饥寒交迫的和毫无政治权利的生活。中国人民的贫困和不自由的程度，是世界所少见的”[①]。在此种社会背景下，人民迫切要求彻底废除帝国主义强加给中国的不平等条约和在华特权，实现中国从几千年封建专制政治向人民民主新政治的伟大飞跃。1953 年，我们党提出过渡时期总路线，其实质就是通过三大改造建立社会主义公有制，从而更好满足人们的吃穿住行等基本需要。中国革命的胜利和社会主义制度的建立，造就了“我国历史上最深刻最伟大的社会变革，是我国今后一切进步和发展的基础”[②]。党的八大对社会主要矛盾的判断，明确要通过建设满足人民对于经济文化迅速发展的需要，反映了广大人民实现主体价值、摆脱经济文化贫困落后的强烈现实愿望。

党的十一届三中全会之后，邓小平从人民物质文化需要出发，反复思考社会主义本质和社会主义社会主要矛盾的演变要求，强调“我们一定要根据现在的有利条件加速发展生产力，使人民的物质生活好一些，使人民的文化生活、精神面貌好一些。”[③]改革开放以来，人民生活水平发生了翻天覆地的历史性变化，城镇居民人均可支配收入从 1978 年的 343 元大幅提升到 2017 年的 36396 元，农村居民人均纯收入也从 1978 年的 134 元大幅提升到 2017 年的 13432 元，人民的物质生活需要得到较好满足，文化生活需求也日益丰富多彩。党的十八大以来，人们的需求呈现多样化多层次多方面特点，“期盼有更好的教育、更

---

① 《毛泽东选集》第二卷，北京：人民出版社，1991年版，第631页。

② 《关于建国以来党的若干历史问题的决议（注释本）》，北京：人民出版社，1983年版，第63页。

③ 《邓小平文选》第二卷，北京：人民出版社，1994年版，第128页。

稳定的工作、更满意的收入、更可靠的社会保障、更高水平的医疗卫生服务、更舒适的居住条件、更优美的环境，期盼孩子们能成长得更好、工作得更好、生活得更好”[①]。据此，习近平总书记在党的十九大报告中提出新时代社会主要矛盾论断，从而为新时代通过全面深化改革实现好、维护好和发展好最广大人民的需要找到了切入点。正如习近平强调的：“把以人民为中心的发展思想体现在经济社会发展各个环节，做到老百姓关心什么、期盼什么，改革就要抓住什么、推进什么，通过改革给人民群众带来更多获得感。”[②]党的八大、十一届六中全会和十九大，皆直接“把人民作为社会主要矛盾的主体，把人民的需要状况与人民需要的满足状况作为社会主要矛盾的两个方面”[③]，进行表述转换，贯穿其中的就是人民需要层次的不断提升和需要范围的不断拓展：从八大指出“当前经济文化不能满足人民需要”，到十一届六中全会进一步明确为“人民日益增长的物质文化需要”，再到十九大提出“美好生活需要”，强调“更好满足人民在经济、政治、文化、社会、生态等方面日益增长的需要，更好推动人的全面发展、社会全面进步”[④]。时至今日，解决人民温饱问题和人民生活水平总体上达到小康水平这两个目标已提前实现，决胜全面建成小康社会取得决定性成就，并已开启全面建设社会主义现代化国家新征程。从历史发展来看，我国社会主要矛盾的演变史，就是一部社会全面进步史和人的全面发展史，是人民需要不断得到满足的成就史。

---

① 《习近平谈治国理政》第一卷，北京：外文出版社，2018年版，第4页。

② 《习近平谈治国理政》第二卷，北京：外文出版社，2017年版，第103页。

③ 颜晓峰：《论新时代我国社会主要矛盾的变化》，《中共中央党校（国家行政学院）学报》2019年第2期。

④ 习近平：《决胜全面建成小康社会夺取新时代中国特色社会主义伟大胜利——在中国共产党第十九次全国代表大会上的报告》，《人民日报》2017年10月28日。

三、发展依靠人民是价值底蕴

人是生产力中最活跃的因素，也是推动生产力发展最重要的因素。人民群众的积极性一旦被激发、调动起来，就会成为社会主要矛盾演变的主体力量。在新民主主义革命时期，毛泽东深入分析中国革命进程中的阶级结构和敌我关系，明确指出包括无产阶级、农民阶级、城市小资产阶级和民族资产阶级在内的人民大众，是反对帝国主义、封建主义和官僚资产阶级在内的“三座大山”的主体力量和动力源泉。我们党坚信“人民，只有人民，才是创造世界历史的动力”[①]，坚持一切为了群众，一切依靠群众，从群众中来，到群众中去的群众路线，领导并依靠广大人民群众，最终推翻了“三座大山”的统治。新中国成立后，我国社会主要矛盾发生重大变化，由过往的民族矛盾和阶级矛盾相互叠加演变为国内无产阶级和资产阶级之间矛盾、社会主义道路和资本主义道路之间的矛盾，巩固新生政权和开辟社会主义道路成为党和国家的中心任务。我们党依靠人民群众，发挥人民群众的主体意识和主人翁精神，积极开展土地改革、镇压反革命、恢复国民经济，从而推动国内外形势朝着有利于社会主义革命的方向发展。过渡时期总路线提出后，人民群众又以饱满热情投身于“一化三改”，农民积极拥护和支持走互助合作道路，工人自觉参与对民族资本主义经济的监督和改造，总体上比较顺利地完成了社会主义革命的历史任务。

社会主义三大改造基本完成和社会主义制度的基本确立，一方面根除了剥削和压迫劳动人民的经济根源，满足了人民自主参与、支配社会生产的愿望；另一方面，基本确立起来的社会主义经济文化制度，为满足劳动人民的经济文化需要提供了制度保障。由于农村自然经济

① 《毛泽东选集》第三卷，北京：人民出版社，1991年版，第1031页。

的薄弱和城市工业基础、工业生产能力的薄弱，党的八大提出全面建设社会主义时期的社会主要矛盾，明确要依靠人民群众发展社会生产力，实现国家的工业化。正如马克思、恩格斯在批评青年黑格尔派蔑视人民主体地位的错误认知倾向时所指出的："批判的批判什么都没有创造，工人才创造一切，甚至就以他们的精神创造来说，也会使得整个批判感到羞愧。英国和法国的工人就很好地证明了这一点。"[①]此时，我们党依靠彻底摆脱了旧的生产关系束缚，已经能以自主意识参与社会生产的人民群众，建设社会主义。毛泽东在党的八大开幕词中也强调，"已经得到解放的人民的力量是无穷无尽的"，只要充分调动人民群众的主体性和积极性，"我们就一定能够一步一步地把我国建设成为一个伟大的社会主义工业化的国家"[②]。

改革开放初期，以邓小平为主要代表的中国共产党人，纠正前一时期党的指导思想上的"左"倾错误，明确新时期我国的社会主要矛盾，提出以改革开放为动力的发展思维，契合了广大人民群众的现实愿望。因为人民群众"既是改革的剧作者，又是改革的剧中人物；既是改革的目的，又是改革的动力；既是改革任务的承担者，又是改革成果的受益者"[③]，所以依靠人民大力发展生产力，成为改革开放新时期解决我国社会主要矛盾的根本出路。改革开放以来，党的历届领导人都高度重视依靠人民推动生产发展。邓小平将人民群众首创精神作为推动改革开放的基本工作方法，为改革开放新时期社会主要矛盾的解决奠定了认识论基础。江泽民指出，"我们的改革和建设，只有得到人民群众的理解、支持和参与，充分发挥人民群众的积极性和创造性，才

---

① 《马克思恩格斯全集》第二卷，北京：人民出版社，1957年版，第22页。

② 《毛泽东文集》第7卷，北京：人民出版社，1999年版，第117页。

③ 董耀鹏：《人的主体性初探》，北京：北京图书馆出版社，1996年版，第169页。

能顺利推进”[①]。进入新世纪，尽管经济社会发展出现一系列阶段性特征，但我国社会主要矛盾和社会发展阶段并未改变。胡锦涛强调，全党必须“坚持全心全意依靠工人阶级，发挥我国工人阶级和农民阶级、其他劳动群众推动我国社会生产力发展基本力量的作用，又支持新的社会阶层发挥中国特色社会主义事业建设者的作用，使全体人民都满腔热情地投身改革开放伟大事业”[②]。可以说，正是依靠人民群众的主体创造和实践参与，我们党才取得了经济长期高速发展的奇迹。

党的十八大以来，中国特色社会主义进入新时代，满足人民的美好生活需要“决定着社会发展变革的方向”，成为“激发人民群众进行一切活动实践的动力源泉”[③]。由于人民群众是美好生活的追求者、创造者和享有者，所以解决不平衡不充分的发展必须依赖人民群众的参与。对此，马克思、恩格斯强调：“历史什么事情也没有做，它‘不拥有任何惊人的丰富性’，它‘没有进行任何战斗’！其实，正是人，现实的、活生生的人在创造这一切，拥有这一切并且进行战斗。……历史不过是追求着自己目的的人的活动而已。”[④]这就要求我们党必须坚持以人民为中心的发展思想，依靠人民群众，通过追求美好生活激发自我动力，通过创造美好生活实现自我价值，通过享受美好生活达致自我完善。

---

① 《江泽民文选》第一卷，北京：人民出版社，2006年版，第407页。

② 《胡锦涛文选》第三卷，北京：人民出版社，2016年版，第160页。

③ 李磊：《习近平的美好生活观论析》，《社会主义研究》2018年第1期。

④ 《马克思恩格斯文集》第一卷，北京：人民出版社，2009年版，第295页。

第二节　坚持实事求是：认识社会主要矛盾演变的思想方法

“实事求是，是毛泽东同志用中国成语对辩证唯物主义和历史唯物主义世界观和方法论所作的高度概括。”[①]实事求是，最初作为一种治学态度，来源于东汉著名史学家班固所著《汉书·河间献王传》“修学好古，实事求是”。班固用以赞誉汉景帝之子刘德穷其毕生精力，整理古文先秦旧书求得真知的治学态度。唐代学者颜师古将实事求是阐释为务得事实，每求真是也，意为必须从客观事实出发，以求取真理。毛泽东借用“实事求是”这个基本概念，从马克思主义理论的视角，阐明了它的科学内涵。毛泽东指出：“‘实事’就是客观存在着的一切事物，‘是’就是客观事物的内部联系，即规律性，‘求’就是我们去研究。”[②]坚持实事求是，集中体现了马克思主义唯物的、辩证的认识论，其哲学意涵是深入了解事物的本来面貌，洞察事物内在的必然联系，按照客观规律办事；其根本要求是清醒认识和正确把握我国基本国情，科学判断社会主要矛盾，制定路线、方针、政策；它是“中国共产党人认识世界、改造世界的根本要求，是我们党的基本思想方法、工作方法、领导方法”[③]。经过长期发展，我们党形成了解放思想、实事求是、与时俱进、求真务实的思想路线。我国社会主要矛盾的演变表明，凡是坚持实事求是思想路线，从基本国情出发，党对中国社

① 习近平：《坚持实事求是的思想路线》，《学习时报》2012年5月28日。

② 《毛泽东选集》第三卷，北京：人民出版社，1991年版，第801页。

③ 习近平：《在纪念毛泽东同志诞辰120周年座谈会上的讲话》，北京：人民出版社，2013年版，第15页。

会主要矛盾的判断就正确，党的路线、方针、政策就正确，反之则会出现失误甚至错误。我国社会主要矛盾的演变与思想路线的形成确立、调试发展和内涵深化具有内在逻辑一致性。

一、形成确立

建党初期，毛泽东已经注重采用调查研究方法来了解和分析近代中国社会的基本国情，并用马克思主义基本方法解析中国的阶级情况。1925 年 12 月和 1927 年 3 月，他先后撰写了《中国社会各阶级的分析》和《湖南农民运动考察报告》。1927 年，大革命失败后，革命形势转入低潮。以毛泽东为主要代表的中国共产党人领导武装起义，开辟农村革命根据地，从国情出发相继写就《中国的红色政权为什么能够存在》《井冈山的斗争》等著述，开始探索“农村包围城市、武装夺取政权”的革命道路。1929 年 12 月和 1930 年 5 月，毛泽东撰写《纠正党内的错误思想》和《反对本本主义》两文。前文要求党员要学会用马克思列宁主义的方法分析时局和形势，以克服主观主义，强调若不进行调查研究就会陷入盲动主义的泥潭，难以作出正确斗争决策。后文在前文基础上，提出“没有调查就没有发言权”“调查就是解决问题”“中国革命斗争的胜利要靠中国同志了解中国情况”的诸多经典论断，并首次使用“思想路线”，批驳了党内盛行的教条主义和形式主义认识倾向。

土地革命时期，毛泽东在《中国革命和中国共产党》中曾指出：“认清中国社会的性质，就是说，认清中国的国情，乃是认清一切革命问题的基本的根据。”[①]遵义会议纠正了王明等的“左”倾左翼错误

① 《毛泽东选集》第二卷，北京：人民出版社，1991年版，第633页。

路线，事实上确立了毛泽东在全党的领导地位。此后，毛泽东于1935年12月和1936年12月又先后撰写《论反对日本帝国主义的策略》《中国革命战争的战略问题》，正确分析了遵义会议中尚未及系统解决的“左”倾错误思想，提出了中国革命战争的战略问题，在理论上进一步发展了党的实事求是思想路线。

九一八事变后，中日民族矛盾上升为社会主要矛盾，党的政策方向转向与国民党展开第二次合作，团结一切可以团结的力量，建立最广泛的民族统一战线。对此，彭真曾指出，抗战时期，“客观事物发展了，主观认识就得随着变。‘实事’不同，‘是’也不同，‘实事’变了，‘是’也会变，我们要根据不断变化的‘实事’去求‘是’”[①]。

1937年7月和8月，毛泽东写就《实践论》《矛盾论》，分别从认识论和辩证法的哲学视角论证了实事求是的思想路线。如此，党的实事求是思想路线就形成了，与之相伴随，我们党对新民主主义革命时期的社会主要矛盾的认识也趋向于成熟。

1941年5月，延安整风运动拉开帷幕，其首要目的就是确立正确的思想路线和政治路线。在延安高级干部会议上，毛泽东作《改造我们的学习》报告，明确提出了实事求是的科学内涵，并将马克思列宁主义理论和中国革命实际相结合的态度，视为实事求是的态度，强调要摒弃不做调查研究就发言的主观主义、不考虑国情照搬马克思主义词句和外国经验的教条主义，主观主义和教条主义背离马克思主义，不符合实事求是态度，万不可取。“此时，‘实事求是’已不再简单地是一种做事态度，而是成为对马克思主义理论的升华，成为一种思想方法，强调规律性地把握以获得科学的真理性认识，继而指导发展着、变化着的革命

---

① 《彭真文选（1941—1990年）》，北京：人民出版社，1991年版，第670页。

实践。”[①]为进一步改造全党的学习作风，1942年2月，毛泽东撰写了《整顿党的作风》《反对党八股》，强调我们党是靠马克思列宁主义的真理吃饭，靠实事求是吃饭，大力批判党内存在的主观主义和教条主义思想倾向。经过整风运动，实事求是思想路线在全党真正扎根、发芽和成长起来，使党“真正达到了马克思列宁主义普遍真理和中国革命具体实践的完整的统一”[②]，也确立了毛泽东思想的历史地位。

1945年4月，党的七大在延安召开，通过的党章确立毛泽东思想为党的指导思想，确立“实事求是”为党的思想路线。至此，我们党从政治上和思想上彻底清除了主观主义和教条主义在党内的负面影响，扫除了革命前进道路上的思想和组织障碍，对中国基本国情、社会主要矛盾和所处历史方位有了更为准确的认识和判断，并据此制定了新民主主义革命的基本纲领。

解放战争时期，我们党进一步贯彻落实实事求是思想路线，无论是经略东北和撤离延安，还是挺进中原和展开决战，无不遵循。其中，在两个事例上体现最为明显。一是及时制止少数地方土改中冒头的“左”倾错误，强调土改目标是消灭封建土地制度，而非消灭地主个人。二是在我们党即将成为执政党之际，明确党的工作重心虽由乡村转移到城市，但“夺取全国胜利，只是万里长征走完了第一步”，“革命以后的路程更长，工作更伟大，更艰苦。这一点现在就必须向党内讲明白，务必使同志们继续地保持谦虚、谨慎、不骄、不躁的作风，务必使同志们继续地保持艰苦奋斗的作风”[③]，万不能在糖衣炮弹面前打败仗。

---

① 高玉倩、王维平：《中国共产党坚持正确思想路线的百年历程与经验启示》，《安徽行政学院学报》2021年第1期。

② 温济泽、李言、金紫光等：《延安中央研究院回忆录》，北京：中国社会科学出版社，1984年版，第1页。

③ 《毛泽东选集》第四卷，北京：人民出版社，1991年版，第1438—1439页。

二、调试发展

新中国成立后，以毛泽东为主要代表的中国共产党人准确分析社会主义过渡时期的社会实际，正确判断社会主要矛盾，顺利完成了政权巩固和三大改造任务，完成了由新民主主义社会转向社会主义社会的艰巨任务，确立了社会主义制度。党的八大把“我国生产力发展还很落后这一基本国情突出出来”，突出强调“全党要集中力量去发展生产力”，更新了对社会主要矛盾的判断，“历史证明是正确的”[①]。毛泽东撰写的《论十大关系》《关于正确处理人民内部矛盾的问题》等著述体现了对实事求是思想路线的坚持。“文化大革命”结束后，以邓小平为主要代表的中国共产党人，明确毛泽东思想的精髓是实事求是，领导和支持真理标准大讨论，首先着手解决党的思想路线问题。邓小平指出：“我读的书并不多，就是一条，相信毛主席讲的实事求是。过去我们打仗靠这个，现在搞建设、搞改革也靠这个。”[②] 1978 年 12 月 13 日，邓小平在中共中央工作会议闭幕会上发表题为《解放思想，实事求是，团结一致向前看》的讲话。该报告共分为四个部分，分别为：解放思想是当前的一个重大政治问题；民主是解放思想的重要条件；处理遗留问题为的是向前看；研究新情况，解决新问题。讲话四部分逻辑严密，环环相扣：“解放思想，开动脑筋，实事求是，团结一致向前看，首先是解放思想。只有思想解放了，我们才能正确地以马列主义、毛泽东思想为指导，解决过去遗留的问题，解决新出现的一系列问题，正确地改革同生产力迅速发展不相适应的生产关系和上层建筑，根据我国的实际情况，确定实现四个现代化的具体道路、方

① 胡绳：《中国共产党的七十年》，北京：中共党史出版社，1991年版，第346页。

② 《邓小平文选》第三卷，北京：人民出版社，1993年版，第382页。

针、方法和措施"[①]；"解放思想，开动脑筋，一个十分重要的条件就是要真正实行无产阶级的民主集中制。我们需要集中统一的领导，但是必须有充分的民主，才能做到正确的集中"，而且，"当前这个时期，特别需要强调民主"[②]；解放思想，发扬民主是为了解决过去遗留下来的问题，分清一些人的功过，"目的正是为了向前看"[③]，而"要向前看，就要及时地研究新情况和解决新问题，否则我们就不可能顺利前进"[④]。

十一届三中全会重新确立了解放思想、实事求是的思想路线，确定把全党工作的重心转移到社会主义现代化建设，推动了党的历史上具有深远意义的重大转折。1980 年 2 月，在党的十一届五中全会上，邓小平明确概括了思想路线的内容："实事求是，一切从实际出发，理论联系实际，坚持实践是检验真理的标准，这就是我们党的思想路线。"[⑤]此后，党的十一届六中全会恢复八大对基本国情和社会主要矛盾的正确判断，指出"我们的生产力发展水平还很低"[⑥]"社会主义初级阶段"是当代国情的最大实际，强调大力发展生产力。在改革开放进程中，不管是实行家庭联产承包责任制、发展乡镇企业、创办经济特区，还是论述社会主义初级阶段理论和社会主义市场经济理论，邓小平在关键时刻所作出的每一项决策都强调实事求是，用事实说话。1992 年初，邓小平在武昌、深圳、珠海、上海等地的谈话要点，乃是思想解放的集大成之作。

---

① 《邓小平文选》第二卷，北京：人民出版社，1994年版，第141页。
② 《邓小平文选》第二卷，北京：人民出版社，1994年版，第144页。
③ 《邓小平文选》第二卷，北京：人民出版社，1994年版，第147页。
④ 《邓小平文选》第二卷，北京：人民出版社，1994年版，第149页。
⑤ 《邓小平文选》第二卷，北京：人民出版社，1994年版，第278页。
⑥ 《关于建国以来党的若干历史问题的决议（注释本）》，北京：人民出版社，1983年版，第574页。

党的十三届四中全会以后，以江泽民为主要代表的中国共产党人，在世界社会主义遭遇重大挫折、改革开放出现新挑战之际，强调“过去有许多做法和经验已经不适用了，要根据新的实践要求，重新学习，不断创新，与时俱进”[①]，解放思想、实事求是、与时俱进，乃是我们党坚持先进性与增强创造力的决定性因素，要求党始终保持与时俱进的精神状态。党的十六大后，以胡锦涛为主要代表的中国共产党人提出科学发展观，在全党大力弘扬求真务实精神、大兴求真务实之风，认为“求真务实，是辩证唯物主义和历史唯物主义一以贯之的科学精神，是我们党的思想路线的核心内涵”[②]。这样，在改革开放和社会主义现代化建设新时期，党的三代领导集体始终坚持和实践实事求是思想路线，并依据时代背景和历史任务变化不断赋予其新的科学内涵。与此相适应，党的十二大通过的党章正式写入实事求是思想路线，党的十四大、十六大和十八大分别在党章中增加“解放思想”“与时俱进”“求真务实”的表述。

三、内涵深化

经过改革开放40年的发展，我国进入社会主义初级阶段以来的“落后的社会生产”和“物质文化需要”皆发生了新的阶段性变化，因时而变，因势而异，党的十九大立足此种变化，提出新时代我国社会主要矛盾的新论断，“适应了我国发展的阶段性要求，体现了党和国家事业发展战略重点的变化”[③]。事实上，因为涉及时机和表述科学性问题，所

① 《江泽民文选》第一卷，北京：人民出版社，2006年版，第256页。

② 《胡锦涛文选》第二卷，北京：人民出版社，2016年版，第151页。

③ 中共中央宣传部：《习近平新时代中国特色社会主义思想三十讲》，北京：学习出版社，2018年版，第70页。

以何时、如何修改我国社会主要矛盾的表述，是一个棘手问题，恰恰需要坚持党的实事求是思想路线才能够作出回答。《求是》曾刊文披露，在党的十六大、十七大、十八大报告起草过程中，都曾有人提议修改《关于建国以来党的若干历史问题的决议》关于我国社会主要矛盾的表述，但“因为时机还不成熟，这个问题未有定论”，直至十九大报告起草过程中，“几乎所有的反馈都认为，重新定义我国社会主要矛盾的时机已经成熟”①。这表明，党在十九大报告中提出社会主要矛盾的最新论断，正是基于实事求是这个基本思想方法、工作方法、领导方法。

党的十八大以来，以习近平为核心的党中央本着实事求是原则，对我国所处的历史方位和主要矛盾作出重大判断，推动了中国特色社会主义事业快速向前发展。进入新时代，习近平在继承前几代领导集体有关实事求是思想路线核心内容基础上，进行了新的阐发。

关于实事求是思想路线重要性，习近平指出，我们党的起家和兴旺发展靠实事求是，“什么时候坚持实事求是，党就能够形成符合客观实际、体现发展规律、顺应人民意愿的正确路线方针政策，党和人民事业就能够不断取得胜利；反之，离开了实事求是，党和人民事业就会受到损失甚至严重挫折”②。中国共产党是世界第一大党，长期执政光环下容易产生忽略自身不足和问题的现象，陷入“革别人命容易，革自己命难”的境地。为防患于未然，习近平非常重视党的自身建设，强调“要兴党强党，保证党永葆生机活力，就必须实事求是认识和把握自己”③，党必须时时刻刻以实事求是原则要求党员干部。

① 吴晶、胡浩、施雨岑：《面向新时代的政治宣言和行动纲领——党的十九大报告诞生记》，《求是》2017年第21期。

② 习近平：《坚持实事求是的思想路线》，《学习时报》2012年5月28日。

③ 《十八大以来重要文献选编（下）》，北京：中央文献出版社，2018年版，第591页。

关于实事求是思想路线的践行路径，习近平认为，最基础的工作在于搞清楚什么是“实事”，即了解实际、掌握实情；关键在于“求是”，即探求和掌握事物发展的规律。这就要求全党既将实事求是作为一种信念，还作为一种本领，在解决不平衡不充分的发展的新征程中，“自觉坚定实事求是的信念、增强实事求是的本领，时时处处把实事求是牢记于心、付诸于行”[①]。具体来说，一要对实际情况作深入系统的调查研究，在求深、求实、求细、求准、求实效上下功夫，真正搞清楚本地区本部门本单位的实际情况、影响改革发展稳定的突出问题和人民群众的所思所盼，做到耳聪目明、心中有数。二要将思想路线和群众路线紧密结合和统一起来，深入基层了解情况、听取意见，及时发现、总结、概括人民所创造的新鲜经验，并拿到群众中去实践和检验，使各项决策符合实际情况、符合客观规律、符合人民意愿。

关于实事求是思想路线的践行难度，习近平指出：“坚持实事求是不是一劳永逸的，在一个时间一个地点做到了实事求是，并不等于在另外的时间另外的地点也能做到实事求是，在一个时间一个地点坚持实事求是得出的结论、取得的经验，并不等于在变化了的另外的时间另外的地点也能够适用。”[②]为此，一要在制定方针政策时，坚持从基本国情出发，既不超越现实、超越阶段急于求成，也不因循守旧、故步自封，不陷入名曰实事求是、实为教条主义的误区。二要坚持真理，坚持以事实为依据，及时发现和纠正认识、决策和工作的缺点和错误，及时发现和解决存在的各种矛盾和问题。三要在变化的实践基础上，及时总结党领导人民创造的新鲜经验，不断推进理论创新，有效应对前进道路上的各种困难和风险。四要以实事求是态度评价历史人物和

① 《习近平谈治国理政》第一卷，北京：外文出版社，2018年版，第26页。

② 《习近平谈治国理政》第一卷，北京：外文出版社，2018年版，第26页。

历史事件。例如，在如何评价改革开放前后的历史问题上，习近平指出，要以实事求是态度正确看待“前十七年”和“后四十年”的关系，“不能用改革开放后的历史时期否定改革开放前的历史时期，也不能用改革开放前的历史时期否定改革开放后的历史时期”[①]。

习近平指出：“实事求是作为党的思想路线，它始终是马克思主义中国化理论成果的精髓和灵魂，即是毛泽东思想的精髓和灵魂，是包括邓小平理论、‘三个代表’重要思想以及科学发展观在内的中国特色社会主义理论体系的精髓和灵魂。”[②]究其实质，实事求是不仅仅是一个认识社会主要矛盾的理论概念和思想方法，更关涉马克思主义中国化命题。毛泽东首次提出并系统论述党的实事求是思想路线，明晰近代中国社会的主要矛盾，创造性提出马克思主义中国化命题，走出了一条中国式独特的革命道路；并初步明晰社会主义社会的主要矛盾，对中国式工业化和现代化道路进行了初步探索，形成了毛泽东思想。邓小平重新恢复并丰富党的实事求是思想路线，成功将马克思主义中国化命题的语境从革命战争时代推进至改革开放时代，开创了中国特色社会主义理论体系。站在新时代，习近平进一步丰富了实事求是思想路线的内涵。归根结底，实事求是思想路线要求我们党一定要正确把握“客观规律和时代潮流”[③]，科学判断社会主要矛盾的演变态势，以中国化的、动态发展的马克思主义来指导中国特色社会主义的持续健康发展。

---

① 《习近平谈治国理政》第一卷，北京：外文出版社，2018年版，第23页。

② 习近平：《党校十九讲》，北京：中共中央党校出版社，2014年版，第275—276页。

③ 侯惠勤：《实事求是是创造新的历史伟业的思想保证》，《马克思主义研究》2019年第10期。

第三节　坚持生产力标准：认识社会主要矛盾演变的实践根基

马克思主义的一个基本观点是，生产关系与生产力之间的矛盾、上层建筑与经济基础之间的矛盾，是社会的基本矛盾，其中，生产力是最活跃的因素，生产力和经济基础对生产关系和上层建筑起决定作用，生产关系和上层建筑则反过来发挥能动作用。这就要求，不管是在革命时期，还是在和平建设时期，在社会主要矛盾判断问题上，都需要坚持生产力标准的核心地位。

一、生产力标准的提出和偏离

早在民主革命时期，毛泽东就意识到生产力的决定性作用，提出了生产力标准问题。1945 年，毛泽东在《论联合政府》中提出："中国一切政党的政策及其实践在中国人民中所表现的作用的好坏、大小，归根到底，看它对于中国人民的生产力的发展是否有帮助及其帮助之大小，看它是束缚生产力的，还是解放生产力的。"[①]毛泽东使用"中国人民的生产力"这个表述，如同马克思在《资本论》中使用"资本的生产力"表述一致，体现了生产力的自然属性和社会属性的统一。一方面，生产力固有自然属性；另一方面，人类的生产实践总是在一定的生产关系下开展，必然产生生产力为谁占有、如何占有以及为谁服务的问题，这便是生产力的社会属性。毛泽东在《论联合政府》中

① 《毛泽东选集》第三卷，北京：人民出版社，1991年版，第1079页。

分析说，正是由于推行了土地制度改革，才造成农民生产兴趣增加，农业生产力得到发展。他说："消灭日本侵略者，实行土地改革，解放农民，发展现代工业，建立独立、自由、民主、统一和富强的新中国，只有这一切，才能使中国社会生产力获得解放，才是中国人民所欢迎的。"[①]针对外界有关中国共产党提倡发展资本主义的疑问，毛泽东在《论联合政府》中回答道："拿资本主义的某种发展去代替外国帝国主义和本国封建主义的压迫，不但是一个进步，而且是一个不可避免的过程。它不但有利于资产阶级，同时也有利于无产阶级，或者说更有利于无产阶级。"[②]毛泽东所谓的发展资本主义，并非是要在新民主主义革命和社会主义革命两个发展阶段之间插入一个资本主义发展阶段，而是在无产阶级领导的政权下，在不操纵国计民生的前提条件下，使私人资本主义经济获得发展，使资本主义有益于社会生产力向前发展。同时，针对外界有关中国共产党不赞成发展个性、发展私人资本主义、保护私有财产的言论，毛泽东明确指出此种认识是错误的。他指出，民族压迫和封建压迫严重束缚了中国人民的个性发展和财产安全以及私人资本主义的发展，我们党所主张的新民主主义制度的任务，则正是要解除这些束缚。

新民主主义革命胜利后，在国民经济恢复时期，毛泽东将这一看法运用到工人阶级和资产阶级矛盾的处理之中。在党的七届三中全会上，毛泽东作《为争取国家财政经济状况的基本好转而斗争》报告，论及了如何对待资本主义与资产阶级的问题。毛泽东认为，此时消灭资本主义实行社会主义是错误的，还需要利用民族资产阶级来助力恢复经济和发展生产，这可以使国家和资产阶级各得其所，既有利于国

① 《毛泽东选集》第三卷，北京：人民出版社，1991年版，第1079页。

② 《毛泽东选集》第三卷，北京：人民出版社，1991年版，第1060页。

家发展社会生产力、解决失业问题，也有利于调动民族资产阶级的生产积极性。

1956 年，中国进入全面建设社会主义时期，社会主要矛盾相应发生变化。毛泽东明确指出："社会主义革命的目的是为了解放生产力。"[①] 1957 年初，毛泽东在《关于正确处理人民内部矛盾的问题》中科学分析我国阶级关系的新变化和阶级斗争的新形势后指出，我们党所领导的新民主主义革命和社会主义改造都是为了解放和发展生产力，并再次强调："我们的根本任务已经由解放生产力变为在新的生产关系下面保护和发展生产力。"[②]

二、生产力标准的确立和深化

十一届三中全会以后，邓小平纠正了过去一段时期内忽视生产力发展的认知倾向，从两个视角指出，必须把生产力作为第一重要的因素来认知社会主要矛盾，强调社会主义一定要使生产力发达。一是从"什么是社会主义、怎么建设社会主义"的视角，认为"马克思主义的原则就是发展生产力。马克思主义的目的是实现共产主义，共产主义是建立在生产力高度发展的基础上的。社会主义是共产主义的第一阶段，是一个很长的历史阶段。社会主义的首要任务是发展生产力，逐步提高人民的物质和文化生活水平"，过去的经历表明，"贫穷不是社会主义，社会主义要消灭贫穷。不发展生产力，不提高人民的生活水平，不能说是符合社会主义要求的"[③]；二是从"建设对资本主义具有优越性的社会主义"的视角，认为"社会主义的优越性归根到底要体现在它的生产力比

① 《毛泽东文集》第7卷，北京：人民出版社，1999年版，第1页。

② 《毛泽东文集》第7卷，北京：人民出版社，1999年版，第218页。

③ 《邓小平文选》第三卷，北京：人民出版社，1993年版，第116页。

资本主义发展得更快一些、更高一些"[①]。列宁曾指出："劳动生产率，归根到底是使新社会制度取得胜利的最重要最主要的东西。"[②]邓小平的论述无疑体现了这一认识，不再如之前那般简单强调生产关系和意识形态角度，从而确立了从生产力标准角度来评判社会主义的基本原则。

在总结历史上一段时期内偏离生产力标准，较多从生产关系层面抽象看待社会主义，从而把一些本质上并不具有社会主义本质属性却束缚生产力发展的东西，视为"社会主义原则"加以固守的基础上，邓小平创造性地揭示了社会主义的本质。继党的十一届三中全会确定把全党工作重点转移到社会主义现代化建设上，1987 年党的十三大提出"一个中心、两个基本点"，对生产力标准的认识进一步深化。"以经济建设为中心"，旨在回答社会主义的根本任务问题，体现了解放和发展生产力的迫切要求；"坚持四项基本原则"旨在回答解放和发展生产力的政治保证问题；"坚持改革开放"旨在回答社会主义的发展动力与外部条件问题。"一个中心、两个基本点"体现了经济基础与上层建筑、生产力与生产关系之间的辩证统一关系。

1992 年初，邓小平在南方谈话中对社会主义本质作出总结性理论概括。邓小平指出："社会主义的本质，是解放生产力，发展生产力，消灭剥削，消除两极分化，最终达到共同富裕。"[③]社会主义本质论，一方面强调"解放生产力，发展生产力"，反映了我国社会主义初级阶段需要注重发展生产力的迫切要求，明确我国进入社会主义社会后仍需要通过改革进一步发展生产力；另一方面也强调"消灭剥削，消除两极分化，最终达到共同富裕"，明确这是社会主义社会的发展目标。

---

① 《邓小平文选》第三卷，北京：人民出版社，1993年版，第63页。

② 《列宁选集》第4卷，北京：人民出版社，2012年版，第16页。

③ 《邓小平文选》第三卷，北京：人民出版社，1993年版，第373页。

最为重要的是，社会主义本质论还阐明，这个发展目标的实现必须以解放和发展生产力为基础。在南方谈话中，邓小平还提出了判断改革得失成败的“三个有利于标准”，即“是否有利于发展社会主义社会的生产力，是否有利于增强社会主义国家的综合国力，是否有利于提高人民的生活水平”[①]。“三个有利于标准”在坚持生产力标准的同时，增加了综合国力的维度和人民生活水平的维度，突出了实践标准，更加符合历史唯物主义的基本观点要求。

邓小平反复强调，发展才是硬道理。维护世界和平、反对霸权主义、振兴中华民族、坚持和完善社会主义制度、发展社会主义民主、健全社会主义法制、加强精神文明建设、提高全社会文明程度、解决国内各种问题都离不开发展。而且，发展一定要正确估量国际环境出现的有利和不利因素，抓住机遇、用好机遇，一心一意发展经济。他指出：“我就担心丧失机会。不抓呀，看到的机会就丢掉了，时间一晃就过去了。”[②]

以江泽民同志为主要代表的中国共产党人，在世界社会主义陷入低谷之时，坚决捍卫中国特色社会主义，在科学判断冷战后国际局势、党的历史方位，总结历史经验和建设中国特色社会主义伟大实践的基础之上，提出了“三个代表”重要思想。“三个代表”重要思想首要强调的就是“始终代表中国先进生产力的发展要求”[③]。江泽民指出：“人类社会的发展，就是先进生产力不断取代落后生产力的历史进程。社会主义现代化必须建立在发达生产力的基础之上。我们为实现现代化而奋斗，最根本的就是要通过改革和发展，使我国形成发达的生产力。”[④]这就要求我们党必须高度重视解放和发展生产力，将之视为我

① 《邓小平文选》第三卷，北京：人民出版社，1993年版，第372页。
② 《邓小平文选》第三卷，北京：人民出版社，1993年版，第375页。
③ 《江泽民文选》第三卷，北京：人民出版社，2006年版，第536页。
④ 《江泽民文选》第三卷，北京：人民出版社，2006年版，第274页。

们党站在时代前列、保持先进性、长期执政的根本体现和根本要求，使生产关系和上层建筑的诸方面都体现先进生产力的发展要求。

江泽民提出，发展是党执政兴国的第一要务。首先，坚持党的先进性和发挥社会主义制度的优越性，最终要落地到发展先进生产力上来。其次，面对世界经济和科技前所未有的大发展和激烈国际竞争，唯有加快发展，增强经济实力和综合国力，才能在波谲云诡的国际局势中立于不败之地。再次，唯有坚持和贯彻发展思想，才能够从容应对挑战，实现全面建设小康社会的宏伟目标，实现党的历史使命和奋斗目标。江泽民非常重视科学技术在推动生产力发展中的重要作用。他指出，科学的本质是创新，唯有大力推进知识创新和科技创新，方能实现科技创新的跨越式发展；“振兴经济首先要振兴科技”[①]，“我们要牢记一条道理，这就是没有强大的科技实力，就没有社会主义现代化”[②]。

进入新世纪，以胡锦涛同志为主要代表的中国共产党人，深刻把握基本国情和新的阶段性特征，深入总结改革开放以来特别是党的十六大以来的实践经验，准确研判国际形势发展趋势、借鉴国外发展经验，形成了科学发展观。科学发展观的第一要义是推动经济社会发展。胡锦涛强调，“离开了发展，科学发展观就成了无源之水、无木之本。邓小平曾经指出，社会主义的根本任务是发展生产力，发展才是硬道理；在社会主义国家，一个真正的马克思主义政党在执政以后，一定要致力于发展生产力，并在这个基础上逐步提高人民的生活水平。发展是解决中国一切问题的‘总钥匙’，发展对于全面建设小康社会、加快推进社会主义现代化，对于开创中国特色社会主义事业新局面、

① 《江泽民文选》第一卷，北京：人民出版社，2006年版，第232页。

② 江泽民：《论科技技术》，北京：中央文献出版社，2001年版，第64页。

实现中华民族伟大复兴，具有决定性意义。”[①]科学发展观强调坚持“以经济建设为中心”，将解放和发展生产力作为中心任务，将经济发展视为一切发展的前提，体现了历史唯物主义的基本观点。同时，科学发展将社会主义物质文明、政治文明、精神文明、和谐社会建设和人的全面发展视为相互联系的整体，将生产力和生产关系、经济基础和上层建筑相互联系、相互促进视为人类社会发展的基本规律，进一步深化了对共产党执政、社会主义建设和人类社会发展三大规律的认识。

进入新时代，我们党全面深化对生产力的认识和布局，践行“稳中求进”的经济工作总基调，不断提升发展质量和效益。依据我国生产力发展的实际情况，我们党在十九大提出，“落后的社会生产”已经转向“不平衡不充分的发展”。过去，我国的生产力发展水平比较落后，这表现在劳动者技能和经验欠缺、经济增长过度倚重自然资源和劳动力投入、农业生产和工业生产国际竞争力低下等诸多方面。党的十八大以来，我国生产力发展水平快速提升。经济保持中高速增长，国内生产总值总量稳居世界第二，中国经济增长对世界经济增长贡献率超过30%。经济结构趋于优化，数字经济等新兴产业发展迅速，高铁、公路、桥梁等基础设施建设能力极大提升。创新驱动发展成果丰硕，“天宫”、“蛟龙”、“悟空”等重大科研成果相继问世。需要强调的是，我们党提出“不平衡不充分的发展”，是以我国生产力已有显著发展、在很多方面进入世界前列为前提条件的。换句话说，一方面，我国经济社会发展取得巨大成绩；另一方面，与发达国家相较，与全面建成社会主义现代化强国的要求相较，仍存在相对落后问题，仍存在发展不平衡不充分的突出问题。

① 《胡锦涛文选》第三卷，北京：人民出版社，2016年版，第95页。

由此，解决“不平衡不充分的发展”成为新时代党和政府的迫切任务。发展的不平衡主要体现为区域不平衡、领域不平衡和群体不平衡，区域不平衡包括东中西部发展不平衡、城乡发展不平衡、发达地区与欠发达地区发展不平衡；领域不平衡是指经济建设、政治建设、文化建设、社会建设、生态文明建设五大领域存在发展不同步问题和薄弱环节；群体不平衡主要是指不同社会群体在共享发展成果方面存在差距。发展的不充分“主要包括整个社会的发展总量不够丰富、发展程度不够高、发展态势不够稳固。发展的不充分表现在多个方面，发展方式有待充分转变、依法治国有待充分推进、精神文明有待充分提升、社会事业有待充分发展、生态环境有待充分改善、体制机制有待充分改革等”[①]。解决发展不平衡问题，需要更加树立系统思维、综合施策，更加注重城乡协调、区域协调、群体间协调等。解决发展不充分问题，归根结底还要靠大力发展生产力，破除一切束缚生产力发展的桎梏，释放所有社会活力和创造力，进一步提升发展水平和发展能力。正如习近平总书记在党的十九大报告中强调的：“发展是解决我国一切问题的基础和关键，发展必须是科学发展，必须坚定不移贯彻创新、协调、绿色、开放、共享的发展理念。”[②]

三、坚持生产力标准的长期性

坚持生产力标准的核心地位，就是要从发展生产力出发，寻求与生产力水平相适应的生产关系和上层建筑，正确处理解放生产力与发

① 吴慧珺：《发展的不平衡不充分指什么》，http://www.banyuetan.org/chcontent/sz/wzzs/szft/20171228/242852.shtml。

② 习近平：《决胜全面建成小康社会夺取新时代中国特色社会主义伟大胜利——在中国共产党第十九次全国代表大会上的报告》，《人民日报》2017年10月28日。

展生产力之间的手段和目的关系。革命和改革的意义便是解放生产力，为发展生产力破除制度和体制方面的障碍。我们党领导的第一次革命，把一个半殖民地半封建社会的旧中国变成一个社会主义新中国，其实质和目标是变革落后的生产关系和上层建筑，为发展生产力创造必要的制度前提。正如毛泽东所强调的，“妨碍生产力发展的旧政治、旧军事力量不取消，生产力就不能解放，经济就不能发展。因此，第一个任务就是打倒妨碍生产力发展的旧政治、旧军事，而我们搞政治、军事仅仅是为着解放生产力。”[①]亦如刘少奇所指出的，落后的生产关系和社会制度“无限制地掠夺中国人民的财富，欺侮和压迫中国人民，并造成长期的战争和大量的土匪，阻碍中国工业的发展，压制和毁坏已经是很低的中国的生产力”[②]。我们党领导的“第二次革命”——改革，其实质和目标则是从根本上变革束缚生产力发展的体制机制。在新时代，党“突出坚持和完善支撑中国特色社会主义制度的根本制度、基本制度、重要制度”[③]，推动国家治理体系和治理能力现代化，从根本上讲，亦是强调在解放生产力中发展生产力。

“研究任何过程，如果是存在着两个以上矛盾的复杂过程的话，就要用全力找出它的主要矛盾。捉住了这个主要矛盾，一切问题就迎刃而解了。”[④]准确判断各个时期的社会主要矛盾，目的就在于将其作为基本依据确定主要任务，明晰前进方向。近代中国的社会主要矛盾决定了新民主主义革命时期党的主要任务是“反帝反封建”，这一任务在党的二大被确定为革命纲领，毛泽东在《中国革命和中国共产党》

---

① 《毛泽东文集》第三卷，北京：人民出版社，1996年版，第108—109页。

② 《刘少奇选集（下卷）》，北京：人民出版社，1985年版，第1—2页。

③ 《中国共产党第十九届中央委员会第四次全体会议文件汇编》，北京：人民出版社，2019年版，第22页。

④ 《毛泽东选集》第一卷，北京：人民出版社，1991年版，第322页。

中亦明确将“打击这两个敌人”[①]作为中国革命的主要任务，并在《在晋绥干部会议上的讲话》中将依附于帝国主义和封建主义的官僚资本主义纳入“敌人”的范畴。新中国的建立、土地革命在全国的胜利，以及社会主义三大改造的完成，标志着我们党“已经完成了资产阶级民主革命，并且基本上取得社会主义革命的胜利。这就使我国出现了一种完全新的社会面貌”[②]。十一届三中全会之后，我们党对改革开放新时期社会主要矛盾的判断和论述不仅回归了八大发展生产力的正确路线，还总结历史上的沉重教训，在不同场域将之提升到“中心任务”“根本任务”“首要位置”“首要任务”“第一个任务”“压倒一切的中心任务”的高度，对发展问题强调要“扭着不放，‘顽固’一点，毫不动摇”[③]。新时代我国社会主要矛盾的转化，决定了当前及今后一段时间我们党的主要任务是，“在继续推动发展的基础上，着力解决好发展不平衡不充分问题，大力提升发展质量和效益”[④]。这是对以往靠拼规模、拼速度的粗放式发展模式的转型升级。

我国社会主要矛盾的演变历程表明，我们党归根结底是依据社会生产力发展水平来判断社会主要矛盾，同时，又是通过发展生产力来解决社会主要矛盾。“生产力的发展是中国共产党长期以来正确认识各个时期社会主要矛盾的前提，也是促进社会主要矛盾解决的物质前提”[⑤]。邓小平正是在这个意义上，将解放生产力和发展生产力作为社会主义本质的重要内容。社会主义本质论凸显了生产力在社会主义建

---

① 《毛泽东选集》第二卷，北京：人民出版社，1991年版，第637页。

② 《建国以来重要文献选编》第9册，北京：中央文献出版社，1994年版，第340页。

③ 《邓小平文选》第二卷，北京：人民出版社，1994年版，第249页。

④ 习近平：《决胜全面建成小康社会 夺取新时代中国特色社会主义伟大胜利——在中国共产党第十九次全国代表大会上的报告》，《人民日报》2017年10月28日。

⑤ 蒋英洲、蒋晶：《中华人民共和国成立70年来中国共产党对社会主要矛盾的认识历程及其启示》，《重庆理工大学学报（社会科学）》2020年第2期。

设过程中的重要作用。

即便是在社会生产力水平显著提高的新时代，发展生产力仍是主要任务。首先，经济建设取得重大成就，人民生活水平明显提高，社会物质产品空前丰富，但相对落后的社会生产仍未得到完全改观。其次，人民的物质文化需求虽得到相当程度的满足，但还未到充分满足的程度，与此同时，人民对于美好生活的需求不断增长，“人的享受性与发展性需求构成了美好生活需要的核心内涵”[①]。更加充分地满足人民的物质文化需求，更好满足人民的享受性和发展性需求，仍然需要持续发展生产力。换句话说，推动生产力发展依然是党和政府在当前的主要任务之一，是解决新时代社会主要矛盾的必要前提。“新的社会主要矛盾，并不意味着矛盾小了、问题少了、任务轻了，而是具有新的复杂性和艰巨性。解决落后的社会生产问题是伟大的社会革命，解决不平衡不充分的发展问题同样是新的伟大社会革命”[②]。总而言之，新时代我国社会主要矛盾的明确，决定了当前及今后相当长一段时间内，中国特色社会主义建设的根本任务仍是解放和发展生产力，仍需要坚持生产力标准的核心地位。

一百年来，我们党从马克思主义矛盾学说出发，站在国家、民族和人民的立场上，围绕国情、世情和民情对社会主要矛盾进行科学分析，在新民主主义革命时期、社会主义革命和建设时期、改革开放和社会主义现代化建设新时期、中国特色社会主义新时代四个历史时期，先后提出了有关社会主要矛盾的四次重大判断：新民主主义革命时期的社会主要矛盾是“帝国主义和中华民族的矛盾，封建主义和人民大众

① 赵中源：《新时代社会主要矛盾的本质属性与形态特征》，《政治学研究》2018年第2期。

② 颜晓峰：《论新时代我国社会主要矛盾的变化》，《中共中央党校（国家行政学院）学报》2019年第2期。

的矛盾”；社会主义革命和建设时期的社会主要矛盾是“人民对于建立先进的工业国的要求同落后的农业国的现实之间的矛盾”，“人民对于经济文化迅速发展的需要同当前经济文化不能满足人民需要的状况之间的矛盾”；改革开放和社会主义现代化建设新时期的社会主要矛盾是“人民日益增长的物质文化需要同落后的社会生产之间的矛盾”；中国特色社会主义新时代的社会主要矛盾是“人民日益增长的美好生活需要和不平衡不充分的发展之间的矛盾”。我们党对各个历史时期社会主要矛盾的科学分析和准确把握，顺应了中国革命、建设和改革的重大变迁和历史发展大势，成为我们党理论创新的逻辑起点和政策制定的现实依据。

从百年党史的长叙事看，我国社会主要矛盾的演变史，既是一部思想路线确立史和内涵丰富史，一部人民地位彰显史和人民需要满足史，还是一部主要任务演变史和中华民族复兴史，一部社会进步史和理论创新史。2022 年 1 月 11 日，习近平在省部级主要领导干部学习贯彻党的十九届六中全会精神专题研讨班开班式上发表重要讲话指出，注重分析和总结党在百年奋斗历程中对我国社会主要矛盾和中心任务的研究和把握，是贯穿全会审议通过的《关于党的百年奋斗重大成就和历史经验的决议》的一个重要内容。党的百年奋斗历程告诉我们，党和人民事业能不能沿着正确方向前进，取决于我们能否准确认识和把握社会主要矛盾、确定中心任务。什么时候社会主要矛盾和中心任务判断准确，党和人民事业就顺利发展，否则党和人民事业就会遭受挫折。习近平对新时代社会主要矛盾的准确认识和科学把握对于带动全局工作、顺利发展党和人民事业具有极为重要的理论和现实意义。

后记

本书是在2018年度上海学校德育创新发展专项研究项目“新时代我国社会主要矛盾转化的历史进路——政学互动的视角”和2019年度上海高校马克思主义理论学科重点建设专项计划项目“新时代我国社会主要矛盾转化的理论与现实依据”研究成果的基础之上扩充、完善而成。

感谢我的父母和爱人，在繁忙的教学科研和行政工作中，是他们料理家务、照顾小孩，并给予充分的包容、理解、鼓励和支持，使我有了相对充足的时间完成书稿。对此，我无以回报，惟祝我的家人幸福安康!

本书在撰写过程中，得到单位许多领导和同事的支持和帮助。他们是：上海外国语大学党委副书记王静教授、马克思主义学院院长衣永刚副教授、马克思主义理论研究教学与宣传党总支书记孙宇伟副教授、学院学术委员会主任赵鸣歧教授、学院蒙象飞教授、于新娟教授、郑国玉教授，等等。

本书出版获中央高校基本科研业务费以及上海外国语大学学术著作出版资助，在此向学校科研处诸位老师，以及审读专家表达谢意。

由于本人水平有限，书中论述难免有不妥和疏漏之处，敬请专家、学者和读者朋友们批评指正。

门小军